W0289133

QRQC

HAKIM AOUDIA

QRQC

Le tout-en-un pour optimiser la qualité grâce au Quick Response Quality Control

DUNOD

Éditorial : Guillaume Clapeau et Églantine Assez
Fabrication : Maud Gilles
Couverture : Nicolas Wiel (Studio Dunod)
Mise en pages : Nord Compo

NOUS NOUS ENGAGEONS EN FAVEUR DE L'ENVIRONNEMENT :

Nos livres sont imprimés sur des papiers certifiés pour réduire notre impact sur l'environnement.

Le format de nos ouvrages est pensé afin d'optimiser l'utilisation du papier.

Depuis plus de 30 ans, nous imprimons 70 % de nos livres en France et 25 % en Europe et nous mettons tout en œuvre pour augmenter cet engagement auprès des imprimeurs français.

Nous limitons l'utilisation du plastique sur nos ouvrages (film sur les couvertures et les livres).

11 rue Paul Bert, 92240 Malakoff
www.dunod.com
ISBN : 978-2-10-085890-3

"I have only two methodologies: my eyes and my legs.
These are all I need to see, to judge, to consider, to decide[1]."

Kazuo Kawashima

1. « Je n'ai que deux méthodologies : mes yeux et mes jambes. Ce sont les seules choses dont j'ai besoin pour voir, juger, considérer et décider. » Kazuo Kawashima

À mes deux fils Farès et Salim ;

À ma femme Lydia ;

À ma belle-fille Mya-Sky.

Sommaire

Avant-propos

Une décennie de QRQC ! Déjà dix ans se sont écoulés depuis la parution de la première édition de cet ouvrage. Le QRQC est une démarche dont le déploiement international et la propagation continuent dans de nombreux secteurs industriels et de services.

Ces dix ans ont été jalonnés de nombreux événements professionnels et personnels. D'abord, à titre personnel, j'ai quitté mon emploi à Valeo après dix-huit ans de bons et loyaux services. École de performance extraordinaire, j'y ai rencontré avant tout des amis et des collègues formidables. S'ensuivit un passage de huit ans en tant que vice-président Qualité du groupe ferroviaire Faiveley (racheté par Wabtec), où j'ai pu appliquer le QRQC à travers une centaine de sites dans le monde mais également faire des rencontres inoubliables avec des collègues français, américains et issus de divers endroits du monde : Mexique, Brésil, Inde, Chine, Maghreb, Afrique, Moyen Orient, etc.

Depuis cinq ans, après des choix et événements plus personnels, la QRQC Academy a vu le jour et s'est imposée comme lieu d'expertise de la démarche QRQC. Ce cabinet de formation/conseil permet à toutes les entreprises de bénéficier des avantages concurrentiels et financiers du QRQC. Il est constitué de formateurs/consultants, avant tout passionnés, reconnus et ayant exercé pendant des années dans des groupes industriels majeurs. Ils mettent leur savoir-faire au service des entreprises pour viser la satisfaction des clients et du personnel et la réduction des coûts de non-qualité.

En dix ans, le monde industriel a évolué : la crise du Covid a ébranlé les salariés et décideurs ; la digitalisation, « l'industrie 4.0 », l'intelligence artificielle, le changement climatique avancent à marche forcée. Toute démarche d'amélioration, comme le QRQC, doit donc s'adapter pour être au plus proche des nouvelles préoccupations des managers, des employés mais aussi des citoyens. Cette nouvelle version a donc intégré la dimension digitale, obligatoire aujourd'hui afin de viser le « zéro papier ». Elle a aussi pris en compte une demande forte de mes lecteurs, issue également de nos activités de conseil, à savoir la question du déploiement efficace du QRQC, à l'échelle d'une usine, d'un pays, ou d'un groupe international, malgré des résistances de tout ordre (culturelles, organisationnelles ou managériales).

Enfin, cette nouvelle édition est un hommage à mon ami et « Sensei » Kazuo Kawashima, disparu en août 2020. Une personnalité attachante, un personnage à part, qui a augmenté le niveau d'exigence qualité dans l'industrie automobile, et même au-delà ; un infatigable promoteur du QRQC en Europe et dans le monde. Mes pensées vont également à sa famille.

Bonne lecture ! Bon déploiement QRQC !

H. Aoudia
Arcueil, le 23 août 2023.

Introduction

Nombreuses sont les voix qui annoncent la fin de « modèles » ou de « systèmes » ayant fait leurs preuves par le passé mais jugés désormais inefficaces. Nous ne serions a priori plus capables d'améliorer les méthodes de travail, car celles-ci auraient atteint un palier. Cela se traduirait inévitablement par des délocalisations en pays à bas coûts ou encore par des réductions des coûts salariaux. Même si cette réalité existe, il y a en parallèle d'autres vérités : des problèmes qualité liés à la production en pays « low cost », des coûts considérables de garanties ou de rappels dans les pays occidentaux (en particulier sur des sujets relatifs à la sécurité), des défiances de la part de clients et donc des impacts commerciaux et financiers majeurs. Ceux-ci se calculent en milliards.

Cette autre vérité peut faire trembler voire mettre en péril les entreprises, notamment les plus fragiles, incapables de traiter et anticiper leurs problèmes qualité ou sécurité, quel que soit le domaine d'activité, quel que soit le pays. Toutefois, tout système a besoin d'une amélioration permanente et quotidienne, sous peine de s'essouffler. Le QRQC (*Quick Response Quality Control*) a été développé avec cet objectif et constitue en cela un rouage essentiel à toute démarche de management par la qualité totale : il est le « moteur » d'amélioration continue.

Certains praticiens spécialistes de la qualité ont considéré qu'il s'agissait encore d'une nouvelle mode promue par un gourou. Ce n'est pas le cas. Le QRQC est en partie inspiré du *lean management* et des pratiques issues du *Toyota Production system* formalisées par l'ingénieur industriel japonais Taiichi Ōno dès 1978.

Depuis, la fonction qualité a dû faire face à de nouveaux défis :

- un défaut peut être connu partout en quelques minutes via Internet ;
- les entreprises sont globalisées et investissent massivement dans les pays à bas coûts de production, notamment en Chine qui s'est imposé comme acteur majeur de l'industrie, comme on le voit désormais dans les véhicules électriques ; et même si nous assistons à des mouvements de relocalisations ou à des réductions des boucles de production, le risque reste toujours là ;

- les clients sont plus exigeants car mieux informés ;
- les fournisseurs sont plus nombreux dans la chaîne de production, ce qui génère un risque à la moindre défaillance de l'un d'eux.

Dès lors, comment maintenir l'application rigoureuse et systématique de ces principes de démarche qualité partout dans le monde, chaque jour, en interne et en externe (fournisseurs, sous-fournisseurs) ? Le QRQC est le système d'excellence unique. Il a été donc conçu et adapté pour répondre à cette question centrale, qui se pose plus particulièrement pour les entreprises globales.

Loin de lister une série de principes théoriques, nous nous sommes attachés à présenter le QRQC sous une forme logique et pratique qui permet de répondre efficacement aux questions suivantes :

- Comment résoudre rapidement et efficacement un problème ?
- Comment partager et éviter la récurrence de ce problème ?
- Comment, à partir des erreurs passées, renforcer la conception du produit et du process des nouveaux projets ?
- Comment avoir des managers capables de former et promouvoir une attitude d'amélioration continue ?

Beaucoup a déjà été écrit sur le *lean*, cette approche globale et systémique de gestion qui vise à maximiser la valeur pour le client tout en minimisant le gaspillage pour l'entreprise (temps de production, défauts de qualité, sous-utilisation des talents, etc.). Cependant, si nous considérons que l'approche QRQC représente elle aussi une contribution majeure, elle apporte également une cohérence plus spécifique à un problème, et elle est basée sur des étapes claires qui permettent une mise en œuvre aisée.

Notre expérience nous a ainsi permis de perfectionner certains outils et méthodes de façon structurée, tout en réaffirmant trois principes :

- la qualité n'est pas affaire de techniques ou d'outils mais de management ;
- la qualité est l'affaire de tous, du PDG à l'opérateur ;
- la qualité de la conception assure la qualité du produit et du process.

La pratique concrète et quotidienne du QRQC depuis des années nous renforce chaque jour dans cette conviction profonde qu'il est un puissant moteur de réussite des entreprises soucieuses d'obtenir des résultats à court terme, tout en contribuant à la poursuite des objectifs stratégiques à long terme. Le QRQC n'est pas un outil qualité ou un système, c'est un mélange d'attitudes et de management qui s'appuie sur des outils souvent existants et connus. En revanche, il donne à ces outils « l'huile moteur » nécessaire pour que l'ensemble de l'organisation les utilise afin de réagir puis éradiquer tout problème simple ou complexe. Partout, par tous et tous les jours.

Nombreux sont les managers qui ont suivi des formations sur la résolution de problèmes. Ce sont les fameux groupes de résolutions de problèmes ou *task forces*. Autrement dit, il y a un problème, des équipes se réunissent – « brainstorment » – en essayant d'appliquer durant une journée des outils pour trouver les causes et les solutions. Or, on sait bien comment évoluent la plupart du temps ces fameux groupes : au début, les participants sont motivés et rigoureux dans la démarche. Quelques jours plus tard, leur nombre se réduit, ainsi que celui des réunions. Finalement, le problème est partiellement traité ou plus ou moins abandonné, avec des conclusions souvent dignes de certaines commissions ministérielles : un beau rapport, mais sans grand effet derrière... Le mode *task force* ou *war room* n'est pas viable si toutes les difficultés sont traitées de la sorte : outre les problèmes de ressources, cela indique des dysfonctionnements majeurs dans l'organisation.

La puissance du QRQC réside dans sa capacité à rappeler aux managers un élément simple, à savoir que toute démarche qualité doit avant tout permettre à l'organisation d'atteindre ses objectifs stratégiques via la satisfaction du client et du personnel. Vous pouvez obtenir tous les prix qualité du monde, ils ne servent à rien si vos clients sont insatisfaits, si vous perdez de la compétitivité et des marchés, voire si vous devez cesser votre activité ! Ces dernières années, sous l'effet des diverses certifications, la priorité a davantage été donnée à la formalisation des processus et des procédures, oubliant par la même l'essence même de la fonction qualité :

- satisfaire et fidéliser les clients pour obtenir de nouveaux marchés ;
- être moteur d'amélioration continue pour toute l'organisation ;
- viser le zéro défaut afin de réduire les coûts de non-qualité ;
- viser une conception robuste et une expertise reconnues par le marché ;
- avoir un personnel heureux de travailler dans l'organisation.

Nous espérons que cet ouvrage vous permettra d'apprendre de l'expérience de plus de trente ans de QRQC, pour l'appliquer à votre propre contexte. Il y a en qualité beaucoup d'outils et de principes théoriques. Mais en tant que praticiens de la qualité avant tout, nous nous sommes attachés, au-delà des théories, à expliquer le plus complètement et le plus pratiquement possible la meilleure façon d'appliquer le QRQC. Nous n'en sommes pas moins conscients que c'est avant tout la qualité du personnel qui fait la différence. C'est grâce à des collaborateurs motivés, curieux, rigoureux, désireux de s'améliorer chaque jour, d'apprendre et de former, que toute entreprise sera à même de relever ses défis. La crise Covid a rappelé à quel point cet enjeu était crucial.

CHAPITRE 1

QRQC : Qu'est-ce que c'est ? Pourquoi ?

L'abréviation QRQC signifie *Quick Response Quality Control* que l'on traduit littéralement en français par « contrôle qualité avec réponse rapide ». Toutefois, comme toute traduction, celle-ci ne rend pas à chaque mot l'importance qu'il a dans sa langue d'origine et, de ce fait, la plupart des entreprises conservent et utilisent l'anglais QRQC.

L'expression est composée de deux parties – *Quick Response* et *Quality control* – qui renvoient aux deux volets qui constituent la démarche, respectivement la vitesse et la maîtrise.

QUICK RESPONSE : LA VITESSE DE RÉACTION

La vitesse est un élément différenciant dans toute démarche de qualité. Vous pouvez être bon dans tout, mais cela ne sert à rien si vous le faites trop tard…

Beaucoup de sociétés se lancent dans des démarches qualité très rapidement, notamment pour obtenir une certification, car elles considèrent que l'objectif peut être facilement atteint dans un délai de six à douze mois. Cependant, au fil du temps et face aux défis et pressions, elles chercheront à simplifier leur système qualité et leurs procédures, sous prétexte qu'ils nuisent à la vitesse d'exécution nécessaire dans tout environnement concurrentiel.

La vitesse est « l'huile moteur » du QRQC : ceux qui savent l'appliquer correctement obtiennent des résultats plus rapidement, tandis que ceux qui l'appliquent mal n'obtiennent que des résultats partiels, ou *in fine* dans des délais beaucoup plus longs que leurs concurrents. Dans le cadre du QRQC, le système de revues quotidiennes force l'ensemble de l'organisation à réfléchir en jours plutôt qu'en semaines ou en mois. Chaque jour devient ainsi une opportunité d'amélioration, partagée par tous.

La vitesse sert aussi comme formidable entretien de la démarche. Grâce à des succès rapides et visibles, les équipes sont encore plus incitées à prolonger et maintenir l'application stricte et rigoureuse du QRQC. Bien comprise, la vitesse n'est pas là pour introduire ou renforcer un stress individuel et négatif ; bien au contraire, elle met en valeur les qualités créatives et organisationnelles d'une équipe. Si ce n'est pas le cas, le manager a le devoir d'identifier les dérives et d'apporter les conseils et le soutien nécessaires.

Bien sûr, la vitesse n'est pas synonyme de superficialité ou de travail bâclé. On parle souvent avec admiration de travail « vite fait, bien fait », mais l'application quotidienne et systématique de ce vieil adage est assez rare, et suscite souvent des suspicions. Or, le QRQC réhabilite la vitesse d'exécution comme un élément clé dans la mesure où elle est bien encadrée. La vitesse est clairement définie en heures et en jours, ce qui permet d'avoir un cadre commun de réactivité, connu et compris de toute l'organisation. Il ne s'agit plus de mettre en avant les qualités organisationnelles ou la débrouillardise d'un « héro ». Ces règles précises définissent le champ temporel de la démarche, dès l'apparition d'un problème et jusqu'à sa suppression définitive. Ce cadre temporel du QRQC est composé de six périodes.

0-4 HEURES	Réaction immédiate
24 HEURES	Action de sécurisation
5 JOURS	Analyse (y compris la reproduction du défaut) et action corrective

10 JOURS	Généralisation des actions correctives et préventives
30 JOURS	Apprentissage et audit
L'AVENIR	Sur la base des erreurs passées, une conception robuste pour tous les projets futurs

***Tableau 1.1** – Les six temps de réaction de la démarche QRQC*

La réaction doit être immédiate pour tout problème relatif à la sécurité car il est impensable de ne pas faire autrement en cas d'accident ou d'incident affectant l'intégrité physique des personnes.

Pour tout autre problème technique, l'arrêt au premier défaut constaté doit être immédiat, de façon à identifier rapidement les facteurs pouvant être à l'origine du problème. En effet, en réagissant immédiatement, les équipes sont dans les meilleures dispositions pour voir en temps réel le problème, ses causes et le cas échéant engager les actions correctives immédiates.

L'expérience montre que dans 80 % des cas, les opérateurs doivent être capables de réagir instantanément après avoir arrêté la ligne de production. Cela suppose que l'ensemble du management ait promu l'arrêt au premier défaut comme un bienfait, et non comme une contrainte portant atteinte à la productivité.

Sécurisation sous vingt-quatre heures

La réaction sous vingt-quatre vise la « sécurisation ». Celle-ci consiste à protéger le client interne ou externe en évitant des risques supplémentaires. Il s'agit, à la suite à la découverte d'un problème qualité, d'isoler tous les éléments potentiellement défectueux de la chaîne de production jusqu'à la livraison chez le client, en faisant notamment des tris :

- dans l'usine elle-même (ses stocks, ses produits semi-finis et finis) ;
- chez le fournisseur, quand il est à l'origine du problème (ou chez son propre fournisseur) ;
- chez le client pour éviter que les pièces défectueuses n'aillent chez son propre client ;

- sur les plateformes logistiques, s'il y a lieu ;
- sur les camions ou bateaux en transit.

Cette activité de sécurisation ne nécessite pas forcément une connaissance technique. En revanche, faire preuve de réactivité est essentiel et doit s'accompagner de qualités de communication, de management et d'esprit d'équipe pour coordonner les différents tris en interne ou en externe. Ces tris doivent bien sûr être faits et confirmés directement sur place ; les systèmes informatiques seuls sont insuffisants. Malgré l'existence d'un problème, un client sera toujours reconnaissant de la réactivité démontrée pour le protéger.

En outre, nous verrons plus loin, au moment de l'analyse, que les informations recueillies lors des tris sont des clés précieuses pour identifier les causes potentielles du problème.

> ***Remarque***
>
> L'opération définie pour sécuriser le client doit être validée par le service qualité afin d'éviter des erreurs ou d'avoir à refaire des tris. Pour les défauts dimensionnels ou visuels, il conviendra de valider que la méthode de tri ou de contrôle final donne entière satisfaction.

Analyse et actions sous dix jours

L'analyse sous cinq jours consiste en deux activités :

- la réalisation de l'analyse avec le FTA (*Factors Tree Analysis*, ou « arbre des facteurs ») ;
- la mise en place d'actions correctives.

Sur ce second point les cinq jours doivent apparaître comme un délai cible à atteindre, c'est-à-dire en étant conscient que certaines actions peuvent être réalisées dans un délai plus long. C'est le cas en particulier de celles qui demandent un investissement financier important ou qui impliquent des modifications d'outillages.

Généralisation des actions correctives et préventives sous dix jours

La généralisation est une étape importante dans la résolution d'un problème, tout le monde en convient. Rien n'est pire en termes de satisfaction client que la récurrence d'un problème prétendu éradiqué. Cette phase inclut l'ensemble des actions de prévention permettant d'éviter un nouvel incident. Le délai de dix jours pousse l'organisation à se poser rapidement la question de la non-récurrence du même incident dans d'autres lignes de production, d'autres projets, d'autres sites ou d'autres zones géographiques (pour les entreprises internationales). C'est une étape souvent prêchée mais mise de côté, soucieux que nous sommes de régler notre problème dans notre seul périmètre de responsabilité individuelle.

Apprentissage et audit sous trente jours

La généralisation doit se terminer par un apprentissage à partir des erreurs passées. Cet apprentissage peut amener à établir de nouveaux standards (fiches d'instructions, procédures, Amdec[1], plans de contrôle, check-lists, etc.) qui peuvent concerner l'ensemble du périmètre de l'entreprise (production, conception, services support).

Ces standards doivent être mis à jour ou créés dans un délai inférieur à un mois pour éviter la récurrence du même problème et permettre aux futurs projets de prendre en compte ces erreurs. Bien évidemment, tout standard a besoin d'être audité. Pour cela, cette étape doit intégrer une phase d'audit pour :

1. valider la pertinence de l'analyse menée ;
2. confirmer dans le temps le respect et l'efficacité des actions correctives et préventives ;
3. reboucler vers l'analyse, si nécessaire en cas de nouvelle défaillance.

1. Amdec : analyse des modes de défaillance et criticité.

L'avenir : une conception robuste

Le QRQC exige *in fine* une réflexion sur les erreurs passées, à la fois en termes d'occurrence, de non-détection et de management. Ce questionnement sert pour l'avenir puisqu'il vise à sécuriser le lancement des nouveaux projets. De fait, il contribue à établir ou renforcer le savoir-faire de l'entreprise, basé sur des standards robustes et éprouvés. À long terme, c'est cette compétence intrinsèque qui permet une reconnaissance et une fidélité durable des clients.

Bien intégrée, la démarche QRQC ne doit rendre personne prisonnier du court terme mais, au contraire, envisager une vision à long terme, permettant de fructifier l'expertise de l'entreprise. Dans son ouvrage *Trop vite*, Jean-Louis Servan-Schreiber écrit : « La vitesse, nous l'aimons bien [...]. Nous aimons la tension de l'action, le sentiment de performance à mener plusieurs chantiers de front. [...] Penser, viser le long terme n'est ni facile ni naturel.[2] »

Le QRQC aide à réconcilier la vitesse d'exécution à court terme et installe les fondations d'une expertise robuste et durable.

QUALITY CONTROL : LA RIGUEUR ET LA VÉRIFICATION

La deuxième partie de l'expression QRQC renvoie au contrôle qualité ou plus précisément à la « maîtrise qualité ». L'inspecteur ou le contrôleur qualité posté en fin de ligne a théoriquement disparu au profit de l'autocontrôle, des détrompeurs produit/process (par exemple une alarme sonore ou visuelle) et des prélèvements. Dans le QRQC, la notion de contrôle qualité relève en réalité de deux autres éléments fondamentaux : la rigueur et la vérification.

2. Servan-Schreiber J.-L., *Trop vite ! Pourquoi nous sommes prisonniers du court terme*, Albin Michel, 2010.

Rigueur

Il ne se passe jamais une journée sans que l'on soit obligé de rappeler le besoin de discipline et de respect des règles établies. C'est le lot de tout qualiticien, en particulier dans les secteurs sensibles soumis à des réglementations ou exigences qualité/sécurité sévères.

Le QRQC renforce la rigueur car il est mis en œuvre selon un agenda et un cadre extrêmement précis qui doivent être respectés chaque jour. Il y a des règles du jeu claires, que tout le monde connaît. En cas de dérive (constatée lors des réunions QRQC), il appartient à tous les managers de rappeler ces règles ou de former les collaborateurs pour qu'elles soient appliquées.

Vérification

Le contrôle peut être vécu comme un mal ou, tout au moins, comme un moment désagréable. Il est pourtant nécessaire. En effet, implémenter la démarche QRQC peut aller à l'encontre de certaines habitudes. Or, c'est la capacité de l'organisation à vérifier les engagements pris qui permet des résultats rapides et assure la fiabilité de la solution. Ces vérifications concernent à la fois :

- la mise en place effective des solutions décidées et validées. Il n'y a rien de pire que de présenter des solutions qui satisfont tout le monde pour s'apercevoir, par hasard, qu'elles n'ont pas été mises en œuvre pour une raison ou pour une autre ;
- le niveau de pratique et la façon d'appliquer le QRQC lui-même dans les différents services de production ou services support ;
- le respect des standards.

LE QRQC PARFAIT

L'objectif de la qualité est de contribuer à atteindre les objectifs opérationnels à court terme et les objectifs stratégiques à long terme de l'entreprise.

Elle vise la satisfaction des clients et en même temps contribue à une profitabilité durable via la réduction des coûts de non-qualité.

Au-delà de ces objectifs généraux, la démarche QRQC permet de répondre aux objectifs spécifiques via quatre phases qui, une fois entreprises, permettent le QRQC parfait.

La première phase de ce cycle parfait est l'étape de résolution. Elle consiste à traiter les problèmes de manière logique, structurée et en s'appuyant sur l'attitude *san gen shugi*.

Ensuite vient la démarche de prévention dont l'objectif est de s'assurer que le problème rencontré par le passé sera éradiqué et également partagé avec d'autres entités susceptibles de rencontrer le même incident.

La troisième phase de standardisation vise à s'assurer que les leçons issues des erreurs passées sont transformées en standards de conception. Ceux-ci seront alors utilisés systématiquement lors du lancement de nouveaux projets.

Enfin, la phase de formation consiste à faire en sorte que le management, à tous les niveaux, forme régulièrement le personnel au QRQC et maintienne une dynamique d'amélioration continue au sein de l'entreprise.

Ces quatre étapes doivent obligatoirement s'appuyer sur l'attitude *san gen shugi*, que nous détaillons dans le chapitre suivant.

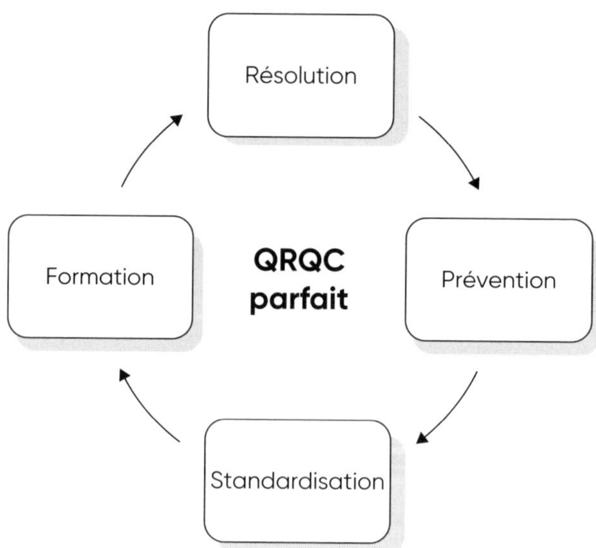

***Figure 1.1** – Les quatre étapes du QRQC parfait*

Les quatre phases du QRQC parfait

Phase 1 : la résolution des problèmes

- **Détecter** les problèmes et promouvoir une culture d'amélioration continue dans toutes les fonctions de l'entreprise.
- **Communiquer** de manière efficace et rapide en permettant un traitement simultané des actions.
- **Analyser de manière logique** les problèmes afin d'atteindre leurs causes racines et les éradiquer définitivement.
- **Vérifier** que les solutions appliquées sont sources d'actions correctives et préventives efficaces.

Phase 2 : la prévention des problèmes

- **Apprendre** des erreurs passées et les formaliser sur des cartes d'apprentissage.
- **Partager** avec d'autres entités pour éviter le même problème sur des process ou produits similaires.
- **Garder** dans le temps les leçons apprises.
- **Utiliser** les cartes d'apprentissage pour former les nouveaux entrants.

Phase 3 : la standardisation

- **Capitaliser** à partir des erreurs passées via des revues techniques.
- **Standardiser**, en formalisant ou en mettant à jour des nouveaux standards de conception robustes.
- **Publier** les standards et les mettre à disposition des équipes.
- **Appliquer** 100 % des standards de conception sur 100 % des projets.

Phase 4 : la formation/coaching au QRQC

- **Expliquer** les principes fondamentaux du QRQC.
- **Démontrer** sur le terrain la façon concrète d'appliquer les principes du QRQC.
- **Observer** les personnes formées en action.
- **Évaluer** le niveau de compréhension et d'application pour renforcer l'aptitude à former.

CHAPITRE 2

L'attitude *san gen shugi*

L'attitude *san gen shugi* est le prérequis obligatoire pour une mise en place réussie du QRQC. C'est non seulement un état d'esprit mais aussi un réflexe qui doit guider l'attitude de tout employé ou responsable confronté à un problème, quel que soit le département dans lequel il travaille ou la fonction qu'il occupe.

LE PRINCIPE DES TROIS « RÉELS »

Le terme japonais *san gen shugi* signifie littéralement « les trois réels principes ». En reformulant, on parlera plutôt du « principe des trois réels », à savoir :

- *genba* (le lieu réel) ;
- *genbutsu* (les pièces réelles) ;
- *genjitsu* (les données/faits réels).

C'est Toyota, et notamment l'ingénieur industriel japonais Taiichi Ono, qui a le premier décrit le principe de *genchi genbutsu*. Dans son ouvrage *Le modèle Toyota*, Jeffrey Liker, qui a passé vingt ans à étudier ce constructeur automobile, écrit : « Ce qui distingue le modèle Toyota des autres approches du management, c'est principalement le *genchi genbutsu*. C'est ce qui ressort de mes entretiens avec des responsables de Toyota, aussi bien dans la fabrication que dans le développement de produits, les ventes, la distribution ou les affaires publiques. On ne peut pas vraiment comprendre un problème si l'on ne va pas voir soi-même de quoi il retourne. Considérer que quelque chose va de soi ou se fier à une opinion extérieure n'est pas acceptable[1]. »

Au-delà des termes, *san gen shugi* ne se résume pas à une simple visite personnelle sur le terrain, c'est une attitude systématique qui doit faciliter la compréhension d'un problème, l'observation objective des faits et des données, avant d'analyser et de décider. C'est aussi ce que Kazuo Kawashima, ancien directeur qualité du groupe Valeo, a résumé lors de ses visites terrain : « Je n'ai que deux méthodes : mes yeux et mes jambes. C'est tout ce dont j'ai besoin pour voir, juger, évaluer et décider. C'est le fondement de *san gen shugi.* »

San gen shugi n'est pas une action en tant que telle mais une attitude critique pour challenger et structurer l'information relative à un problème, avec comme objectif de comprendre la réalité objective.

GENBA : LE LIEU RÉEL

Genba signifie « là où se trouve la réalité ». C'est l'endroit où la valeur ajoutée est créée par l'entreprise, mais c'est aussi le lieu où est survenu le problème et donc le lieu où va se structurer sa résolution. C'est en quelque sorte le lieu du crime et, à ce titre, il doit faire l'objet de toutes les attentions pour comprendre ce qui s'est réellement passé. En se déplaçant sur le lieu réel, l'objectif est de collecter, tel un détective, tous les indices qui vont permettre de comprendre les conditions dans lesquelles l'événement a eu lieu, et surtout dès qu'il a eu lieu.

Le *genba* n'est pas réduit à la notion de lieu géographique ; il comporte aussi une notion temporelle. En étant sur le lieu de l'incident au moment où il se produit, l'acteur témoin du problème peut confirmer immédiatement ce qui

1. Liker Jeffrey, *Le modèle Toyota. 14 principes qui feront la réussite de votre entreprise*, 2e éd., Pearson, 2009.

s'est passé et ainsi réagir au plus vite. Pour continuer avec la comparaison policière, il est évident qu'en arrivant une heure après le crime, et si tous les indices ont disparu, l'enquête sera plus difficile. Et ce n'est bien sûr pas en restant à son bureau que tous ces éléments peuvent être récupérés. Même avec des ingénieurs surdoués, on pourra uniquement émettre des hypothèses. La tâche sera donc ardue si vous arrivez trop tard sur le lieu de l'incident. C'est pour cela, comme on le verra plus tard, que suspendre l'activité dès que le premier défaut intervient est une exigence fondamentale associée au *genba*.

La notion de *genba* inclut enfin un dialogue avec les acteurs présents au moment du problème. Aller sur le lieu réel ne signifie pas seulement « aller sur le terrain » tel un touriste. Il s'agit d'aller à la rencontre de celles et ceux qui pourront être capables de donner le maximum d'informations ou d'explications sur les causes du problème.

Interroger les opérateurs ou les employés est une étape importante à ne pas négliger pour une raison toute simple : ils passent 100 % de leur temps sur les lignes de production ou à leur poste de travail et cela souvent depuis des années. En tant que « témoins », ils sont parfaitement capables de vous donner des explications détaillées sur le problème.

L'attitude *genba*

Être *genba*, c'est être actif et curieux. Au lieu de rester enfermé dans un bureau ou dans une salle de réunion, il s'agit de se précipiter à l'endroit où le problème s'est déroulé, d'observer et d'analyser tous les facteurs qui l'ont provoqué. Il est donc également nécessaire d'avoir des qualités de communication pour parler avec les acteurs du problème.

En clair, il s'agit d'utiliser ses yeux et ses jambes, mais aussi les yeux et les jambes de tous les autres collaborateurs de l'entreprise. Puisqu'aucun manager ne peut être disponible à l'instant t pour réagir à chaque incident qui survient quotidiennement, c'est aussi à chaque membre du personnel d'utiliser ses yeux et ses jambes.

Exemple

Lors d'une visite dans un Starbucks Coffee[2], le PDG de l'enseigne avait remarqué que durant la préparation des sandwichs, les employés faisaient tomber des morceaux de fromage dans le four où était chauffé le café, imprégnant la boisson d'une désagréable odeur !

Les bénéfices du *genba*

Les bénéfices attendus de l'attitude *genba* sont les suivants :

- éviter – volontairement ou non – de faire des hypothèses sur ce qui aurait pu se passer, sans savoir ce qui s'est réellement passé !
- renforcer le sens de l'observation des équipes pour comprendre ce qui s'est passé lors de l'événement ;
- voir et analyser en temps réel le mécanisme générateur du problème ;
- permettre au management de comprendre la réalité d'une activité à l'endroit où est créée la valeur ajoutée, et donc la vraie satisfaction client.

Le célèbre inspecteur Columbo est certainement l'illustration parfaite de l'attitude *genba* : il regarde sous la moquette, dans les poubelles, interroge chaque personne, et finalement arrive par ce biais à reproduire le « film » du meurtre et par là même à démasquer le meurtrier. En parallèle, il fait preuve d'une empathie qui le rend accessible ainsi que d'une ténacité sans faille. C'est au passage un bon conseil pour une excellente approche *genba !*

GENBUTSU : LES PIÈCES RÉELLES

Une fois sur le lieu du crime, les *genbutsu* – les « pièces réelles » – permettent de comprendre la nature du problème sur les pièces, produits ou services. Avoir les *genbutsu* en main, c'est prendre les pièces, les regarder de ses propres yeux pour se faire une idée claire et concrète du défaut. Dès lors, que penser

2. « Genchi-Gembutsu at Starbucks Coffee Company », Gembapantarai.com, 2007.

lorsque des ingénieurs se retrouvent dans un bureau et parlent de sujets qu'ils n'ont jamais vus ? On peut se poser des questions quant à la qualité et à la profondeur de leur analyse.

Voir les pièces réelles, c'est demander et toucher les « vraies » pièces qui ont fait l'objet du problème et non celles qui y ressemblent. Il faut constater les situations mauvaises dans leur contexte réel et ne pas se contenter des cas rapportés comme étant identiques. Cela est particulièrement important puisque ces pièces permettront de faire une vraie comparaison permettant de comprendre les conditions qui les ont rendues différentes. De même, ce n'est pas à distance, via mail ou par téléphone, que cette comparaison peut être réalisée.

Une fois les vraies pièces obtenues, on peut comparer les pièces mauvaises avec des pièces bonnes et leurs composants. La plupart du temps, visuellement, on peut déjà avoir un premier début d'explication via l'analyse des différences.

La comparaison est un moyen simple d'analyse qui peut également être utilisé pour rapprocher des situations bonnes avec des situations mauvaises. Par exemple, un jour, le taux de service client est bon, le lendemain, les livraisons peuvent être mauvaises. Cette comparaison peut aussi s'appliquer aux opérateurs : le jour où une réclamation a été émise, la personne en poste était-elle expérimentée ou était-ce un collaborateur récemment arrivé, intérimaire ou en formation ?

Toutefois, une comparaison doit toujours être faite par rapport à une référence ou un standard. Ce qui est considéré comme « bon » pour une personne ne l'est pas forcément pour une autre. Cette référence à une norme est encore plus cruciale sur des questions subjectives, comme l'aspect d'un produit, le bruit, etc. Il est donc nécessaire d'établir un standard ayant une valeur de référence au moment de la comparaison. Ce standard peut être une valeur formalisée (dans une norme, une procédure, une fiche d'instruction, une spécification, une documentation qualité) ou une façon d'opérer.

Dans la démarche QRQC et la réflexion logique, avoir un standard est la base. Toutes les activités de production ou de conception doivent faire l'objet d'une spécification extrêmement claire et précise. La meilleure conception ou pratique du moment, validée par les experts, doit donc être respectée sans aucun compromis. C'est à partir de ce standard que l'on pourra constater, visuellement ou scientifiquement par des mesures, un éventuel écart.

Steven Spear et Kent H. Bowen rappellent la première règle du système de production Toyota : « Tout travail doit être complètement spécifié en termes de contenu, temps, séquence et attendu[3]. » Ils donnent l'exemple du montage d'un siège sur un véhicule : le processus nécessite sept opérations qui doivent être réalisées dans un ordre donné et un temps de cinquante-cinq secondes, avec des valeurs précises sur la force de vissage. Si l'ordre, le temps et les valeurs ne sont pas respectés, l'écart est alors immédiatement détecté par un détrompeur sonore.

> ***Remarque***
>
> Dans certaines situations particulières, un standard peut ne pas être formalisé, notamment quand il s'agit de règles ou modes opératoires communément admis par tous depuis des années.

Comme on le verra ultérieurement, la comparaison entre pièces bonnes et pièces mauvaises ou entre situations bonnes et situations mauvaises est aussi une des étapes clés de l'analyse via un FTA (*Factors Tree Analysis*).

L'attitude *genbutsu*

Être *genbutsu,* c'est n'accepter aucune information sans au préalable avoir demandé et vu de ses propres yeux les pièces bonnes et mauvaises. Il convient de les avoir en main, de les toucher et de faire preuve d'esprit critique. Quand quelqu'un vous fait part d'un problème, il faut dire « je veux voir la vraie pièce ». À défaut, vous pouvez refuser de continuer un échange qui risque de ne mener nulle part, sinon à une discussion de café.

Quel est l'intérêt de vouloir comparer pièces bonnes et mauvaises ? Il s'agit tout simplement de trouver ce qui fait qu'une pièce bonne reste bonne et qu'une autre pièce devient mauvaise. Et donc finalement, chercher à comprendre ce qui a changé dans le processus de production.

3. Spear Steven & Bowen H. Kent, « Decoding the DNA of Toyota Production system », *Harvard Business Review*, vol. 77, 1999.

Une fois sur le lieu du problème (*genba*), la méthode standard utilisée par le personnel consiste de poser deux questions simples : Comment savez-vous que vous effectuez correctement le travail ? Comment savez-vous qu'une pièce est sans défaut ?

Quel est l'intérêt de vouloir comparer à un standard ? De nouveau, il s'agit de juger si la situation bonne ou mauvaise observée est « normale » ou pas.

Les bénéfices du *genbutsu*

Les bénéfices attendus de l'attitude *genbutsu* sont les suivants :

- détecter les différences entre une pièce (ou situation) bonne et une pièce (ou situation) mauvaise ;
- être capable de détecter les écarts par rapport au standard établi ;
- identifier rapidement les paramètres process/produit ayant changé.

GENJITSU : LES DONNÉES RÉELLES

Le *genjitsu* est certainement l'élément le plus difficile à appliquer parmi les trois réels. Si on peut se rendre assez aisément sur le lieu du problème en utilisant ses pieds et utiliser ses yeux pour comparer des bonnes et mauvaises pièces par rapport à un standard, en revanche, être *genjitsu* demande un effort supplémentaire, qui consiste à récupérer des données et des éléments factuels de façon à décrire le problème le plus objectivement possible. C'est parler avec des données et éviter le « blabla » !

Prenons l'exemple simple d'une salle de réunion dans laquelle certains participants se plaignent de la chaleur alors que d'autres, au contraire, assurent qu'il fait froid ! Le plus simple pour rendre la situation rationnelle, c'est d'aller regarder la température inscrite au thermomètre. S'il fait 27 °C, il fait bien chaud ; s'il fait 20 °C, nous sommes dans un standard admis par tous, en considérant que la température ambiante admise est de 19 °C (à +/1 degré près). Le *genjitsu* nous force effectivement à présenter les situations sous un angle scientifique, objectif et sans émotions. Beaucoup d'ingénieurs et de techniciens ont appris, pendant leurs études la force d'une approche scientifique et logique mais, bien souvent, lorsqu'ils se retrouvent en activité professionnelle, c'est soit le plus fort en voix, soit le dernier qui a parlé qui a finalement raison...

Genjitsu nous apprend à caractériser les problèmes en cherchant toutes les informations chiffrées, factuelles et incontestables. Il nous est arrivé à plusieurs reprises de nous rendre à des réunions, pour discuter de sujets qualité majeurs avec des clients. Ce genre de réunions démarre toujours de façon tendue, puis, après une présentation qui s'appuie sur des données et une approche rationnelle, les clients repartent rassurés du fait de la pertinence et de la justesse de l'analyse.

Enfin, il convient d'éviter l'utilisation systématique des données issues de la fameuse loi 80/20 de Pareto pour deux raisons : d'abord, l'information peut être « morte » car tardive par rapport à la date des événements ; d'autre part, elle peut cacher une réalité statistique trop générale et ne pas refléter le détail d'une situation.

L'attitude *genjitsu*

Être *genjitsu*, c'est être méthodique et précis. S'il y a un problème à résoudre, il convient de rechercher la compréhension des faits via toute une série de sources d'information : les enregistrements, les plans, les spécifications, les listings, les graphiques, les rapports de laboratoire, les tests. Autrement dit, il ne s'agit pas de deviner mais d'être sûr !

L'attitude *genjitsu* suppose une volonté de :

- parler objectivement avec des données et faits (cela veut dire demander de façon systématique les preuves de ces faits) ;
- savoir où se trouve le problème, comment il est apparu ;
- prévoir quand le problème va se produire à nouveau ;
- ne pas parler en utilisant des termes tels que « je crois que », « peut-être que... » sans preuves objectives.

Les bénéfices du *genjitsu*

Les bénéfices attendus de l'attitude *genjitsu* sont les suivants :

- être précis et objectif, sans risque de tomber dans des échanges stériles ou des conclusions hâtives ;
- être convaincu par les explications des équipes, via des arguments documentés et prouvés (de cette façon, vous pouvez être convaincant à votre tour vis-à-vis d'interlocuteurs lors d'explications) ;
- gagner du temps en ne partant pas vers de fausses pistes d'analyses.

LE RÔLE DU MANAGER DANS L'ATTITUDE *SAN GEN SHUGI*

Le QRQC s'appuie sur l'attitude *san gen shugi*. Autrement dit, il n'y a pas de QRQC sans *san gen shugi*. Le manager a donc un rôle clé dans le coaching et la promotion de cet état d'esprit. Durant les réunions QRQC, cela veut dire concrètement :

- vérifier et demander qui est allé sur le lieu du problème au moment où celui-ci a été détecté ;
- demander quelles sont les pièces bonnes réelles et les pièces mauvaises réelles utilisées ;
- faire la comparaison entre pièces/situations bonnes et pièces/situations mauvaises afin de trouver les différences ainsi que les éléments qui ont changé ;
- demander à chaque fois les preuves, le standard et les valeurs réelles constatées ;
- arrêter le « blabla » si nécessaire ;
- aller soi-même sur le *genba* pour vérifier l'efficacité des actions mises en place.

Les managers doivent être capables de challenger systématiquement leurs équipes pour les inciter à récupérer les preuves et les faits objectifs décrivant un problème sur une pièce ou une situation. Il est important de souligner que cette attitude n'est pas du tout une défiance à l'égard des membres de l'équipe, mais une volonté de prendre les bonnes décisions sur la base de bonnes données.

Avec l'attitude *san gen shugi*, les managers ont un moyen simple et plein de bon sens pour :

- comprendre ce qui s'est passé, comment cela s'est passé, en s'appuyant sur des données objectives ;
- former les équipes en ayant une vision critique sur leurs conclusions et en leur demandant les éléments de preuves ;
- guider le raisonnement logique des équipes et leur éviter ainsi un temps d'analyse inutile ;
- prendre des décisions appropriées ;
- être respectés en tant que référents.

Flasher pour accéder au quiz sur le *san gen shugi*.

http://dunod.link/qrqc01

CHAPITRE 3

QRQC phase 1 : la résolution des problèmes

LES PRINCIPES FONDAMENTAUX DE LA RÉSOLUTION

Le fonctionnement de la première étape du QRQC s'articule autour de quatre principes fondamentaux détaillés dans ce chapitre :

1. Détecter les problèmes.
2. Communiquer les problèmes au responsable de leur traitement.
3. Analyser de manière logique les problèmes.
4. Vérifier les solutions appliquées.

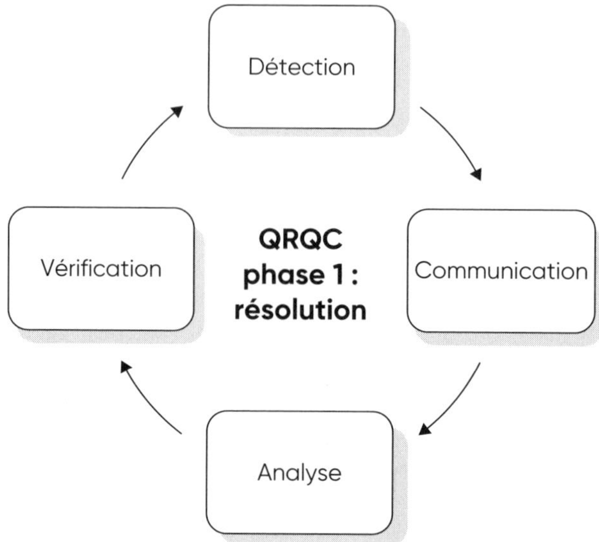

***Figure 3.1** – Les quatre étapes du QRQC phase 1*

Étape 1 : détecter le problème

Le premier principe clé sur lequel repose le QRQC est la détection, et ce pour une raison toute simple : on ne peut vouloir traiter un problème s'il n'est pas détecté et connu ! Bien que cela relève du simple bon sens, combien de managers sont confrontés tous les jours à des problèmes (production, finance, logistique, commercial/marketing, humain) et se demandent pourquoi ils n'ont pas été informés auparavant ou pourquoi cela n'a pas été détecté plus tôt. La réponse bien souvent avancée est alors : « On vient tout juste de découvrir le problème. »

La mise en place d'un système de détection est donc un point clé pour qui veut connaître et anticiper les problèmes et les éradiquer ensuite. Il s'agit d'installer des filtres ou des systèmes qui rendront évidents et visuels les problèmes. C'est le concept de « boîte rouge ».

Mais la détection est aussi réalisée tout simplement avec nos yeux et notre capacité à observer les non-conformités, les risques réels ou potentiels sur une ligne de production.

Le concept de « boîte rouge »

Au départ, la boîte rouge est le terme utilisé en production pour détecter les composants ou produits finis non conformes. Visuellement, il s'agit de contenants de couleur rouge – signe de danger – dans lesquels sont déposées toutes les pièces dont la non-conformité a été détectée sur la ligne de production, c'est-à-dire toutes les anomalies et rejets des lignes (composants ou produits finis). Il ne faut pas la confondre avec une poubelle ! En effet, si un composant ou produit défectueux est jeté, il n'y a aucune chance de trouver l'origine du problème ni d'apprendre quoi que ce soit. De ce fait, les boîtes rouges doivent être positionnées idéalement près de la ligne de production, mais pas forcément à l'intérieur de la ligne elle-même.

Plus généralement, le concept de « boîte rouge » désigne tout système de détection mis en place quelles que soient les activités. La boîte rouge peut concerner des non-conformités internes ou externes (typiquement des fournitures ou des livraisons défectueuses des fournisseurs).

Exemples

Pour un financier, la boîte rouge peut être un reporting concernant des écarts de stocks ou des écarts de marges. Pour un logisticien, le taux de service peut servir à détecter les anomalies de livraisons. Dans le cadre d'une gestion de projets, la boîte rouge peut recevoir l'ensemble des problèmes de planning, de coûts, de qualité liés à un projet donné.

La boîte rouge doit être visitée de façon régulière par les managers. En effet, il n'est pas naturel de chercher à valoriser les problèmes et la réaction habituelle est plutôt de les cacher que de les mettre en lumière. De fait, si les managers y attachent de l'importance, le reste des employés sera d'autant plus enclin à faire progresser l'ensemble de l'organisation. À l'inverse, dans les compagnies ayant une culture du secret, où les problèmes sont sous-estimés voire cachés, les possibilités d'amélioration seront plus limitées ou se feront par crises répétées et soudaines. La vérification par le manager signifie qu'il n'y a aucune peur ou réticence à avoir : on ne cherche pas des coupables, mais des solutions à des problèmes bien réels auxquels sont confrontés tous les jours les opérateurs ou les managers eux-mêmes.

Il faut donc entendre l'étape « détection » sous son double aspect : source d'identification des problèmes, mais aussi source d'amélioration des pratiques ou des systèmes existants.

L'enregistrement du problème

Une fois le problème détecté, il faut l'enregistrer via trois actions.

L'identification sur pièce défectueuse. Il s'agit d'indiquer visuellement la zone concernée par le défaut, ainsi que le ou les composants défectueux. La plupart du temps, cela est réalisé par un simple marqueur rouge avec une numérotation qui sera reprise sur le tableau QRQC à des fins de traçabilité.

L'enregistrement sur tableau QRQC. C'est un panneau simple de type paper-board que l'on peut retrouver aussi bien en production que dans les services fonctionnels (ressources humaines, finances, logistique, etc.). Il contient un certain nombre d'informations permettant de caractériser le problème et d'en faciliter la résolution :

- date, heure, équipe, nom de l'opérateur ;
- une description du problème ;
- première cause identifiée ;
- les actions correctives immédiates ;
- les résultats des actions de sécurisation (sur l'ensemble des équipes) ;
- le responsable de l'action ;
- les délais de mise en œuvre ;
- le besoin ou non de remontée du problème à un niveau hiérarchique supérieur.

L'enregistrement sur les graphiques des indicateurs. Il s'agit de tous les indicateurs qualité, coûts et délais permettant d'évaluer la performance d'une entité. Ces indicateurs sont ceux considérés comme pertinents et ayant des objectifs réalistes. En cas de non-atteinte de ces objectifs, ou dans le cas d'une tendance négative, l'écart doit être immédiatement identifié visuellement.

Certaines non-conformités liées ou non à la production ne peuvent être identifiées physiquement dans la boîte rouge. Cela peut être par exemple des problèmes de facturation ou de retard de livraison. Dans ce cas, il est alors recommandé de dessiner le problème ou d'en faire une représentation graphique simple et compréhensible par le plus grand nombre.

Savoir observer les conditions d'apparition d'un problème

Savoir détecter un problème c'est avant tout savoir observer et ouvrir les yeux. Les acteurs d'un problème doivent être capables d'utiliser leurs yeux afin d'observer les conditions dans lesquelles le problème a eu lieu.

Par ailleurs, observer, c'est aussi être capable d'analyser, de comprendre une situation, de poser des questions aux opérateurs, de demander le standard et de constater les écarts éventuels. À partir de cela, l'observation devient une source de compréhension, d'analyse et donc de décision. Cela paraît simple mais demande en réalité plusieurs années de pratique *genba* pour éviter une observation superficielle ou sans valeur ajoutée.

L'observation doit concerner les services et les produits (bons et mauvais, voir plus haut la section consacrée au *genbutsu*), mais aussi leur environnement, les utilisations finales ou les contextes associés : montage, assemblage, utilisation finale par un professionnel ou particulier.

Aujourd'hui, l'observation est encore plus facilitée avec les techniques d'intelligence artificielle : avec « l'apprentissage profond » ou de l'entraînement, un algorithme permet d'apprendre tous les bons standards ou de visualiser toutes les bonnes pièces. En cas de détection d'une mauvaise pièce, des systèmes de caméra intelligents écartent automatiquement les pièces ou situations non conformes, par comparaison et détection automatique des écarts.

L'arrêt au premier défaut

> « *Une ligne de production qui n'est pas arrêtée est une ligne parfaite ou une ligne à problèmes. […] Il n'y a aucune raison de craindre un arrêt de ligne.* »
>
> Taiichi Ōno, système de production Toyota

L'arrêt au premier défaut est certainement l'activité qualité la plus puissante par excellence. En effet, dès que l'on détecte un défaut, et que l'on s'arrête, on est capable, immédiatement, d'identifier la cause du problème et de le communiquer à la personne concernée, qui peut faire aisément l'analyse en « direct » puisqu'elle a tous les éléments en main. La solution peut alors être mise en place de suite.

En ligne avec la logique *san gen shugi* et notamment le principe du *genba*, l'arrêt au premier défaut permet donc de « geler » les conditions d'occurrence d'un problème. Cela évite de faire des hypothèses ou des analyses compliquées a posteriori. Les gains en temps, coûts et efficacité dans la résolution sont évidents. Cependant, ce qui l'est beaucoup moins c'est la volonté et le courage nécessaires pour appliquer réellement l'arrêt au premier défaut. Souvent, le management craint d'impacter la quantité produite ou la productivité en procédant ainsi. En réalité, il n'en est rien. C'est bien le contraire qui se produit.

En premier lieu, en n'arrêtant pas de suite, cela signifie qu'on ne veut pas détecter et traiter les problèmes ou qu'on reporte leur résolution. Or les problèmes, c'est comme un boomerang, ils finissent toujours par revenir ! Et s'ils sont traités plus tard, c'est souvent au prix de coûts et d'efforts immenses et supplémentaires.

Par ailleurs, l'arrêt au premier défaut évite toute une série de perturbations sur les postes suivants. Si l'on oppose arrêt au premier défaut à quantité, on se leurre : en ayant des défauts récurrents, on génère une augmentation des niveaux de refus en fin de lignes ou des rebuts qui peuvent devenir intolérables et compromettre la quantité demandée par le client. Avec l'arrêt au premier défaut, on isole le problème au niveau d'un composant unitaire, dont le coût est bien moins élevé que celui d'un produit complet. Sans compter bien sûr tous les coûts annexes associés aux produits complets fabriqués : transports exceptionnels, pertes de marges, désorganisation des flux, coûts des matières et de la main-d'œuvre supplémentaire pour faire les retouches, les tris. Autrement dit, ne pas arrêter la production au premier défaut est une logique perdante pour toute l'organisation, avec des conséquences majeures.

Les managers doivent en être les premiers convaincus, afin de convaincre ensuite les opérateurs, qui peuvent être réticents à s'arrêter. L'encadrement doit faire la promotion de l'arrêt au premier défaut et renforcer auprès des opérateurs le sentiment de responsabilité dans la qualité qu'ils délivrent.

Mais il ne suffit pas de s'arrêter. Il faut savoir aussi redémarrer ! Au préalable, il convient de signaler que si l'arrêt est bien conçu, dans une logique pièce à pièce, il peut entraîner l'arrêt d'un poste de travail sans stopper la chaîne ou la ligne complète. Entre deux postes de production, il y a quelques secondes, minutes, heures, jours qui peuvent être suffisants pour réagir et corriger.

Après un arrêt à un poste, il est nécessaire que des règles de réaction soient clairement formalisées et définies pour permettre une réaction immédiate, et redémarrer avec le support immédiat des fonctions concernées. À cette fin, sur la base des erreurs passées, il est possible de lister tous les cas pouvant survenir et les actions immédiates correspondantes. Dans tous les cas, chaque arrêt sera reporté dans le « QRQC Ligne » pour une analyse approfondie.

Pour les process automatisés (telle une ligne de composants électroniques) ou continus (l'injection par exemple), l'arrêt au premier défaut peut entraîner des difficultés d'application opérationnelle. Pour éviter d'arrêter la ligne de façon intempestive, des seuils de réaction sont parfois définis en PPM (pièces par million) ou en nombre de pièces.

La plupart du temps, sur un process de fabrication bien conçu, les systèmes anti-erreurs *poka-yoke*[1] et les caractéristiques permettent à la ligne de s'arrêter automatiquement. Mais ensuite, que faire ? Le QRQC Ligne définit les règles de réaction et les actions de correction à mener ainsi que les conditions de validation avant le redémarrage de la ligne.

Étape 2 : communiquer le problème au responsable affecté

Une fois qu'un problème est détecté et enregistré, la deuxième étape consiste à le communiquer à la ou les personnes responsables de son traitement. Encore une fois, rien ne sert de détecter les problèmes si le personnel en charge de les régler ignore leur existence ou plutôt si on ne les a pas avertis. D'où l'importance de l'affectation à un pilote, c'est-à-dire la personne responsable de mener les actions correctives ou « assignation ».

1. Le *poka-yoke* est un système de détrompage ou un outil qui facilite la détection et empêche l'erreur de se produire.

L'assignation d'un problème

L'assignation d'un problème est un acte officiel, en ce sens qu'il y a un document formalisé remis en public, dans le cadre de la réunion QRQC, à la personne chargée de piloter la résolution : c'est la fiche d'affectation. D'ailleurs, en anglais, c'est le terme *assignement sheet* qui est utilisé et qui exprime davantage le caractère presque juridique de cet acte.

En recevant la fiche d'affectation, le pilote a une information publique sur le problème et ne peut donc pas l'ignorer. Il s'engage aussi explicitement à être responsable de sa résolution devant le reste des membres de la réunion QRQC. L'affectation est donc avant tout une prise de responsabilité. Chaque membre du personnel doit se sentir responsable et non rejeter la responsabilité sur le voisin, car c'est aussi rejeter la réalité du problème.

La clarté dans les assignations est essentielle. Cela suppose que l'assignation ait été faite à une personne bien identifiée, avec une date et un attendu clair.

La fiche d'affectation

La fiche d'affectation n'est rien d'autre que la formalisation de l'affectation des tâches aux responsables concernés. Elle contient au minimum les informations suivantes :

- éléments généraux : date, heure de l'assignation (qui permettront de suivre le respect des délais) ;
- le nom et la signature de la personne assignée ;
- la description du problème : référence, client, etc. ;
- un dessin ou photo clarifiant le problème.

La décomposition d'un problème en tâches simples

La fiche d'affectation permet d'officialiser un pilote à la résolution du problème. Deux points doivent être pris en compte lors de cette phase de communication :

- D'abord, la nomination d'un pilote ne signifie absolument pas qu'il est le seul à travailler sur le sujet. Après l'assignation, la recherche d'une solution doit être lancée avec le reste de son équipe ou avec d'autres collègues dans le cadre de réunions de travail dédiées et plus techniques. En revanche, le fait de donner un nom clarifie les choses en évitant la dilution des responsabilités.

- Ensuite, plusieurs fiches d'affectation peuvent être affectées à plusieurs pilotes puisque, la plupart du temps, un problème n'implique pas uniquement un seul service mais plusieurs.

Ainsi, il est possible d'affecter une fiche d'affectation au représentant de la maintenance à la suite d'un problème machine, et d'en affecter une autre au représentant du département des ressources humaines si le problème comporte également un volet formation.

Cette répartition est souvent oubliée car on se rassure en nommant un seul responsable. Or, le grand intérêt de la décomposition est qu'elle permet une plus grande rapidité puisque le problème est traité sous ses différents aspects (machine, matière, main d'œuvre, etc.) par plusieurs personnes de façon simultanée. D'où un gain de temps évident.

ACTIONS/DÉCOMPOSITION			
QUOI	QUI	DATE PRÉVUE	DATE RÉALISÉE
Confirmer la sécurisation			
Faire la FTA pour l'occurence			
Faire la FTA pour la non-détection			
Confirmer la cause racine avec les cinq pourquoi			
Implémenter le plan d'action			
Confirmer l'efficacité du plan d'action			
Standardiser et généraliser			

N°	ACTIONS	RÉSULTATS	QUI	DATE PRÉVUE	DATE RÉALISÉE
1					
2					
3					
4					
5					

***Tableau 3.1** – Exemple de feuille d'assignation*

La réunion QRQC : agenda et timing

La réunion QRQC est un moment clé de communication. C'est une réunion quotidienne, à heure fixe, animée par chaque manager concerné. Elle obéit à un agenda précis et respecte un timing généralement de trente minutes, que le manager devra s'attacher à respecter. En effet, au-delà, la réunion QRQC n'est plus une réunion de management du problème mais une réunion technique au cours de laquelle les participants cherchent à débattre ou à trouver une solution. Ce n'est en aucun cas l'objectif.

Rappelons-nous toujours que la réunion QRQC est avant tout un acte de management destiné à s'assurer que les problèmes sont bien remontés, affectés correctement et qu'ils font l'objet d'une analyse et d'une correction.

Les pages suivantes donnent des recommandations précises sur la façon d'organiser et de conduire les réunions QRQC.

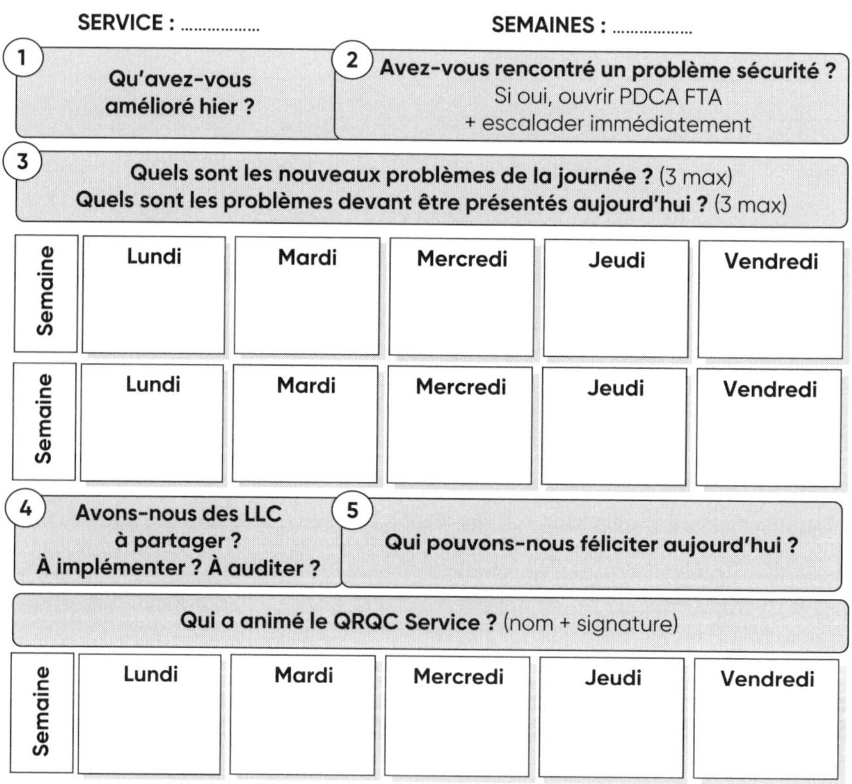

***Figure 3.2** – Exemple d'agenda QRQC avec liste des participants*

Étape 3 : analyser le problème

Dans la démarche QRQC, l'analyse est ce qu'il y a de plus motivant sur le plan intellectuel. Il n'y a rien de plus intéressant pour un ingénieur que d'être confronté à un problème technique, de l'analyser puis de s'enorgueillir une fois la solution trouvée. Mais il est honnête d'indiquer que l'analyse peut prendre du temps ; elle peut mobiliser des équipes et des moyens importants. C'est la raison pour laquelle il faut chercher à faire simple avant de faire compliqué.

En matière d'analyse, il y a d'abord la démarche *san gen shugi*, puis la démarche PDCA FTA, présentée dans ses grands principes ici et développée plus en détail dans le chapitre 5.

L'analyse par *san gen shugi*

La manière la plus simple pour traiter un problème est d'avoir l'attitude *san gen shugi :* en allant sur le lieu réel, avec les pièces mauvaises et bonnes en main, en interrogeant les opérateurs concernés par le problème et en consultant les données précises. Comme on l'a vu précédemment, si cela paraît évident, avoir la volonté de se lever et d'aller physiquement jouer les détectives n'est pourtant pas une démarche naturelle.

Or, en procédant ainsi, 80 % des problèmes peuvent être traités sans avoir recours au moindre formalisme.

Savoir écouter

> « *Le ciel nous a donné deux oreilles pour écouter et une bouche pour parler. Nous devrions donc écouter deux fois plus que nous ne parlons.* »
>
> Proverbe chinois

La plupart du temps, nous passons du temps à faire des analyses sophistiquées pour comprendre les causes d'un problème. Cependant, en écoutant en premier lieu les acteurs du problème, on arrive à des conclusions pertinentes, ce qui permet de gagner du temps.

En écoutant les opérateurs d'une ligne de production, on peut en savoir beaucoup plus et plus rapidement. Les opérateurs passent huit heures par jour devant des postes de travail qu'ils connaissent par cœur ; ils savent donc expliquer ce qui s'est passé sur les composants, la matière, les machines, la méthode. Il s'agit alors d'utiliser l'intelligence des opérateurs, et non plus seulement leurs bras.

Certes, certains problèmes dits « complexes » peuvent nécessiter une analyse formelle plus poussée. Dans ce cas, d'autres méthodologies et outils plus formels sont disponibles. Qu'est-ce qu'un problème complexe ? On fait référence bien volontiers à la complexité technique. Cependant la complexité dans les organisations vient aussi de la multiplicité des intervenants dans le traitement d'un problème, chacun ayant des intérêts éventuellement divergents : pour un problème qualité donné, le commercial aura tendance à minimiser pour ne pas compromettre de nouvelles commandes ; le qualiticien à dramatiser ; l'acheteur et le financier à s'inquiéter des coûts induits ; et la R&D à anticiper une évolution de conception...

La méthodologie PDCA

La méthodologie PDCA (*Plan, Do, Check, Act*) est très largement connue.

La démarche QRQC reprend certains principes méthodologiques du PDCA. En revanche, elle s'en éloigne énormément par l'utilisation d'outils plus rationnels, et moins basés sur des suppositions et « brainstormings ». D'ailleurs, le PDCA est associé immédiatement au FTA (*Factor Tree Analysis*), tant il est au cœur de ce processus.

À titre de rappel, rappelons les principales étapes de la roue PDCA de Deming, en établissant leur lien avec le QRQC.

▬ *Plan* (Planifier)

C'est l'étape la plus importante lors de la résolution d'un problème. Elle consiste à :

- définir un problème ou une amélioration, via l'utilisation du QQOQCCP, outil largement préconisé par le QRQC ;
- définir un objectif à atteindre (par exemple, réduire de 30 % les coûts de garantie ;
- analyser les effets et les causes du problème ;
- analyser et choisir les solutions dans un délai de cinq jours.

- *Do* **(Démarrer)**
  - mettre en place et généraliser des solutions dans un délai recommandé de dix jours.
- *Check* **(Contrôler)**
  - mesurer et vérifier les résultats des solutions mises en place dans un délai de trente jours ;
  - vérifier que de nouveaux facteurs n'ont pas été omis ou sous-estimés. Si c'est le cas, l'analyse devra être reprise.
- *Act* **(Assurer)**
  - formaliser une carte d'apprentissage du problème passé ;
  - généraliser et communiquer les solutions ;
  - capitaliser les solutions via des standards de conception robustes ;
  - valoriser les équipes ;
  - communiquer les succès obtenus.

L'outil FTA (*Factor Tree Analysis*)

Le FTA ou *Factor Tree Analysis* aussi appelé « arbre des facteurs » ne doit pas être confondu avec le *Failure Tree Analysis* (« arbre des causes »). Le FTA, au sens QRQC du terme, a vocation à lister tous les facteurs influents dans la création et la non-détection d'un problème. Ce recensement est fait de façon structurée, dans une grille reprenant les 4M (matière, machine, méthode, main-d'œuvre) et sans faire appel à du brainstorming ni à un nombre trop important de facteurs qui risquent, finalement, de n'avoir aucun lien entre eux.

Combien de qualiticiens ont élaboré des arbres de défaillance – par opposition à l'arbre des facteurs – avec quatre ou cinq niveaux pour se rendre compte à la fin de l'exercice, qu'ils étaient encore plus perdus ! Parfois aussi, les ingénieurs en arrivent à demander de l'aide à des consultants extérieurs pour faire des analyses complexes dans le cadre de plans d'expériences ou d'approches *Six Sigma*. Bien que certains problèmes spécifiques puissent le justifier, la très grande majorité n'en a pas besoin. Une approche structurée, logique, basée sur *san gen shugi* peut arriver au bout d'un grand nombre de problèmes.

4M	FACTEURS	POINT DE CONTRÔLE	STANDARD	PIÈCES BONNES	PIÈCES MAUVAISES	JUGEMENT		
						STD OK ?	RESPECT STD ?	LIEN DIRECT ?
MATIÈRE	Diamètre	Plan E8675 – 06	1+/ – 0,5 cm	1 cm	2 cm	O	N	O
MACHINE								
MÉTHODE								
MAIN-D'ŒUVRE								

Tableau 3.2 – *Exemple de FTA*

Le recours à des experts

L'approche QRQC est une approche simple, basée sur du bon sens. Chaque personne, si on lui en donne la responsabilité, peut et doit aider à la résolution sur la base de son expérience et de sa compétence. Toutefois, en présence de certains problèmes techniquement compliqués, le recours à des experts internes à l'entreprise ou extérieurs est très fortement recommandé.

Cela évite de perdre du temps (un expert peut identifier des causes potentielles ou causes racines de façon immédiate) et permet de comprendre certaines combinaisons de facteurs générant un seul défaut (souvent des phénomènes mécatroniques ou physico-chimiques).

Ensuite, comme on le verra dans le second ouvrage, les experts auront un rôle fondamental au moment de l'activité de capitalisation et de standardisation.

Étape 4 : vérifier les actions

Vérification sur le terrain

La vérification est l'étape qui clôture la boucle QRQC. En effet, l'analyse n'a de sens que si elle aboutit à des actions concrètes, efficaces et permettant d'éradiquer le problème. Vérifier ne consiste pas à demander par e-mail à un subordonné de vous tenir au courant du suivi des actions. Il s'agit de vérifier sur le *genba* qu'elles ont été effectivement réalisées, selon le timing convenu et par les personnes responsables, et que les résultats obtenus sont satisfaisants.

Cette vérification doit se faire sur le *genba* à partir de faits et de données précises, dans les cinq jours suivants la date d'occurrence de l'incident.

Notez que la vérification doit aussi impliquer les équipes de nuit et de week-end, car elles sont souvent oubliées, alors même qu'elles sont les plus à risque.

CHECK-LIST					
CONTRÔLES	**CONTRÔLE DE CONFIRMATION**	**VÉRIFIÉ PAR LA QUALITÉ, PAR ÉQUIPE**			
		A	**B**	**C**	**WE**
Confirmations des facteurs influents	**1 –** Les paramètres ont-ils été corrigés dans les instructions sécurité / modes OP ?				
	2 – Les modes opératoires correspondent-ils au plan de surveillance ?				
	3 – Toute la documentation est-elle cohérente ?				
	4 – Les instructions sont-elles claires ?				
	5 – Les points critiques sont-ils clairement décrits ?				
Contrôle physique des actions	**6 –** Le process actuel correspond-il aux modes opératoires ?				
	7 – Le process actuel prend-il en compte les actions correctives prévues ?				
	8 – Les opérateurs sont-ils au courant du défaut ?				

CHECK-LIST					
CONTRÔLES	**CONTRÔLE DE CONFIRMATION**	**VÉRIFIÉ PAR LA QUALITÉ, PAR ÉQUIPE**			
		A	**B**	**C**	**WE**
Contrôle physique des actions	**9 –** Les opérateurs sont-ils au courant des actions correctives prévues ?				
	10 – La solution a-t-elle été correctement validée sur le terrain ?				
Aide visuelle	**11 –** Existe-t-il une aide visuelle ?				
	12 – Est-elle affichée dans un endroit visible ?				
	13 – Son contenu est-il clair ?				
Équipement	**14 –** L'équipement est-il cohérent avec le contenu de l'action corrective ?				
	15 – A-t-il été modifié ? L'enregistrement de maintenance préventive a-t-il été modifié ?				
Dates des audits					
Nom de l'auditeur	***Décision***	**O**	**O**	**O**	**O**
		N	**N**	**N**	**N**
Commentaires					

***Tableau 3.3** – Exemple de check-list de vérification sur le terrain*

Réflexion sur les leçons apprises

Toute résolution de problème doit être une occasion d'apprendre. La phase de vérification inclut donc une période de réflexion sur les leçons qu'on a tirées du problème. Ces leçons doivent être formalisées dans des cartes appelées « cartes d'apprentissage ». C'est ainsi qu'il sera possible de rentrer dans une vraie démarche de prévention, en évitant qu'un problème similaire ne se reproduise. Cette réflexion, formalisée sur les cartes d'apprentissage est le point de départ de la phase 2 de prévention. Finalement, cet apprentissage aboutira à l'établissement de standards de conception robustes.

Management de proximité

Vérifier, c'est certes s'assurer que ce qui était prévu est réalisé. Cependant, il faut aussi comprendre cette étape comme une occasion de management. En effet, s'il constate que des écarts existent, l'encadrement doit utiliser cette opportunité pour former les équipes, leur démontrer comment faire de façon plus efficace.

C'est grâce aux erreurs que l'on progresse et l'on progresse en apprenant. Chacun est tour à tour formé puis formateur. C'est toute la logique du coaching au QRQC, la dernière étape du QRQC parfait.

Flasher pour accéder au quiz sur la phase de résolution du QRQC.

http://dunod.link/qrqc02

CHAPITRE 4

Les applications du QRQC

LES APPLICATIONS DU QRQC EN PRODUCTION

Le QRQC Ligne

Le QRQC Ligne vise à traiter les problèmes simples directement sur « lignes », c'est-à-dire à l'endroit physique où se réalise la production d'un bien ou d'un service. C'est certainement l'activité QRQC la plus importante et la plus bénéfique pour un site de production. En effet, c'est en étant au plus près du lieu de production que l'attitude *san gen shugi* a son sens le plus profond. C'est également en étant au plus près de la ligne, au moment de l'apparition du problème, que la résolution gagnera en rapidité et efficacité.

Détection des problèmes

Sur une ligne de production, le système de détection est assuré par un contenant de couleur rouge, qui peut recevoir :

- les produits non conformes constatés en fin de ligne (appelés « refus fins de lignes ») ;

- les composants non conformes détectés à la réception de la ligne d'assemblage ou durant l'opération d'assemblage elle-même ;
- toute anomalie constatée durant l'opération de production, que cela soit lié à la sécurité, à la productivité ou à la qualité.

Remarque

On l'a dit, la boîte rouge est différente de la poubelle. Les deux doivent être physiquement séparées. La boîte rouge a vocation à recevoir les non-conformités pour les analyser. La poubelle a vocation à recevoir des détritus inutiles. Si des pièces ou des composants non conformes sont mis dans la poubelle, il n'y aura aucune possibilité d'amélioration !

Cette détection est réalisée par les opérateurs eux-mêmes ou par des systèmes de détection automatique. En cas de non-conformité sur une ligne, ils doivent alors :

- arrêter la ligne immédiatement – c'est « l'arrêt au premier défaut » ;
- comparer les pièces bonnes et mauvaises – cette comparaison permettra de constater les éléments différenciants. Ceux-ci seront utilisés pour déterminer et valider la méthode de tri, et ensuite pour réaliser l'analyse ;
- récupérer les pièces, les données et les faits associés au problème au moment où celui-ci survient. En observant les conditions de création du défaut, le problème peut être résolu en direct et immédiatement, sans faire d'hypothèses a posteriori, lorsque ces conditions auront disparu.

POINTS À METTRE EN PLACE	COMMENT CONFIRMER LA MISE EN PLACE ?
Les opérateurs doivent appliquer l'arrêt au premier défaut : pour cela, ils doivent connaître les critères de défaut et savoir quoi faire quand ils voient quelque chose d'inattendu sur une ligne de production.	Un standard (liste des défauts, pièces type, etc.) doit exister et être à jour. Pour les critères subjectifs, des pièces aux limites ou des photos/dessins sont disponibles. Tous les opérateurs sont formés et peuvent démontrer leur compréhension des critères de défaut et les réactions requises.

POINTS À METTRE EN PLACE	COMMENT CONFIRMER LA MISE EN PLACE ?
L'opérateur arrête la ligne à chaque défaut.	Au premier défaut, l'opérateur : - prend la dernière pièce bonne (à défaut celle du OK démarrage) et la pièce mauvaise puis les compare pour identifier les différences ; - vérifie et relève les données relatives au produit et au process au moment de l'incident ; - confirme qu'il travaille bien suivant les opérations standard ; - note l'incident sur le tableau QRQC ; - remonte l'information à son supérieur lorsqu'aucun écart par rapport au standard n'a été trouvé.
Les boîtes rouges ou des zones d'isolement doivent être présentes.	Les pièces défectueuses sont placées dans un bac rouge dans une zone dédiée. Les zones spécifiques peuvent être des caisses ou chariots rouges. Les boîtes rouges doivent être différenciées des poubelles.
La présence d'un tableau d'indicateurs qualité avec objectifs et historiques sur lequel les données sont inscrites à la main en différenciant les équipes.	Il existe au moins un panneau qualité et il doit montrer des enregistrements quotidiens par équipe pour chaque semaine, ainsi que l'historique sur les six derniers mois. Les objectifs doivent démontrer une volonté d'amélioration continue via une réduction régulière dans le temps. Les enregistrements peuvent être en nombre de défauts, en ppm ou en coût de rebuts.
Les pièces défectueuses sont clairement identifiées. L'identification rend visible le défaut et sa localisation sur la pièce.	Toutes les pièces défectueuses sont identifiées, avec la localisation du défaut clairement marquée. La localisation doit être évidente pour un analyste habituel (pas forcément pour un expert).

***Tableau 4.1** – Check-list des points à vérifier pour implémenter le système de détection sur une ligne*

Les données sont rentrées manuellement par chaque opérateur de chaque équipe. Selon la performance, les résultats seront écrits en rouge (objectifs non atteints) ou en vert (objectifs atteints). Un graphique contient l'historique des données pour vérifier la tendance du niveau de qualité.

Bien sûr, des systèmes d'enregistrement digitaux existent et sont très utiles pour réduire les tâches de saisie manuscrite. Nous le détaillons dans le dernier chapitre. Toutefois, lors d'un démarrage de mise en place, l'utilisation d'un simple *paper board* avec un enregistrement manuel permet un apprentissage plus rapide et une appropriation plus forte. Au bout de quelques mois, le transfert vers le digital est envisageable.

Communication

Après la détection du moindre défaut ou incident et l'arrêt immédiat de la ligne, la communication est réalisée en trois étapes : l'échange entre opérateurs, l'enregistrement sur le tableau QRQC et l'escalade vers la hiérarchie.

Cette communication permettra à la fois de sécuriser le client (interne ou externe) et de commencer l'analyse sur la base des premières informations issues des tris.

Étape 1 : l'échange entre opérateurs. Il a pour objectifs de :

- partager le problème entre opérateurs et communiquer les raisons pour lesquelles la ligne est arrêtée ;
- faire l'analyse en direct en observant ensemble les conditions d'apparition et de détection du défaut ;
- stimuler l'esprit d'équipe, chacun apportant son expérience dans l'analyse ;
- définir les conditions de remise en conformité et de redémarrage de la ligne, telles que trier la ligne, changer le lot suspect, isoler les pièces mauvaises, faire intervenir la maintenance ou les services supports, former l'opérateur s'il a réalisé une mauvaise opération et communiquer le problème aux équipes suivantes (en cas d'équipes tournantes).

À noter que la ligne de production en « U » a un avantage majeur qui est de renforcer la communication en cas d'incident. Lorsque la ligne d'assemblage est conçue en enfilade, cette communication est moins aisée.

Étape 2 : l'enregistrement sur le tableau QRQC. Le tableau QRQC Ligne est la boîte rouge des opérateurs. Ils écrivent à la main les problèmes rencontrés sur ligne de façon à en garder une trace. La hiérarchie doit passer chaque jour pour voir les incidents récurrents à remonter et faire le coaching nécessaire sur ligne. Des étiquettes rouges doivent être placées sur les pièces, à l'endroit du défaut avec marquage du type d'anomalie. Un numéro d'identification est indiqué sur la pièce puis repris dans le tableau QRQC. L'enregistrement est fait en temps réel et de façon manuscrite. Les objectifs sont les suivants :

- garder une traçabilité du problème – cela est particulièrement utile si ultérieurement des problèmes identiques ont été identifiés chez les clients ;
- récupérer et formaliser le maximum d'informations sur les conditions d'occurrence et de détection du problème ;
- structurer les éléments d'information via un questionnement simple de type QQOQCCP (Quel est le problème ? Qui est impliqué ? Qui est impacté par le problème ? Où le problème a-t-il été détecté ? Quand le problème a-t-il été détecté ? Comment le problème est-il survenu ? dans quelles conditions ? Combien de cas sont impliqués ? Pourquoi est-ce un problème ?)

Remarque

Il peut arriver que des opérateurs ne se sentent pas à l'aise par le fait d'écrire sur un tableau, par crainte de ne pas bien écrire, par réticence à « dénoncer » quelqu'un de l'équipe (dans le cas où le problème est lié à un facteur humain) ou par analphabétisme.
Cette situation parfois sous-estimée est à prendre en compte car elle a des conséquences non négligeables, notamment :
- des opérateurs critiques vis-à-vis de la démarche ;
- une impossibilité d'identifier et de tracer les problèmes, et donc de les résoudre.

Quand le problème a été formalisé, soit l'opérateur est capable de le traiter lui-même par un retour au standard, soit il fait appel à une fonction support (qualité, méthodes, maintenance, etc.) pour une intervention immédiate sur la ligne. Cette communication peut se faire verbalement, en direct ou par téléphone ; pour cela, il faut prévoir sur la ligne de production un téléphone fixe, un téléphone portable, ou des connexions par vidéo.

Les fournisseurs internes (ateliers amont type injection, lignes d'assemblage électroniques) peuvent également être alertés si un problème de non-qualité est détecté sur les lignes aval.

Les fonctions support ont un rôle clé : elles doivent soutenir les équipes de production et les opérateurs. Sinon, le risque est grand de voir des problèmes s'amonceler sur les tableaux QRQC et demeurer sans réponses. Ce manque d'intervention ou une intervention tardive peuvent démotiver les opérateurs et compromettre la démarche QRQC dans son ensemble.

Étape 3 : l'escalade vers la hiérarchie. Cette dernière phase de communication est une étape d'escalade ou de remontée des problèmes vers la hiérarchie. Il s'agit de remonter vers le superviseur ou le chef d'équipe :

- les incidents liés à la sécurité des personnes ;
- les problèmes apparus malgré le respect du standard ;
- les problèmes récurrents ou complexes nécessitant un support ou une compétence particulière. Ces incidents récurrents seront traités à un niveau supérieur : le QRQC UAP (unité autonome de production).

Il est de la responsabilité de chaque membre du personnel de demander de l'aide quand cela s'avère nécessaire. En maintenant cachés les problèmes ou en les sous-estimant, on peut aboutir à des situations de pourrissement et de frustration collective. Et parfois même, à des catastrophes qualité.

POINTS À METTRE EN PLACE	COMMENT CONFIRMER LA MISE EN PLACE ?
L'opérateur leader est immédiatement alerté quand un autre opérateur détecte un problème.	Confirmer la connaissance par l'opérateur leader de tous les problèmes reportés sur le tableau QRQC et de toutes les pièces défectueuses contenues dans la boîte rouge.
L'opérateur enregistre le problème immédiatement sur le tableau QRQC ou, à défaut, sur une feuille équivalente.	Le tableau QRQC est renseigné manuellement. Il inclut les points obligatoires suivants : Que s'est-il passé en suivant la structure QQOQCCP ? Quelle est l'origine du problème ? Quelle est la contre-mesure immédiate ? Qui est le responsable ? Quand l'action sera-t-elle finie ? Les trois incidents majeurs suivis par les superviseurs doivent être clairement identifiés sur le tableau. Cette information doit être identifiée de manière unique par une couleur ou un marquage spécifique. Le tableau QRQC est l'un des outils de management visuel et doit être situé près de la ligne en utilisant un format approprié (A1 ou équivalent).

POINTS À METTRE EN PLACE	COMMENT CONFIRMER LA MISE EN PLACE ?
L'opérateur leader appelle immédiatement le superviseur et le service qualité si le défaut est relatif à la sécurité ou pourrait être présent dans des produits ayant déjà passé le contrôle final.	L'opérateur leader doit connaître les actions à entreprendre quand un problème sécurité ou qualité sérieux est identifié. Les règles de réactivité doivent être incluses dans les opérations standards. L'activité doit être confirmée en contrôlant le tableau QRQC et en questionnant les superviseurs.
L'opérateur leader et le superviseur communiquent les défauts de sécurité, complexes ou récurrents au QRQC UAP, préparant une feuille d'assignation.	L'escalade vers l'UAP est faite par le superviseur en soumettant les feuilles d'assignation lors du QRQC UAP.
Une aide immédiate des services maintenance, méthode et qualité est apportée.	Confirmer l'assistance technique en consultant le tableau QRQC et en parlant avec les opérateurs. Les équipes de nuit et de week-end doivent être couvertes par des procédures appropriées pour leur assurer une assistance technique.

Tableau 4.2 *– Check-list des points à vérifier pour implémenter le système de communication*

Analyse en temps réel

Dans le cadre du QRQC Ligne, l'analyse par l'opérateur doit être immédiate et basée sur l'observation des conditions d'occurrence. Par exemple, si l'opérateur identifie une pièce avec un défaut d'aspect, il peut vérifier si de la saleté sur ses gants ou tout autre contamination n'est pas à l'origine du défaut. Si tel est le cas, il peut immédiatement changer de gants, stopper la source de pollution et ainsi revenir à une situation standard satisfaisante. Dans ce cas, pas besoin d'analyse complexe. L'action menée est la réponse appropriée à un facteur évident. Ainsi, l'opérateur a un rôle fondamental de collecte des informations permettant d'analyser en temps réel, ou ultérieurement (en cas d'escalade), le problème.

L'analyse en temps réel permettra d'aboutir à une situation où le standard exigé n'a soit pas été respecté ou à une situation qui s'est détériorée au cours du temps : l'absence de port de gants peut générer un défaut, malgré les consignes données par exemple. L'action corrective immédiate est donc une remise au standard par l'opérateur concerné. Toutefois, lors de ses visites sur le terrain, le manager de la zone devra comprendre pourquoi le standard en question (port de gants) n'a pas été respecté : problème de rigueur ou discipline ? Standard absent, pas clairement formulé ou non mis à jour ? Impossibilité matérielle de respecter le standard (absence ou quantité insuffisante de gants) ?

En parallèle, les équipes qualité et production doivent vérifier si d'autres problèmes similaires ont eu lieu par le passé, demander les enregistrements de production ou de maintenance afin de vérifier si des paramètres ont dérivé ou si des événements particuliers se sont produits.

POINTS À METTRE EN PLACE	COMMENT CONFIRMER LA MISE EN PLACE ?
Une réunion QRQC sur la ligne est immédiatement tenue après la détection du défaut quand le problème ne peut pas être résolu en appliquant les opérations standards correctes et en confirmant chaque étape du process de fabrication.	Pour animer un QRQC ligne, doivent au moins être présents : l'opérateur leader, l'opérateur qui a créé le défaut, l'opérateur qui a détecté le défaut. Tous les opérateurs de la ligne doivent être impliqués dans la résolution et la prévention du problème.
L'analyse est toujours basée sur des comparaisons : bonne pièce/mauvaise pièce, réalité/standard, opérateur 1/opérateur 2, équipe 1/ équipe 2, jour 1/jour 2, etc. La conclusion doit être basée uniquement sur des faits et données.	Pour auditer, demander à l'opérateur leader d'expliquer un problème.
La présence des pièces bonnes/mauvaises pour conduire l'analyse.	Le QRQC ligne doit être réalisé avec les pièces bonnes/mauvaises en main.
Les opérateurs sont toujours impliqués dans l'analyse des problèmes, consultés pour leur connaissance du produit et du process de fabrication.	Demander qui a participé ou a été consulté parmi les opérateurs lors des QRQC récents.
Quand un problème aurait dû être détecté à une étape antérieure dans la production, l'analyse du problème est faite tout de suite avec l'opérateur qui aurait dû le détecter. La même action est faite quand le problème concerne un fournisseur interne de la ligne.	Revoir le panneau QRQC et vérifier avec les opérateurs de la ligne. Vérifier si un problème d'un fournisseur interne est détecté, qu'il est enregistré sur le tableau QRQC de la ligne amont, au poste où le défaut a été créé.

***Tableau 4.3** – Check-list des points à vérifier pour implémenter le système d'analyse sur une ligne*

Vérification et management

La vérification consiste à confirmer sur ligne que les actions correctives ont été menées effectivement, sont efficaces et généralisées à toutes les équipes travaillant sur la ligne.

POINTS À METTRE EN PLACE	COMMENT CONFIRMER LA MISE EN PLACE ?
L'action corrective est faite sur la ligne suite à un « arrêt au premier défaut » puis confirmée par le superviseur sur le tableau QRQC quand le problème est résolu. La confirmation de l'action doit être réalisée avant le départ de l'équipe ; l'efficacité de l'action doit être confirmée pour toutes les équipes, en cas de rotation.	Vérifier que le superviseur contrôle chaque action corrective et signe le panneau QRQC avant le départ de l'équipe. La confirmation de l'action est faite pour toutes les équipes.
Présentation des actions correctives à tous les opérateurs de la ligne lors de la réunion de passage de consignes.	Le superviseur doit démontrer que les actions sont communiquées à tous les opérateurs lors de la réunion de passage de consignes.
Les superviseurs font de la formation sur le terrain sur toutes les lignes dont ils sont responsables sur une base quotidienne.	Les superviseurs peuvent démontrer que toutes les actions demandées aux opérateurs pour le QRQC ligne sont faites comme demandé (arrêt au premier défaut, utilisation de la boîte rouge, identification des pièces mauvaises, remplissage du tableau QRQC). Les superviseurs doivent signer quotidiennement tous les tableaux QRQC, preuve de leur implication.
Félicitations de toutes les équipes quand un problème est résolu en utilisant le QRQC.	Questionner les opérateurs.

***Tableau 4.4** – Check-list des points à vérifier pour implémenter le système de vérification sur une ligne*

D'un point de vue managérial, l'implication des opérateurs est un élément clé. En effet, les opérateurs seront fiers de faire partie d'une résolution de problème et de voir que leurs qualités d'observation et d'analyse sont sollicitées.

Lors des visites sur le terrain, les managers ont donc un rôle majeur de promotion et de reconnaissance du travail réalisé par les salariés.

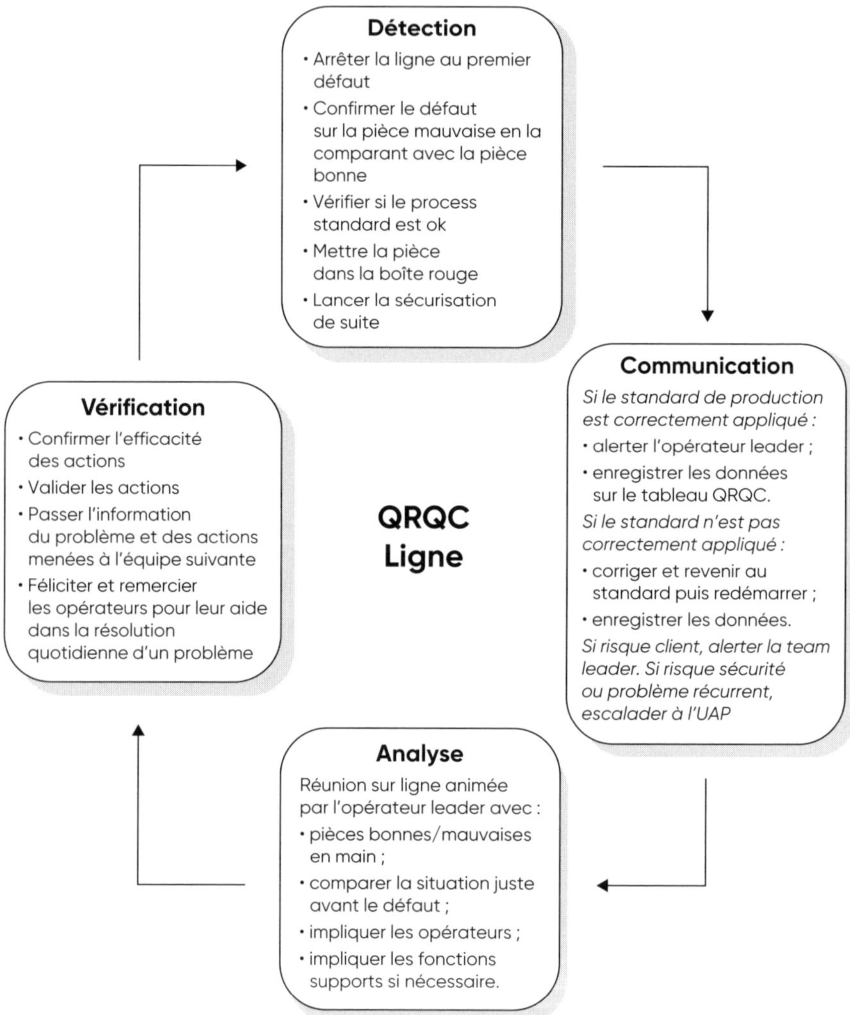

***Figure 4.1** – Résumé du QRQC Ligne*

POINTS CLÉS

✚ Qui est impliqué dans le QRQC Ligne ?

- ☐ *L'opérateur :* il doit être correctement formé pour arrêter au premier défaut, observer les conditions de création/non-détection du défaut et connaître les règles de réaction. En même temps, il doit savoir enregistrer le problème, réagir immédiatement, et escalader quand cela est nécessaire.
- ☐ *Le superviseur :* il doit s'assurer au quotidien que les opérateurs appliquent correctement la démarche.
- ☐ *Le responsable d'atelier :* il doit visiter au moins une ligne par jour afin de vérifier et encourager la bonne application du QRQC ligne par les opérateurs, s'assurer que les actions entreprises par les fonctions support donnent des résultats visibles par les opérateurs. Cette présence physique du manager témoigne de l'importance accordée à cette activité.

✚ Quels sont les facteurs clés de succès du QRQC Ligne ?

- ☐ L'implication des opérateurs.
- ☐ Des standards de travail clairs et visuels, permettant de constater immédiatement les écarts.
- ☐ L'implication du management de production : superviseur, responsable d'UAP. En effet, ce sont eux qui doivent traiter les problèmes et allouer les ressources pour réaliser et suivre les actions.
- ☐ Le QRQC Ligne ne peut pas fonctionner si le management de production n'est pas capable de démontrer une volonté d'éradiquer des problèmes. En effet, le personnel risque de s'habituer et d'accepter des situations mauvaises, sans volonté de réagir. Devant cet état de fait, les opérateurs ne verront donc aucun bénéfice dans la démarche QRQC, qui cessera alors d'être appliquée.
- ☐ La simplicité du système d'enregistrement.
- ☐ L'intervention rapide des services supports. Si des problèmes sont enregistrés tous les jours par les opérateurs mais que les fonctions support n'interviennent pas, là aussi, on risque de voir une lassitude

+ Quels sont les bénéfices du QRQC Ligne ?

- ☐ Réactivité et sécurisation immédiate du client.
- ☐ Traitement en temps réel du problème : la collecte des faits permet une analyse des conditions d'occurrence et de non-détection.
- ☐ Gain dans la qualité de l'analyse.
- ☐ Motivation des équipes de production qui voient leurs problèmes résolus et pris en compte.
- ☐ Communication améliorée entre fonctions de production et fonctions supports.
- ☐ Activité particulièrement efficace pour la réduction des rebuts internes.

Le QRQC UAP

Une unité autonome de production (UAP) peut être un atelier ou une zone regroupant plusieurs lignes de production reliées par un même type d'activités (par exemple l'injection, l'assemblage, un magasin de stockage, etc.). D'autres types de regroupements peuvent exister, par exemple par clients.

Le QRQC UAP vise à manager de façon efficace et rapide les problématiques majeures ou récurrentes remontées par les lignes. C'est donc une activité de support aux lignes visant à traiter en profondeur un nombre limité de sujets. Ces sujets peuvent être complexes techniquement ou impliquer plusieurs fonctions en même temps. Leur résolution ne relève donc pas toujours de la responsabilité, ni forcément de la capacité, des opérateurs.

La zone QRQC UAP doit avoir un management visuel adapté.

Détection

La boîte rouge du QRQC UAP réceptionne trois types de problèmes majeurs remontés par les lignes dans les domaines de la sécurité, de la qualité et de la productivité :

- un problème sécurité ;

- un problème générant un arrêt complet ou une perturbation dans le fonctionnement quotidien de la ligne ;
- un incident avec un symptôme récurrent, c'est-à-dire rencontré à plusieurs reprises (plus d'une fois) par une ou plusieurs équipes, sur un ou plusieurs jours, sur le même type de produits et dans la même usine.

La notion de récurrence est souvent discutée : doit-on inclure la récurrence d'un symptôme ou la récurrence de la cause racine ? Notre recommandation est d'aller sur la ligne pour avoir le feedback des opérateurs. En général, ils ne se soucient guère de ce genre de subtilités et déclarent spontanément la récurrence du symptôme ! C'est aussi la réaction (légitime) des clients. Et c'est la plus importante.

POINTS À METTRE EN PLACE	COMMENT CONFIRMER LA MISE EN PLACE ?
Présence d'une zone QRQC UAP.	Chaque UAP a une zone QRQC avec un affichage visuel adapté.
Affichage des performances de l'atelier et de chacune de ses lignes, pour la journée, la semaine et le mois avec les objectifs.	Le QRQC UAP est orienté sur trois sujets majeurs en provenance des lignes. Il est donc obligatoire (pour chaque ligne de l'atelier et pour tout l'atelier) d'afficher les résultats qualité, coûts, délais. Les objectifs doivent être progressifs et montrer une volonté d'amélioration continue. Pour chaque problème majeur proposé par le superviseur et approuvé par le responsable d'atelier, un plan d'action doit être défini avec un objectif. L'affichage doit couvrir au moins six mois.
Identification des performances n'ayant pas atteint l'objectif. Identification des principaux contributeurs directement sur les courbes	Les graphiques du QRQC UAP sont mis à jour et les principaux contributeurs identifiés directement sur le graphe quand l'objectif n'est pas atteint.

***Tableau 4.5** – Check-list des points à vérifier pour implémenter le système de détection du QRQC UAP*

Communication

La communication est réalisée dans le cadre d'une réunion quotidienne de trente minutes à laquelle participent :

- le responsable d'UAP qui anime la réunion ;
- les superviseurs des lignes qui remontent leurs problèmes majeurs ;
- les fonctions support de l'UAP : qualité, méthodes, logistique… Selon les organisations, ces fonctions sont soit centrales, soit dépendantes de l'UAP.

Durant la réunion, sont revus :

- les problèmes sécurité ;
- les réclamations clients ;
- les trois problèmes majeurs ou récurrents de chaque superviseur.

Le responsable d'UAP décide, sur la base des incidents majeurs des lignes, de suivre en priorité trois problèmes au maximum dans le QRQC UAP. Cette décision peut être parfois difficile dans la mesure où il s'agit d'apporter une visibilité sur ces trois problèmes seulement parmi un nombre potentiellement plus élevé remonté par les lignes.

Tout comme les superviseurs, le responsable de l'unité autonome de production peut être confronté à une situation où il a lui-même besoin d'escalader à un niveau supérieur un ou des problèmes difficilement traitables à son niveau. Il le fera lors du QRQC Usine.

> ***Remarque***
>
> Le fait que tous les problèmes ne soient pas remontés en QRQC UAP ne signifie pas pour autant qu'ils ne doivent pas être suivis par les équipes concernées (superviseurs et fonctions support). Bien sûr, moins il y a de problèmes, plus il y a de chances de les suivre en totalité en QRQC UAP. Quand l'approche QRQC est bien menée et que les problèmes prioritaires ont été traités dans des délais rapides, les sujets suivants, qui avaient été jugés moins prioritaires, reviennent logiquement dans le top 3.

Les trois problèmes choisis sont alors assignés via la fiche d'assignation aux différents membres présents à la réunion QRQC.

En considérant trois sujets prioritaires chaque jour, cela amène à suivre quinze sujets dans une semaine, sur la base de cinq jours ouvrés. C'est bien évidemment un nombre extrême. Mais il met en avant la nécessité de bien gérer le timing et l'agenda de la réunion QRQC en se fixant quelques règles simples :

- pas plus de trois sujets chaque jour, nouveaux et anciens sujets compris ;
- un respect strict des délais de cinq jours (analyse, actions correctives et préventives), dix jours (généralisation des actions correctives) et trente jours (apprentissage et audit).

POINTS À METTRE EN PLACE	COMMENT CONFIRMER LA MISE EN PLACE ?
Les réunions QRQC UAP ont lieu tous les jours sous la conduite du responsable d'atelier.	Les réunions quotidiennes sont animées par le responsable UAP ou par la personne déléguée en cas d'absence.
Le QRQC ligne alimente le QRQC UAP avec les problèmes liés à la sécurité, récurrents ou complexes.	Le superviseur peut démontrer que le processus d'escalade vers la hiérarchie fonctionne.
Décomposition des problèmes complexes en tâches plus simples pouvant être traitées rapidement et simultanément par différentes fonctions.	Pendant la réunion QRQC, le responsable UAP montre qu'il distribue à son équipe des activités réalisables rapidement (dans la journée si possible).
Revue des problèmes majeurs de la production de la veille ainsi que l'avancement des plans d'actions des incidents majeurs sélectionnés.	Les superviseurs doivent remonter leurs principaux problèmes de la veille même s'ils ont déjà été soldés en QRQC ligne. L'objectif pour le responsable UAP est de comprendre l'analyse de la performance afin de décider des actions complémentaires à mener au niveau de l'UAP. Il n'est pas obligatoire de présenter les pièces bonnes/mauvaises pour cette « information ».

***Tableau 4.6** – Check-list des points à vérifier pour implémenter le système de communication du QRQC UAP*

Analyse

Chacun des trois sujets prioritaires doit faire l'objet d'un PDCA FTA. Cette analyse se fera en s'appuyant sur les données et informations factuelles recueillies auprès des opérateurs. Via l'approche *san gen shugi* et l'outil d'analyse PDCA FTA, chaque membre assigné viendra présenter dans la réunion QRQC UAP le bilan de son analyse ainsi que les actions correctives et préventives préconisées.

POINTS À METTRE EN PLACE	COMMENT CONFIRMER LA MISE EN PLACE ?
L'analyse est toujours basée sur des comparaisons : pièce bonne/pièce mauvaise, réalité/standard, équipe 1/ équipe 2, jour 1/jour 2, etc. Aucune conclusion n'est prononcée sans observation sur le terrain et sans faits avérés.	Vérifier sur un exemple de problème en cours.
Présence systématique des pièces bonnes/mauvaises en main.	Les pièces bonnes et mauvaises sont montrées systématiquement à chaque réunion lorsque le problème est revu.
Implication systématique des opérateurs.	Des preuves doivent être fournies pour confirmer l'implication des opérateurs dans l'analyse, en utilisant un exemple. Cela n'implique pas que les opérateurs doivent être physiquement et systématiquement présents lors du QRQC UAP.
Utilisation systématique du PDCA FTA et des cinq « pourquoi » pour les problèmes récurrents.	La résolution de problème au niveau de l'UAP doit être faite avec le FTA et cinq « pourquoi ».

***Tableau 4.7** – Check-list des points à vérifier pour implémenter le système d'analyse du QRQC UAP*

Vérification et management

La vérification consiste à :

- confirmer sur le *genba* que les actions préconisées après l'analyse sont réellement mises en place ;
- vérifier que les actions sont efficaces, en mesurant un certain nombre d'indicateurs qualité, coûts, délais ;
- interroger les opérateurs afin d'obtenir un feedback direct sur l'efficacité des actions menées. C'est aussi l'occasion de valoriser à la fois le travail des équipes et la démarche elle-même.

POINTS À METTRE EN PLACE	COMMENT CONFIRMER LA MISE EN PLACE ?
Vérification sur le *genba* des actions correctives et préventives.	Le responsable UAP doit vérifier par lui-même au moins certains des sujets sur le *genba*.
Le responsable de l'usine et le responsable qualité participent aux réunions QRQC UAP tous les jours par rotation sur chaque UAP. Chaque UAP doit être vue au moins une fois dans la semaine.	Un programme est établi et peut être vérifié en questionnant les responsables UAP.
Les responsables UAP suivent un programme de visite/formation sur le terrain, et passent sur les lignes régulièrement.	Un programme est établi et peut être vérifié en questionnant les responsables UAP et les superviseurs ; ceux-ci peuvent expliquer ce qu'ils ont appris lors de la dernière visite du responsable UAP.
Félicitations de tous ceux qui ont contribué à la résolution d'un problème.	Demander à l'équipe UAP et aux superviseurs s'ils ont été félicités.

***Tableau 4.8** – Check-list des points à vérifier pour implémenter le système de vérification du QRQC UAP*

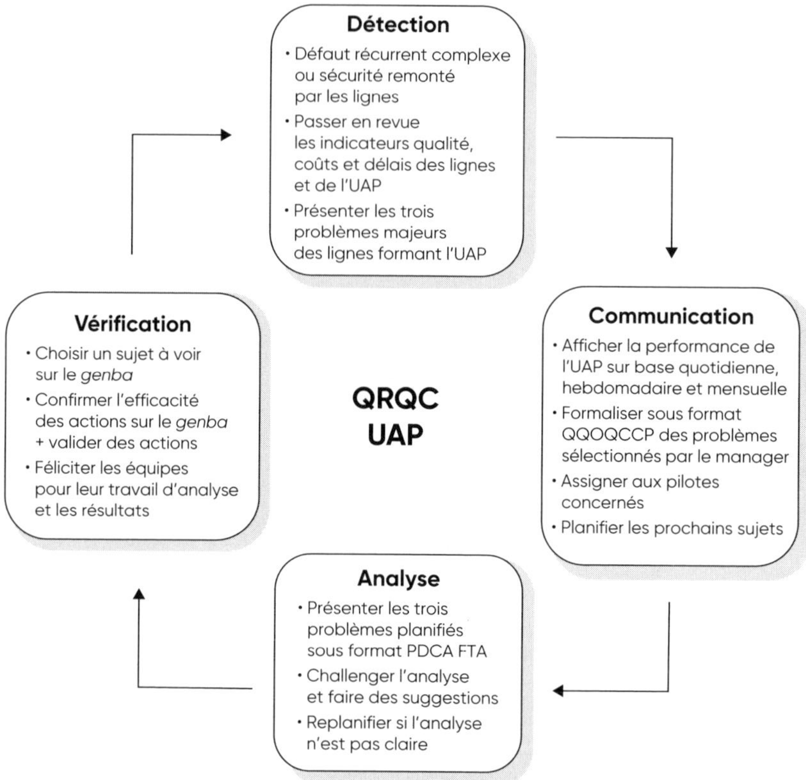

***Figure 4.2** – Résumé du QRQC UAP (unité autonome de production)*

POINTS CLÉS

✚ Qui est impliqué dans le QRQC UAP ?

- ☐ L'acteur fondamental est le responsable UAP. Il est le leader de la réunion. À ce titre, il doit connaître la mécanique QRQC pour pouvoir inciter à la remontée des problèmes majeurs, assigner correctement, avoir l'attitude *san gen shugi* pour vérifier sur le *genba*.
- ☐ En plus d'une parfaite connaissance méthodologique, le responsable UAP doit être suffisamment expérimenté pour faire les bons choix sur les trois sujets prioritaires.

✚ Quels sont les facteurs clés de succès du QRQC UAP ?

- ☐ L'implication du management de production : superviseur, responsable d'UAP.
- ☐ L'implication des fonctions support.
- ☐ Clarté dans les assignations : noms, dates et actions attendues.
- ☐ Un focus sur trois sujets majeurs chaque jour.

✚ Quels sont les bénéfices du QRQC UAP ?

- ☐ Une visibilité et une escalade des sujets difficilement traitables par la ligne seule.
- ☐ Une analyse structurée et approfondie via PDCA FTA pour les sujets remontés en UAP.
- ☐ Une réactivité suivie formellement.

Le QRQC Usine

Le QRQC Usine ou site (selon les organisations) vise à traiter de façon efficace et rapide les réclamations clients et les sujets majeurs non traités par les ateliers ou les départements eux-mêmes dans le cadre de leurs propres QRQC.

C'est une activité impliquant l'ensemble des fonctions et responsables de l'entreprise.

Le QRQC Usine est un moment clé de la journée, durant lequel le responsable d'usine doit à la fois inciter à la remontée des problèmes et en même coacher les équipes pour renforcer l'attitude *san gen shugi* et l'analyse logique.

Détection

La boîte rouge du QRQC Usine réceptionne :

- les incidents ou accidents sécurité affectant l'intégrité physique du personnel et des intervenants extérieurs ou affectant les immeubles ou les biens de l'entreprise ;

- les réclamations des clients, affectant donc l'ensemble de la société. En effet, quand un client réclame, il vise rarement un service ou une personne en particulier, et c'est l'ensemble des membres la société qui doivent se sentir concernés. Ces réclamations peuvent être relatives à la première installation ou utilisation d'un produit ou service, ou à la tenue dans le temps du produit ou service (dans le cadre de la garantie légale) ;
- les problématiques internes et majeures affectant l'ensemble de l'usine en termes de qualité (par exemple, un niveau de rebuts élevé), de logistique ou de productivité.

POINTS À METTRE EN PLACE	COMMENT CONFIRMER LA MISE EN PLACE ?
Présence d'une zone QRQC Usine.	L'usine dispose d'une zone QRQC dédiée avec un affichage visuel adapté.
Affichage de la performance journalière et mensuelle de l'usine et de chacune de ses UAP en référence à leurs objectifs.	Le suivi des problèmes clients est affiché à la journée et au mois avec une répartition par UAP. Les « incidents garantie » sont suivis séparément des autres incidents. Les présentations des problèmes sont faites lors des réunions QRQC. Les informations affichées doivent couvrir au moins six mois.
Identification des performances hors objectif. Identification des principaux contributeurs directement sur les courbes.	Les indicateurs sont mis à jour avec une identification claire. Les contributeurs sont identifiés en cas d'anomalie.
Conservation des pièces ayant les défauts traités en QRQC Usine.	Les pièces sont disponibles dans la zone QRQC Usine avec les pièces bonnes et mauvaises. Les pièces stockées en QRQC UAP doivent être disponibles quand une revue des incidents est faite en QRQC Usine.

***Tableau 4.9** – Check-list des points à vérifier pour implémenter le système de détection du QRQC Usine*

Communication

Le process de communication dans le QRQC Usine est identique à celui réalisé au niveau de l'UAP ou du service. Sont présents :

- le responsable d'usine qui anime la réunion ;
- les responsables d'UAP ou de services, qui remontent leurs problèmes majeurs ;
- les fonctions support dépendant de l'usine : qualité, méthodes, logistique, maintenance, etc.

La réunion dure trente minutes au cours desquelles sont revus :

- les problèmes sécurité ;
- les réclamations clients ;
- les trois problèmes majeurs de chaque UAP ou service : qualité, coûts, délais.

Sur la base des éléments de la boîte rouge, le responsable d'usine décide de suivre en priorité les trois problèmes qu'il considère comme majeurs dans « son » QRQC.

Là encore, le responsable d'usine doit veiller à viser juste en choisissant les sujets prioritaires, selon l'actualité et selon les objectifs recherchés dans le cadre de la stratégie d'entreprise.

> ***Remarque***
>
> Les sujets qui n'ont pas été assignés en QRQC Usine doivent être suivis par les équipes concernées et les responsables de services dans leurs QRQC respectifs.

Les trois problèmes choisis sont alors assignés via la fiche d'assignation aux différents membres présents à la réunion QRQC.

POINTS À METTRE EN PLACE	COMMENT CONFIRMER LA MISE EN PLACE ?
Le directeur de l'usine anime quotidiennement le QRQC Usine.	Le directeur d'usine anime les réunions quotidiennes et délègue un représentant en cas d'absence. Une visite quotidienne sur le *genba* doit être faite impérativement pendant ou en dehors de la réunion QRQC Usine. Au minimum, trois incidents majeurs en termes de qualité, coûts, délais sont présentés par les responsables d'UAP.
Décomposition des problèmes complexes en actions plus petites pouvant être traitées rapidement et simultanément par les différentes fonctions.	Des exemples existent où des problèmes complexes ont été coupés en actions simples et affectées à des personnes différentes.
Les responsables d'UAP qui n'ont pas tenu leurs objectifs de la veille présentent leurs problèmes.	Les responsables d'UAP doivent remonter leurs principaux problèmes même s'ils ont déjà été traités en QRQC Ligne ou QRQC UAP. L'objectif est de partager les informations. C'est l'occasion pour le directeur d'usine de comprendre comment est gérée la performance et de décider quelles actions sont à mener au niveau de l'usine. Il n'est pas obligatoire de présenter les pièces bonnes/mauvaises pour cette partie d'information.
Affectation des tâches après avoir sélectionné les problèmes à traiter. Affichage dans la zone QRQC Usine.	Un dossier PDCA est créé pour chaque nouveau problème. Ce dossier contient toute la documentation relative à la résolution du problème. Des tâches spécifiques peuvent être ajoutées/décidées pendant la revue et enregistrées dans le plan d'action. Le dossier doit être disponible ou un affichage du suivi mis en place. Tous les participants du QRQC Usine doivent comprendre immédiatement quel est le statut des PDCA ouverts.

***Tableau 4.10** – Check-list des points à vérifier pour implémenter le système de communication du QRQC Usine*

Analyse

L'analyse est réalisée par les personnes assignées. Ces « pilotes » en font la présentation formelle devant les membres du QRQC Usine.

> ***Remarque***
>
> Lors du QRQC usine, il ne s'agit en aucune façon de refaire l'analyse détaillée. Celle-ci doit avoir été réalisée au préalable par une équipe impliquant le pilote désigné ainsi que les contributeurs concernés directement par ce sujet.

La présentation de l'analyse doit être concise et la plus claire possible. En général, quand un pilote est capable de présenter de façon synthétique un sujet, c'est qu'il le maîtrise bien…

Lors de cette restitution, le responsable d'usine doit mettre en avant les points forts et les faiblesses éventuelles de l'analyse. Le management et les participants ont donc un rôle important pour « challenger » l'analyse et confirmer que l'équipe a bien identifié les causes racines de façon factuelle et logique.

POINTS À METTRE EN PLACE	COMMENT CONFIRMER LA MISE EN PLACE ?
L'analyse est toujours basée sur des comparaisons : pièce bonne/pièce mauvaise, réalité/standard, équipe 1/équipe 2, jour 1/jour 2, etc. Aucune conclusion n'est prononcée sans observation sur le terrain sans faits.	Le dossier PDCA doit démontrer cette attitude *san gen shugi*
Présence des pièces mauvaises et bonnes.	Les pièces bonnes et mauvaises sont présentées systématiquement à chaque réunion lorsque le problème est revu.
Implication systématique des opérateurs.	Des preuves doivent être fournies pour attester de l'implication des opérateurs pendant l'analyse. Cela ne signifie pas que les opérateurs doivent physiquement participer au QRQC Usine.

POINTS À METTRE EN PLACE	COMMENT CONFIRMER LA MISE EN PLACE ?
Utilisation systématique du FTA et des cinq « pourquoi ».	L'utilisation du PDCA FTA et cinq « pourquoi » pour l'occurrence et la non-détection sont obligatoires pour toutes les activités du QRQC Usine.

***Tableau 4.11** – Check-list des points à vérifier pour implémenter le système d'analyse du QRQC Usine*

Vérification et management

Dans le cas où un problème a été clôturé, il est fortement conseillé, à l'issue de la réunion QRQC, de se rendre sur le lieu où les actions correctives ont été implémentées. D'une part, il s'agit de confirmer la réalité effective des solutions et de leurs résultats ; d'autre part, il s'agit de valoriser le travail réalisé par les équipes et créer une dynamique positive.

POINTS À METTRE EN PLACE	COMMENT CONFIRMER LA MISE EN PLACE ?
Vérification sur le *genba*.	Le directeur d'usine doit vérifier par lui-même certains des sujets à la fin de la réunion ou en dehors de la réunion.
Les responsables UAP ou services partagent avec les autres responsables ce qu'ils ont appris dans leur QRQC.	Les responsables partagent leurs expériences lorsqu'ils rendent compte des résultats de performance de leurs zones.
Le directeur général a un programme de visite/formation, passe régulièrement dans les QRQC UAP et usine.	Un programme est établi et peut être vérifié en questionnant le personnel de l'usine et les responsables UAP.
Le directeur général et le directeur qualité animent des réunions QRQC quand ils sont sur le site.	Le directeur général et le directeur qualité, lorsqu'ils participent au QRQC Usine, soutiennent effectivement l'équipe en testant la logique de l'analyse et l'attitude *quick response*. Ils prennent le contrôle de la réunion QRQC en cas de dérive sur la pratique QRQC et sur l'attitude *san gen shugi*.

POINTS À METTRE EN PLACE	COMMENT CONFIRMER LA MISE EN PLACE ?
Félicitations de l'équipe lorsqu'un problème est réglé.	Demander à l'équipe usine si elle a été félicitée.

***Tableau 4.12** – Check-list des points à vérifier pour implémenter le système de vérification du QRQC Usine*

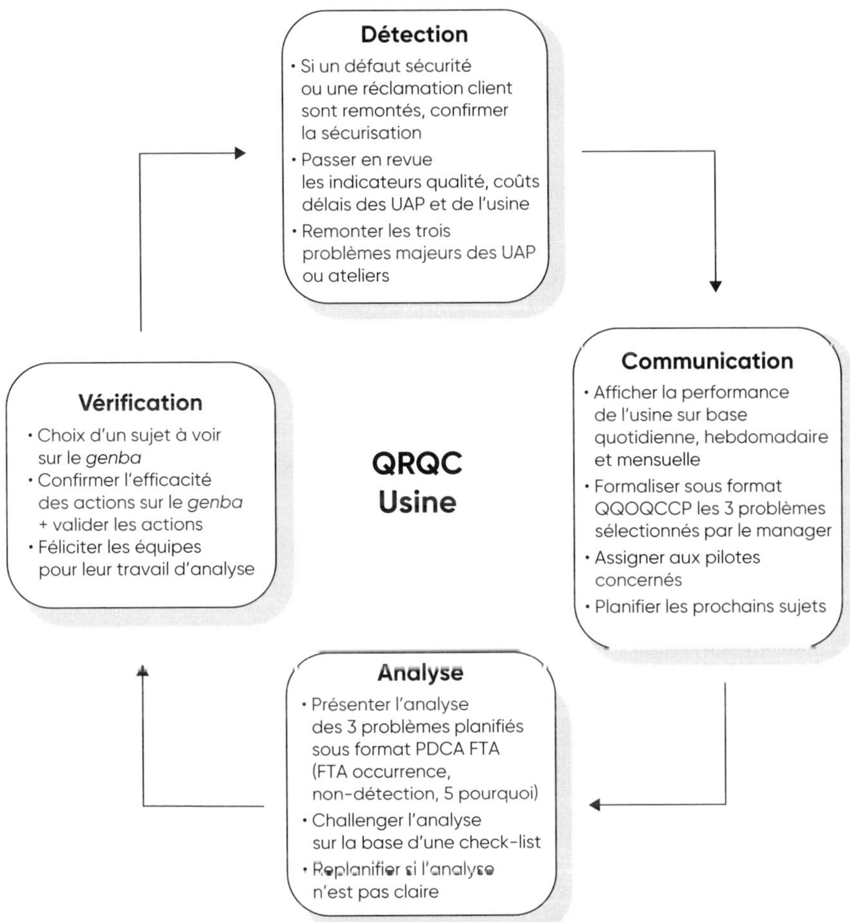

***Figure 4.3** – Résumé du QRQC Usine*

POINTS CLÉS

✚ Qui est impliqué dans le QRQC Usine ?

- ☐ L'acteur fondamental du QRQC Usine est le responsable d'usine.
- ☐ Il doit connaître la mécanique QRQC pour pouvoir inciter à la remontée des problèmes et identifier les difficultés majeures de son usine.
- ☐ Il doit valoriser la démarche QRQC et l'attitude *san gen shugi* durant chacune des revues quotidiennes.

✚ Quels sont les facteurs clés de succès du QRQC Usine ?

- ☐ Une implication du directeur d'usine.
- ☐ Une analyse de qualité, challengée par les participants présents.
- ☐ Un agenda et un timing respectés.

✚ Quels sont les bénéfices attendus du QRQC Usine ?

- ☐ Un traitement et une validation de toutes les réclamations clients par l'équipe de management.
- ☐ Une visibilité et une connaissance par le management des problèmes majeurs.
- ☐ Une escalade et donc une aide pour les sujets difficilement traitables par les services eux-mêmes.
- ☐ Une analyse structurée et approfondie via PDCA FTA.

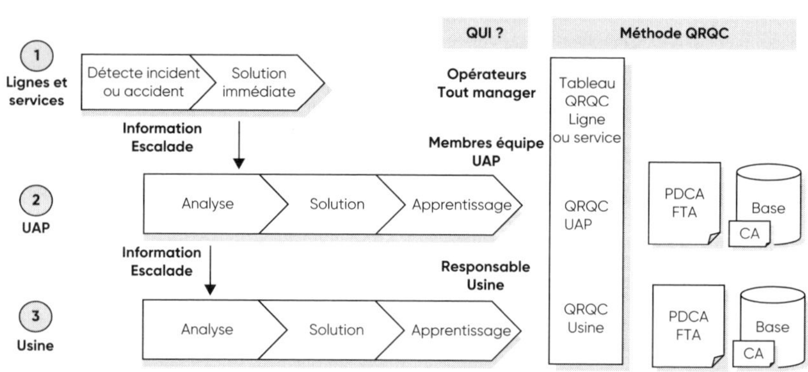

***Figure 4.4** – Les différents niveaux du QRQC Production*

Le QRQC Sécurité

Le QRQC Sécurité traite les problèmes pouvant affecter la sécurité du personnel et les biens de l'entreprise. Le périmètre recouvre des incidents sécurité considérés comme mineurs ou des accidents pouvant amener à des conséquences humaines dramatiques.

Détection

La boîte rouge du QRQC Sécurité réceptionne les accidents du travail avec ou sans arrêt :

- les accidents avec arrêt (accident ayant causé un arrêt de travail d'au moins un jour) ;
- les accidents sans arrêt (accident ou incident ayant causé un arrêt inférieur à un jour ou qui n'ont causé aucun arrêt), incluant :
  - les blessures, glissades, chutes ou coupures qui ont généré des soins en dehors du site (à l'hôpital, chez un médecin) ;
  - les blessures qui ont généré des soins à l'intérieur du site (par les salariés secouristes ou à l'infirmerie) ;
  - les « presque accidents » qui, par chance, n'ont pas entraîné d'accidents graves.

> ***Remarque***
>
> Plus une entreprise a un système de détection efficace de ses incidents mineurs, plus elle pourra prévenir les accidents majeurs. En effet, la plupart du temps, les accidents graves sont souvent précédés de toute une série d'incidents apparemment bénins non détectés et non traités à temps. Le ratio pris en compte est généralement d'un accident sécurité majeur pour dix incidents sécurité mineurs.

Ce sont les opérateurs ou employés qui reportent tous les problèmes sécurité sur le tableau QRQC ligne ou de l'UAP et qui en informent leur hiérarchie. Les incidents mineurs qui ne peuvent être résolus au niveau de la ligne ou de l'atelier sont escaladés aux niveaux supérieurs.

POINTS À METTRE EN PLACE	COMMENT CONFIRMER LA MISE EN PLACE ?
Les accidents (avec ou sans arrêt) sont tous traités au niveau de l'usine. Le QRQC Sécurité alimente le QRQC Usine avec les incidents sécurité qui ne peuvent être traités au niveau de la ligne.	Les responsables de services ou UAP peuvent démontrer que le processus de remontée fonctionne. À noter que dans chaque QRQC, les problèmes de sécurité sont revus en premier lieu dans l'agenda.
Le directeur du site mesure le nombre d'accidents du travail.	Les accidents du travail à prendre en compte sont : - les accidents avec arrêt ; - les accidents sans arrêt ; - les presque accidents.
Il existe un espace dédié à la sécurité dans la zone QRQC Usine.	L'espace doit être visible de tous, y compris de ceux n'assistant pas à la réunion.

***Tableau 4.13** – Check-list des points à vérifier pour implémenter le système de détection du QRQC Sécurité*

Communication

La communication se fait dans le cadre des QRQC lignes ou services concernés, avec information au responsable de la zone, et dans le cadre de la réunion du QRQC Usine. En effet, un incident ou accident doit concerner l'ensemble des employés et des managers. La visibilité apportée dans le QRQC Usine permettra une vigilance accrue à tous les niveaux et assurera une éradication définitive du problème. C'est aussi le lieu où se fait l'assignation des sujets sécurité pour traitement et résolution.

En termes de management visuel, il doit exister :

- une identification spécifique des sujets sécurité dans le QRQC ligne (marquage en rouge par exemple) ;
- un espace dédié aux problèmes sécurité dans la zone QRQC de l'UAP ou service et de l'usine.

POINTS À METTRE EN PLACE	COMMENT CONFIRMER LA MISE EN PLACE ?
C'est au QRQC Usine que le directeur de site traite tout accident avec arrêt ou un incident majeur.	Pour chaque accident avec arrêt ou incident majeur, il existe un PDCA/ FTA comportant la signature du directeur du site ainsi que la date et l'heure du QRQC Sécurité usine.
Les accidents avec arrêt et les incidents majeurs sont communiqués à tout le personnel dans les vingt-quatre heures.	Le responsable RH établit une page avec le QQOQCCP et une photo. Cette page est diffusée lors des réunions quotidiennes par tous les managers à leurs équipes.

***Tableau 4.14** – Check-list des points à vérifier pour implémenter le système de communication du QRQC Sécurité*

Analyse

Suite à tout incident ou accident, le responsable concerné doit s'assurer que des actions de protection des individus sont immédiatement mises en œuvre, pour secourir la ou les victimes concernées et bien sûr protéger les autres membres de l'équipe d'un incident/accident similaire.

Les accidents, les problèmes complexes ou les situations dangereuses pour la sécurité sont analysés avec un PDCA FTA. Cette analyse peut être complétée éventuellement par :

- des rapports d'experts médicaux ;
- des rapports d'experts en assurance ;
- des rapports d'experts en sécurité/environnement.

POINTS À METTRE EN PLACE	COMMENT CONFIRMER LA MISE EN PLACE ?
Les accidents avec arrêt et les incidents majeurs sont analysés avec un PDCA FTA et les actions correctives définitives sont mises en œuvre dans les cinq jours.	Vérifier le temps de réponse dans les PDCA des cinq derniers accidents avec arrêt ou incident majeur.

POINTS À METTRE EN PLACE	COMMENT CONFIRMER LA MISE EN PLACE ?
Le responsable RH et le responsable hygiène-sécurité-environnement ont été formés au PDCA FTA.	Prendre un exemple et se faire expliquer l'analyse logique par le responsable RH et/ou le responsable sécurité (si la fonction existe).

***Tableau 4.15** – Check-list des points à vérifier pour implémenter le système d'analyse du QRQC Sécurité*

Vérification et management

Après analyse, la vérification de l'efficacité des actions menées est réalisée par les managers concernés via :

- une visite *genba* de la zone et du personnel impliqué par l'accident. Lors de leurs visites, le responsable RH ou le responsable hygiène-sécurité-environnement doivent également vérifier si les solutions mises en œuvre peuvent être généralisées à d'autres situations ou zones ;
- un audit sécurité, pour vérifier notamment la mise à jour des instructions et procédures de sécurité ;
- un suivi du nombre d'incidents/accidents doit être réalisé, ainsi que leur niveau de gravité.

POINTS À METTRE EN PLACE	COMMENT CONFIRMER LA MISE EN PLACE ?
Le directeur du site vérifie sur le terrain les solutions mises en œuvre.	Le directeur du site a confirmé les vérifications et signé le PDCA FTA.
Une fois l'analyse effectuée, le responsable RH ou le responsable hygiène-sécurité-environnement vérifient les possibilités de transversalisation.	Le responsable RH ou le responsable hygiène-sécurité-environnement peuvent expliquer le processus de fertilisation croisée et montrer des exemples.
Le directeur du site et le responsable RH font un suivi quotidien des problèmes sécurité.	Vérifier les comptes-rendus des réunions quotidiennes.

***Tableau 4.16** – Check-list des points à vérifier pour implémenter le système de vérification du QRQC Sécurité*

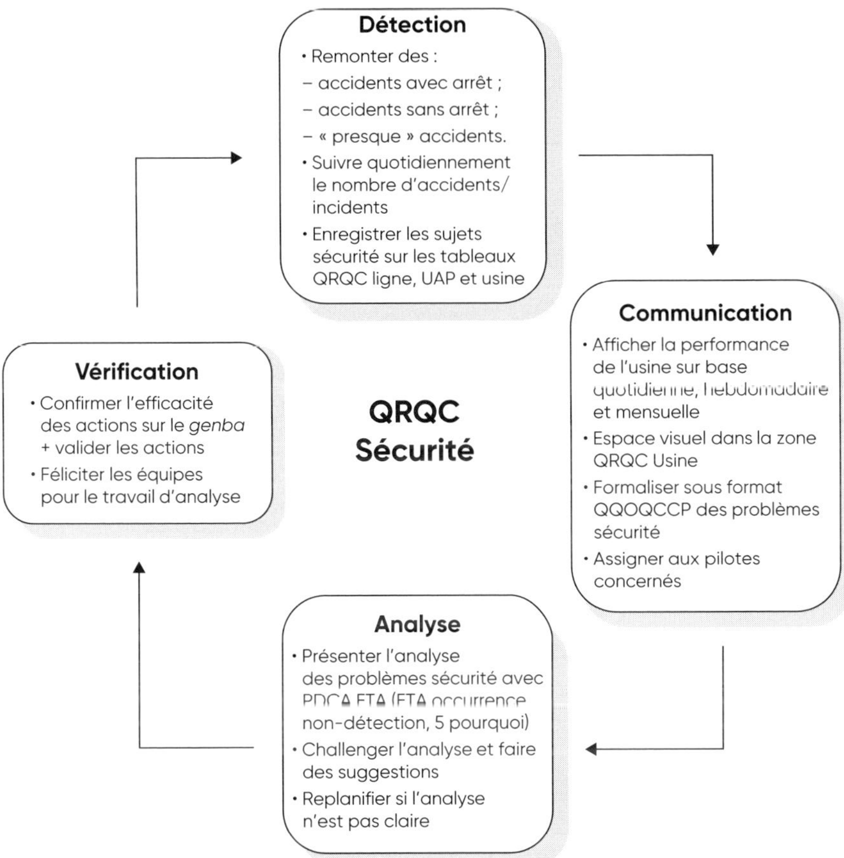

Figure 4.5 – Résumé du QRQC Sécurité

POINTS CLÉS

✚ Qui est impliqué dans le QRQC Sécurité ?

- ☐ C'est le département RH qui doit être l'animateur sur le sujet, étant bien entendu que chaque membre du personnel et les managers sont responsables également.
- ☐ En fonction de l'endroit où se situe l'accident, le manager concerné doit être capable de réaliser l'analyse avec le support des RH ou du responsable sécurité.
- ☐ Le responsable du site a une implication forte, à la fois pour des raisons légales et par la nécessité de son exemplarité sur le sujet.

✚ Quels sont les facteurs clé de succès du QRQC Sécurité ?

- ☐ L'implication de la direction générale et la vigilance de chaque salarié.
- ☐ La vigilance et la capacité à détecter des incidents « mineurs » avant que l'accident grave ne survienne.
- ☐ Une analyse approfondie de l'accident, basée sur une attitude *san gen shugi*.

✚ Quels sont les bénéfices attendus du QRQC Sécurité ?

- ☐ Une réduction des incidents ou accidents, avec un effet favorable en termes de motivation et de moral du personnel.
- ☐ Une réduction des coûts associés aux accidents (absentéisme, remplacement, assurances, etc.).

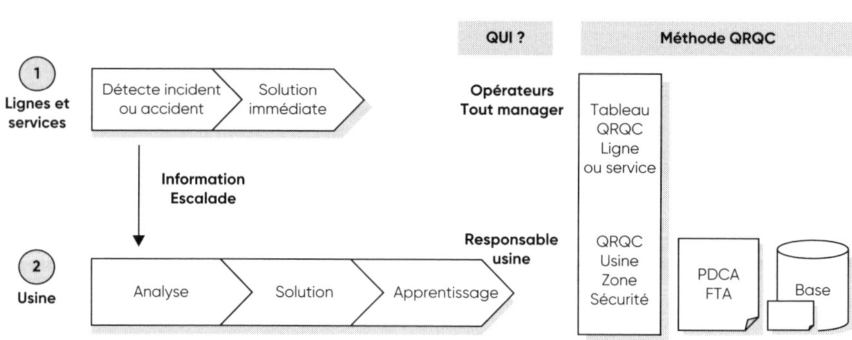

***Figure 4.6** – Système de remontée des problèmes sécurité*

QRQC Fournisseurs

Le QRQC Fournisseurs vise à éradiquer les problèmes liés à des fournitures de matières, produits ou de services.

Dans un grand nombre de cas, les fournisseurs peuvent représenter jusqu'à plus de 60 % du chiffre d'affaires. La non-qualité des fournisseurs a donc un impact immédiat et coûteux si elle n'est pas traitée à temps et à fond.

Détection

La boîte rouge du QRQC Fournisseurs réceptionne :

- les incidents techniques générés par les fournisseurs, en production série ou en garantie ;
- les incidents logistiques générés par les fournisseurs ;
- les coûts de non-qualité liés à leur mauvaise performance.

POINTS À METTRE EN PLACE	COMMENT CONFIRMER LA MISE EN PLACE ?
Tous les sujets fournisseurs doivent être reportés sur le QRQC ligne et les pièces concernées doivent être conservées dans une boîte rouge spécifique ou une zone rouge.	Les superviseurs informent l'équipe Qualité Fournisseurs (QF) dès qu'un défaut fournisseur est identifié sur leur ligne. Le QF signe le QRQC Ligne pour formaliser son passage sur ligne lorsqu'il est appelé. L'emplacement du défaut sur la pièce doit être clairement identifié avec une marque rouge par les opérateurs de production. Les pièces mauvaises sont identifiées par une étiquette rouge. Lorsqu'un lot complet est concerné, au moins une pièce doit avoir le défaut clairement identifié et visible ainsi qu'une étiquette d'identification sur chaque boîte ou palette.
Tous les sujets garantie liés aux fournisseurs sont enregistrés sur le panneau QRQC Fournisseurs et les actions sont suivies.	Les incidents Garantie Fournisseurs doivent être priorisés et les actions menées. Les incidents garantie liés aux fournisseurs doivent être revus selon la planification.

POINTS À METTRE EN PLACE	COMMENT CONFIRMER LA MISE EN PLACE ?
Le QRQC Fournisseurs inclut le statut des échantillons initiaux pour les nouveaux projets.	Le QRQC Fournisseurs doit également suivre les sujets qualité liés aux projets. Le management doit confirmer que des ressources sont dédiées pour résoudre la situation.
Présence d'un graphe de suivi des défauts fournisseurs avec un objectif et l'historique.	Une mesure de la performance qualité mensuelle est en place pour tous les fournisseurs avec des objectifs. Les graphes des cinq plus mauvais fournisseurs sont affichés dans la zone QRQC Fournisseurs.

***Tableau 4.17** – Check-list des points à vérifier pour implémenter le système de détection du QRQC Fournisseurs*

Communication

La communication se fait dans le cadre de la réunion QRQC Fournisseurs, qui a lieu tous les jours, durant trente minutes. L'animation est réalisée par le responsable achats, en présence des acheteurs et d'un représentant de la qualité fournisseurs. Selon le niveau de criticité de l'incident, un fournisseur peut être convoqué pour présenter en direct son analyse devant l'ensemble des participants.

Le QRQC Fournisseurs se fait dans une zone disposant d'un management visuel adapté (liste des incidents et de leur statut, graphique de l'évolution des incidents, niveau de réactivité des fournisseurs, etc.), et contenant toutes les informations nécessaires au suivi de la qualité fournisseurs.

Les objectifs de la réunion sont de :

- revoir les incidents de la veille ;
- revoir le plan d'action décidé ;
- assigner les activités ;
- demander les données fournisseurs (capabilités process, Cpk, résultats audits, rapports, etc.) ;
- vérifier l'implication des fournisseurs dans le respect des délais.

POINTS À METTRE EN PLACE	COMMENT CONFIRMER LA MISE EN PLACE ?
Le responsable achats anime le QRQC Fournisseurs quotidien lorsqu'il se trouve sur le site. Les acheteurs et la qualité fournisseurs apportent leur soutien au responsable achats durant la tenue du QRQC Fournisseurs.	Le responsable achats et les QF doivent démontrer leur participation à la réunion en signant la feuille de présence QRQC Fournisseurs. En l'absence de représentant des achats sur le site, le QRQC Fournisseurs doit être animé par le responsable QF.
Le responsable achats ou son délégué participe aux autres QRQC : UAP site, projets, garanties, dès qu'un fournisseur est mis en cause ou à la demande des autres responsables de services.	Le responsable achats présente les conclusions des analyses réalisées par les fournisseurs. Il peut être assisté par des QF ou acheteurs ou fournisseurs. Les participations sont confirmées par la signature des feuilles de présence des autres QRQC.
Les fournisseurs sont informés dans les quatre heures maximum lorsqu'un incident a été remonté par l'équipe QF.	La notification inclut toutes les exigences comprises en termes de : - actions de sécurisation et tri ; - demande d'analyse ; - demande de rencontre si nécessaire.
Les incidents sont tous communiqués au fournisseur par la qualité fournisseurs avec QQOQCCP et image ou dessin. La communication peut se faire via un outil informatique dédié.	Le QQOQCCP est explicite et compréhensible ; il doit inclure tous les numéros de lots disponibles et les éléments de traçabilité.
Les pièces mauvaises/bonnes sont transmises au fournisseur pour analyse.	Il existe un mode de livraison en express des pièces bonnes/mauvaises aux fournisseurs. Si cela n'est pas possible ou le délai non compatible, le site doit démontrer que toutes les méthodes potentielles de communication ont été utilisées.
Les fournisseurs sont invités à participer aux QRQC Fournisseurs sur le site de l'entreprise.	La participation des fournisseurs est obligatoire pour les incidents ayant un impact client. Cette participation peut se faire par téléphone ou visioconférence ; des rapports de ces réunions doivent être réalisés dans chaque cas. Lorsque les incidents sont récurrents, le fournisseur doit être invité physiquement.

***Tableau 4.18** – Check-list des points à vérifier pour implémenter le système de communication du QRQC Fournisseurs*

Analyse

Elle est réalisée via le PDCA FTA par le fournisseur, qui doit faire son analyse sur l'occurrence du problème et sa non-détection. En interne, l'entreprise doit également comprendre pourquoi le défaut généré par un fournisseur n'a pas été détecté lors de la validation des composants (en phase projets, lors de la journée pleine cadence), au moment de la réception ou lors de l'assemblage sur lignes.

POINTS À METTRE EN PLACE	COMMENT CONFIRMER LA MISE EN PLACE ?
Le format PDCA FTA est utilisé par les fournisseurs sur la base de pièces bonnes et mauvaises. Les délais vingt-quatre heures, cinq jours, dix jours sont suivis pour les réponses des fournisseurs.	L'utilisation du PDCA FTA est obligatoire.
Le QF vérifie que les fournisseurs mettent en place des actions immédiates de sécurisation.	Des actions concrètes de sécurisation et l'expédition de pièces contrôlées sont mises en place par les fournisseurs sous vingt-quatre heures. Des contrôles complémentaires en fin de lignes peuvent être déployés, les plateformes et les stocks en transit sont contrôlés et débloqués avec une identification pour les pièces OK.
Le fournisseur implique toutes les fonctions concernées ainsi que les opérateurs dans l'analyse.	Ces activités doivent être démontrées au travers de l'analyse PDCA FTA en vérifiant les assignations réalisées chez les fournisseurs (nom/fonction).
Les réponses des fournisseurs sont challengées pour vérifier la logique d'analyse. Cette évaluation se fait à distance ou en présence du fournisseur.	Des échanges formels sont réalisés via un outil informatique ou autres moyens avec les fournisseurs. Le contenu des PDCA/FTA est vérifié en utilisant une grille d'évaluation de la logique d'analyse du fournisseur.

***Tableau 4.19** – Check-list des points à vérifier pour implémenter le système d'analyse du QRQC Fournisseurs*

Vérification et management

Après analyse, la vérification de l'efficacité des actions menées est faite par l'équipe qualité fournisseurs au moyen :

- du suivi d'indicateurs qualité, coûts, délais du fournisseur ;
- du suivi des coûts de non-qualité liés aux fournisseurs ;
- de visites ou d'audits sur le *genba* du fournisseur.

POINTS À METTRE EN PLACE	COMMENT CONFIRMER LA MISE EN PLACE ?
Des audits sont réalisés pour tous les incidents fournisseurs ayant un impact client.	L'audit couvre tous les critères inclus dans les PDCA et les cartes d'apprentissage. Il s'agit de confirmer l'efficacité et la transversalité des actions.
L'efficacité des actions correctives est confirmée avant fermeture de l'incident.	La QF mesure l'efficacité des actions mises en place en suivant l'avancement du sujet. La production doit aussi confirmer sur ligne l'efficacité des actions du fournisseur.
Les achats et le responsable qualité fournisseurs organisent une réunion mensuelle des cinq plus mauvais fournisseurs.	Le Top Management des fournisseurs doit être présent lors des réunions de progrès.
Le management de l'usine réalise des visites régulières pour évaluer le niveau d'application du process QRQC Fournisseurs et faire des recommandations.	Vérifier le passage et de l'implication de la direction.
Le responsable achats ainsi que la qualité fournisseurs doivent démontrer qu'ils ont réalisé des actions concrètes la veille pour améliorer la qualité. Le management félicite les équipes lors de la clôture des incidents fournisseurs.	À vérifier en questionnant les participants au QRQC Fournisseurs.

***Tableau 4.20** – Check-list des points à vérifier pour implémenter le système de vérification et de management du QRQC Fournisseurs*

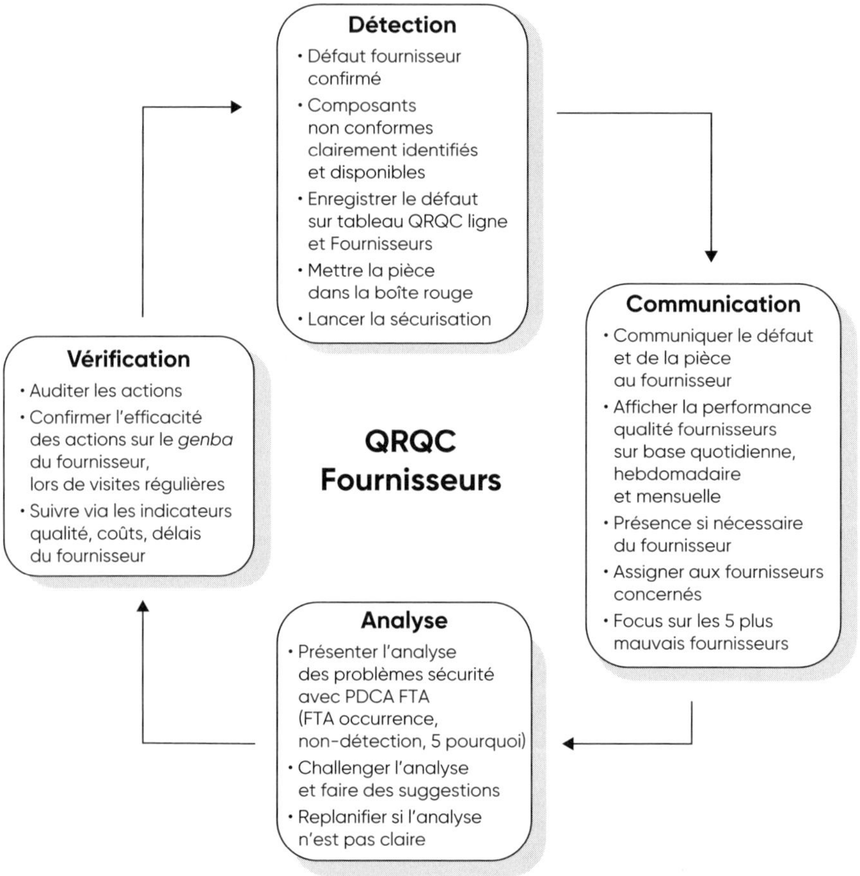

***Figure 4.7** – Résumé du QRQC Fournisseurs*

POINTS CLÉS

✚ Qui est impliqué dans le QRQC Fournisseurs ?

- ☐ C'est le responsable achats qui doit être leader sur le sujet. Tous les acheteurs et les qualiticiens fournisseurs doivent être présents, afin de faciliter le partage d'expériences.
- ☐ Le fournisseur, bien sûr, a un rôle clé à jouer puisque c'est lui qui a en charge l'analyse. Mais les équipes internes doivent être capables d'évaluer cette analyse afin d'être convaincues de la cause racine et de l'éradication définitive du défaut.

✚ Quels sont les facteurs clés de succès du QRQC Fournisseurs ?

- ☐ L'implication de la direction achats et de la qualité fournisseurs.
- ☐ L'implication du ou des fournisseurs.
- ☐ Une réactivité interne aux réponses données par le fournisseur.
- ☐ Une excellente évaluation de l'analyse du fournisseur.
- ☐ Une attitude *san gen shugi*.

✚ Quels sont les bénéfices attendus du QRQC Fournisseurs ?

- ☐ Un traitement rapide des problématiques qualité fournisseurs.
- ☐ Une analyse logique pour éviter les récurrences.
- ☐ Une réduction des coûts et des perturbations liés aux fournisseurs.

LES APPLICATIONS DU QRQC DANS LES FONCTIONS SUPPORT

Le QRQC Logistique

Le QRQC Logistique traite les incidents liés à la chaîne logistique. Cela englobe les flux physiques entrants, internes et sortants ainsi que les flux d'informations associés. Comme pour tous les sujets non liés directement à la production, la mise en place du QRQC Logistique peut s'avérer délicate. Beaucoup de logisticiens n'y voient pas toujours tout le bénéfice qu'ils peuvent en tirer pour eux, mais sont toujours prêts à reconnaître ses avantages pour la production ! En oubliant que la logistique fait partie du process de production et qu'à ce titre, elle peut en tirer exactement les mêmes intérêts…

Détection

La boîte rouge de la logistique réceptionne toute perturbation dans la chaîne logistique, telles que :

- les taux de service clients insuffisants ;
- un problème de capacité interne ;
- un problème interne lié au système d'information logistique ;
- des prévisions de vente incorrectes ;
- des niveaux de stocks anormalement élevés ;
- des flux logistiques non optimisés ;
- des activités d'emballage, d'étiquetage et de transport non maîtrisées ;
- des coûts logistiques anormalement élevés (par exemple, les transports exceptionnels et urgents par taxi ou avion).

POINTS À METTRE EN PLACE	COMMENT CONFIRMER LA MISE EN PLACE ?
Présence d'une zone QRQC logistique au niveau du service.	La logistique a sa propre zone QRQC avec un affichage visuel adapté.
Affichage des résultats logistiques mensuels, hebdomadaires et quotidiens avec les objectifs associés.	Affichage des indicateurs suivants : taux de services clients et fournisseurs, stocks (incluant composants, en-cours et produits finis), transports exceptionnels. Les objectifs doivent être progressifs et témoigner d'une attitude d'amélioration continue.
Les indicateurs de performances hors objectif sont affichés avec identification du contributeur principal directement sur le graphique.	Les écarts par rapport aux objectifs logistiques doivent être visibles ainsi que les actions prévues.

***Tableau 4.21** – Check-list des points à vérifier pour implémenter le système de détection du QRQC Logistique*

Communication

La communication est réalisée dans le cadre d'une réunion quotidienne de trente minutes. Sont présents :

- le responsable logistique qui anime la réunion ;
- les agents logistiques qui, selon les organisations, peuvent être des approvisionneurs, des assistants de l'administration des ventes, des agents d'ordonnancement ;
- les fonctions support de la logistique, notamment les achats, la qualité, la production.

Durant le QRQC Logistique, les trois problèmes logistiques majeurs assignés sont revus.

POINTS À METTRE EN PLACE	COMMENT CONFIRMER LA MISE EN PLACE ?
Les réunions QRQC Logistique sont dirigées quotidiennement par le responsable logistique.	Les réunions journalières sont dirigées par le responsable logistique ou, en cas d'absence, par un représentant désigné.
Les problèmes de sécurité ou les problèmes récurrents sont reportés au niveau du QRQC logistique.	Le manager doit traiter au niveau QRQC logistique les problèmes pour lesquels l'opérateur ou l'agent ne peut pas mettre en place seul les actions correctives dans le cadre du QRQC ligne logistique.
Décomposition des problèmes complexes en problèmes plus simples qui peuvent être traités rapidement et simultanément par les équipes logistiques.	La feuille d'assignation dans le formulaire PDCA FTA doit être utilisée par le responsable logistique pour décider des tâches à assigner.
Le responsable logistique revoit les problèmes logistiques principaux de la veille.	Les responsables des flux physiques, contrôle de production et approvisionnement doivent remonter leurs problèmes majeurs de la veille même s'ils ont déjà été réglés localement. L'objectif pour le responsable logistique est d'avoir l'information, de comprendre comment l'exécution est menée et de décider quelles actions doivent être prises au niveau de la réunion QRQC Logistique.
Le responsable logistique gère la clôture des PDCA FTA.	La liste des PDCA FTA Logistiques ouverts ou fermés est présente.

***Tableau 4.22** – Check-list des points à vérifier pour implémenter le système de communication du QRQC Logistique*

Analyse

Chacun des trois sujets logistiques prioritaires doit faire l'objet d'un PDCA FTA. Cette analyse se fera en s'appuyant sur les données et informations factuelles recueillies auprès des opérateurs. Grâce à l'approche *san gen shugi* et à l'outil d'analyse PDCA FTA, chaque membre assigné viendra présenter dans la réunion QRQC Logistique le bilan de son analyse ainsi que les solutions.

POINTS À METTRE EN PLACE	COMMENT CONFIRMER LA MISE EN PLACE ?
Le responsable logistique demande immédiatement un PDCA pour toutes les livraisons manquées et les transports exceptionnels, et les présente au QRQC Usine suivant.	Vérifier la revue du PDCA logistique pendant le QRQC Usine. Les critères de sélection d'un incident logistique « majeur » sont définis par l'entreprise.
Les PDCA FTA et les cinq « pourquoi » sont utilisés pour les incidents les plus importants selon la liste prioritaire : sécurité, taux de service et transports exceptionnels.	L'analyse de résolution de problème doit être faite avec le FTA et les cinq « pourquoi ». Les sujets logistiques récurrents ou ayant fait l'objet d'une réclamation sont soumis à une analyse PDCA FTA.
L'analyse est toujours basée sur la comparaison : bonne pièce/mauvaise pièce, réalité/standard, opérateur 1/opérateur 2, équipe 1/équipe 2, jour 1/jour 2, etc. Toutes les conclusions doivent s'appuyer sur des faits et des données.	Vérifier avec un exemple de problème concret.

***Tableau 4.23** – Check-list des points à vérifier pour implémenter le système d'analyse du QRQC Logistique*

Vérification et management

La vérification consiste à :

- confirmer sur le *genba* que les actions logistiques préconisées suite à l'analyse sont réellement mises en place ;
- vérifier que les actions sont efficaces, en mesurant les indicateurs logistiques.

POINTS À METTRE EN PLACE	COMMENT CONFIRMER LA MISE EN PLACE ?
Au niveau ligne, le tableau QRQC est vérifié de façon journalière et signé par le superviseur logistique quand les actions sont mises en place.	L'agent doit annoter/signer le tableau QRQC rempli par les opérateurs.
Les agents logistiques présentent les actions à tous les opérateurs logistiques lors de la réunion de passage de consignes.	L'agent doit démontrer que les actions ont été communiquées à tous les opérateurs. L'objectif est de partager l'information sur les actions pour prévenir la récurrence et stimuler l'attitude de réaction rapide.
La mise en place des actions est vérifiée sur le *genba*.	Le responsable logistique doit vérifier par lui-même au minimum une sélection de sujets.
Un graphique est utilisé pour suivre l'évolution des problèmes suivis en réunion QRQC.	Un graphique est disponible pour chaque PDCA FTA ouvert.
Le responsable logistique dispose d'un programme de visite pour former chaque zone logistique.	Un programme mensuel est défini spécifiant les personnes et le ou les lieux à visiter, et peut être vérifié en interrogeant le responsable logistique. Il doit former les équipes aux voies d'amélioration, en s'appuyant sur deux points positifs et deux points à améliorer. Les traces de cette formation sont conservées sur le tableau QRQC de la zone.
Le directeur de l'usine et le responsable logistique félicitent l'équipe quand un incident est clôturé.	Interroger l'équipe logistique.

***Tableau 4.24** – Check-list des points à vérifier pour implémenter le système de vérification du QRQC Logistique*

Le responsable logistique est le leader du QRQC Logistique. À ce titre, il doit former, challenger les analyses et contribuer à faire en sorte que les équipes logistiques intègrent la logique QRQC, avec un raisonnement logique basé sur le FTA.

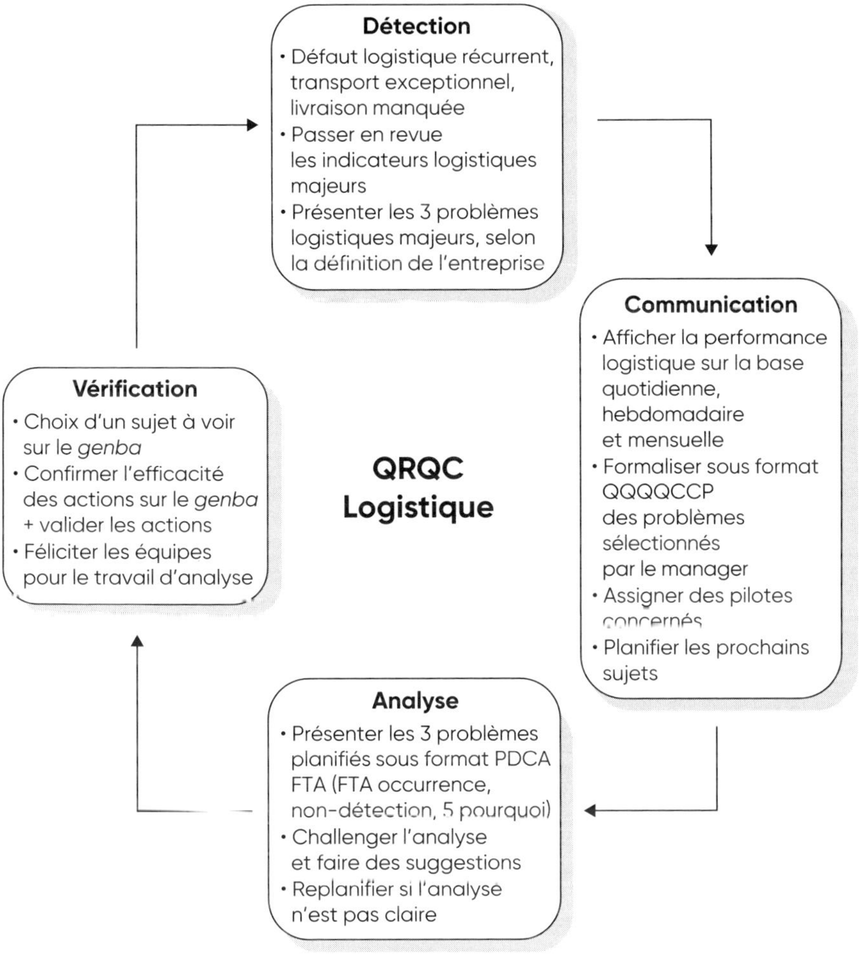

***Figure 4.8** – Résumé du QRQC Logistique*

POINTS CLÉS

✚ Qui est impliqué dans le QRQC Logistique ?

- ☐ L'acteur fondamental du QRQC Logistique est le responsable logistique. Il est l'animateur de la réunion QRQC.
- ☐ À ce titre, il doit connaître la mécanique QRQC pour pouvoir inciter à la remontée des problèmes majeurs issus des QRQC Ligne logistique, assigner correctement, avoir l'attitude *san gen shugi*.

✚ Quels sont les facteurs clés de succès du QRQC Logistique ?

- ☐ Une implication forte du responsable logistique.
- ☐ Une rigueur encore plus redoublée dans l'application des règles QRQC.
- ☐ Des analyses PDCA FTA approfondies.

✚ Quels sont les bénéfices du QRQC Logistique ?

- ☐ Une visibilité et une escalade des sujets difficilement traitables par les agents logistiques, du fait de la complexité, du manque d'expertise ou de ressources.
- ☐ Une analyse structurée et approfondie, via PDCA FTA, des problèmes logistiques majeurs rencontrés.
- ☐ Une réactivité suivie formellement pour réduire les problèmes de livraison.
- ☐ Une réduction des coûts logistiques : pénalités de retard, transports exceptionnels, ventes perdues par manque de disponibilité de pièces, etc.

Le QRQC Informatique

Le service informatique est également un service de production qui a des clients internes. Il met à leur disposition du matériel informatique, des logiciels et participe aux projets sous leurs aspects *sotfware* et *hardware*. Comme n'importe quel fournisseur, il est donc susceptible de rencontrer des problèmes techniques de toute nature, des récurrences, des clients insatisfaits et, reconnaissons-le, souvent impatients. Or, comme souvent, les informaticiens peuvent intervenir et s'en aller tout de suite après avoir « dépanné » l'utilisateur, sans faire d'analyse, sans action corrective de fond et avec pour conséquence des interventions récurrentes pour les mêmes problèmes. Il n'y a de ce fait aucun apprentissage ni aucune capitalisation. La plupart des informaticiens se sentent, au contraire, satisfaits de pouvoir à nouveau traiter le même problème rapidement, car ils en connaissent déjà la solution ! Leur intérêt réside donc davantage dans la connaissance des mêmes problèmes à résoudre que dans leur capacité à éradiquer ces problèmes complètement et partout !

Détection

La boîte rouge de l'informatique réceptionne :

- des pannes informatiques (par exemple un réseau défaillant) perturbant ou bloquant l'activité de l'entreprise ;
- des problèmes liés aux infrastructures ;
- des logiciels de gestion défectueux, indisponibles, lents ou inadaptés aux besoins des utilisateurs ;
- des outils bureautiques non fonctionnels ou mal utilisés ;
- du matériel défaillant (PC, imprimantes, scanner, etc.) ;
- des virus, des problèmes de connexion, de mots de passe ;
- des indicateurs qualité du service informatique (pannes, disponibilité, coupures, etc.) ;
- des enquêtes de satisfaction d'utilisateurs.

POINTS À METTRE EN PLACE	COMMENT CONFIRMER LA MISE EN PLACE ?
Présence d'une zone QRQC Informatique avec un management visuel adapté.	Le management visuel inclut les éléments de la boîte rouge avec un tableau QRQC adapté.
Enregistrement des problèmes dans la boîte rouge informatique. Elle doit inclure des problèmes de matériel, de logiciels, de réseaux, etc.	Tous les problèmes informatiques doivent être présents, quelle que soit leur nature. Elle ne se réduit pas aux problèmes bureautiques.
Tous les services sont capables de remonter leurs problèmes, en distinguant les demandes et les non-conformités réelles.	La boîte rouge est souvent une application informatique enregistrant toutes les demandes des utilisateurs, soit par une utilisation directe de l'application, soit via une hotline qui l'enregistre. Les non-conformités sont comparées à un standard défini en termes de services. À distinguer des demandes habituelles.

***Tableau 4.25** – Check-list des points à vérifier pour implémenter le système de détection du QRQC Informatique*

Communication

La communication est réalisée à plusieurs niveaux, selon le degré de complexité et de transversalité des incidents informatiques. Il y a trois niveaux d'action d'escalade dans le QRQC Informatique :

Niveau de la « hotline » ou « help desk » : ce niveau peut correspondre au QRQC Ligne si l'on fait le parallèle avec le QRQC Production. Il s'agit pour l'équipe informatique d'intervenir de façon immédiate pour « dépanner » un utilisateur, quel que soit son problème. Celui est enregistré par l'utilisateur lui-même dans une base dédiée (appelée aussi base « ticketing » avec des numéros d'ordre et de priorité) aux demandes d'intervention informatique ou par la hotline, qui récupère la demande par téléphone puis l'enregistre. Pour les petites structures, l'informaticien intervient sur place selon ses priorités ; pour les plus grandes sociétés, l'informaticien est souvent hors site et intervient sur votre PC en prenant directement la main, pour résoudre le problème en temps réel.

Niveau de l'équipe informatique : il s'agit de la réunion QRQC Informatique ou « systèmes d'information » pilotée par le directeur des systèmes d'information et à laquelle participent tous les informaticiens ou les pôles informatiques. Ces derniers remontent les trois sujets majeurs qu'ils n'ont pu traiter à leur niveau, du fait de leur complexité technique ou de leur récurrence. Des assignations sont réalisées à ce niveau.

Niveau experts informatiques : il s'agit des sujets que le directeur informatique ne peut traiter seul et qui nécessitent un niveau d'expertise supérieur, que l'on peut retrouver en interne, ou (et c'est souvent le cas) auprès de prestataires informatiques spécialisés. Par ailleurs, s'il s'agit d'un manque de ressources, notamment lié aux projets, le directeur informatique peut le remonter au niveau de la direction générale dans le cadre du QRQC Projet.

POINTS À METTRE EN PLACE	COMMENT CONFIRMER LA MISE EN PLACE ?
Assignation d'un pilote et d'une date pour chaque problème identifié dans la boîte rouge.	Vérifier que cette information est documentée dans la boîte rouge.
Une base de demande d'intervention informatique existe pour traiter en temps réel les demandes urgentes, dites de « niveau 1 ».	Vérifier le fonctionnement de la base, qui doit être simple et ergonomique. La plupart du temps, les utilisateurs prennent le téléphone !
Tenue quotidienne du QRQC Informatique où chaque informaticien remonte les problèmes qu'il n'a pas pu traiter à son niveau du fait de la complexité ou du manque d'expertise/ressources internes > niveau 2.	Le management visuel du QRQC Informatique doit contenir la liste des incidents remontés en niveau 2.
Escalade vers le directeur des projets ou vers une expertise spécifique en cas de sujet récurrent/complexe non traitable par l'équipe informatique > niveau 3.	Le management visuel du QRQC Informatique doit contenir la liste des incidents remontés en niveau 3.

Tableau 4.26 *– Check-list des points à vérifier pour implémenter le système de communication du QRQC Informatique*

Analyse

Les sujets prioritaires identifiés dans les niveaux 2 et 3 du QRQC Informatique doivent faire l'objet d'un PDCA FTA. Cette analyse se fera en s'appuyant sur les données et informations factuelles recueillies auprès des utilisateurs des systèmes d'information. Là aussi, une approche *san gen shugi* peut être utile à une éradication rapide du problème : à la suite de tout problème bureautique, il est souvent demandé de faire une copie d'écran du défaut, de façon à le visualiser pour en faire une analyse précise. Tous les sujets informatiques ne peuvent faire l'objet d'une « photo » à l'instant t ; le FTA est donc un outil également approprié, avec quelques spécificités à noter :

- distinguer demande (besoin d'un nouveau PC, mot de passe, besoin d'aide, etc.) et non-conformité (pas de fonctionnement du PC, pas d'accès au réseau ou aux applications, etc.) ;
- définition d'un standard : cela n'est pas aisé pour les activités informatiques. Idéalement, en tant qu'utilisateurs, on attend un fonctionnement sans failles et un service à 100 % des services informatiques. Mais un standard peut être défini et correspondre à un objectif de service partagé entre les services informatiques et les utilisateurs (du fait des opérations de maintenance, mises à jour, etc.).

POINTS À METTRE EN PLACE	COMMENT CONFIRMER LA MISE EN PLACE ?
Les sujets sont analysés sur la base de données factuelles et de situations bonnes/mauvaises quand applicable.	Questionnement et vérification de l'utilisation de données pour réaliser l'analyse.
Visite sur le *genba* par les informaticiens avec les personnes ayant détecté les problèmes (personnel, fournisseur, client, etc.).	Confirmer que les personnes ayant détecté un problème ont été consultées par les équipes informatiques.
Utilisation du FTA pour les sujets nécessitant une analyse approfondie.	Demande du FTA sur les sujets signalés comme complexes ou récurrents.
Capacité à confirmer la cause racine d'un problème informatique.	Vérifier le cycle : définition/tri/analyse/reproduction/cinq pourquoi du problème.

***Tableau 4.27** – Check-list des points à vérifier pour implémenter le système d'analyse du QRQC Informatique*

Vérification et management

La vérification consiste à s'assurer que les actions correctives sont efficaces, en mesurant un certain nombre d'indicateurs relatifs à la performance du service informatique : taux de service, nombre de réclamations, nombre de pannes.

POINTS À METTRE EN PLACE	COMMENT CONFIRMER LA MISE EN PLACE ?
Suivi visuel des sujets traités dans le QRQC Informatique.	Suivi du nombre de problèmes non résolus, clôturés et ceux en attente de solutions.
Vérification sur le *genba* des sujets clôturés.	Aller sur le *genba* pour confirmer que les solutions préconisées sont efficaces.
Émission de cartes d'apprentissage après utilisation du FTA.	Vérification à faire sur des sujets traités via FTA.
Le management visite régulièrement le QRQC Informatique et fait de la formation/coaching pour aider les équipes ou les remercier en cas de solution significative apportée.	Demander aux équipes informatiques si le management les a aidé/coaché. Confirmer le passage d'un membre du management.

***Tableau 4.28** – Check-list des points à vérifier pour implémenter le système de vérification du QRQC Informatique*

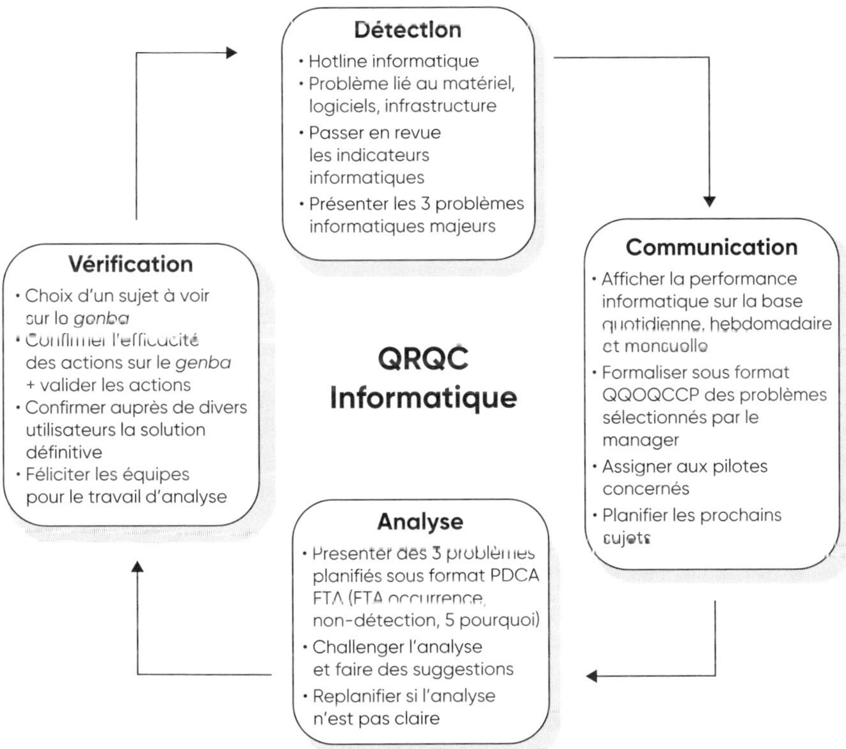

***Figure 4.9** – Résumé du QRQC Informatique*

POINTS CLÉS

✚ Qui est impliqué dans le QRQC Informatique ?

- ☐ L'acteur principal du QRQC Informatique est le responsable informatique ou le directeur des systèmes d'information.
- ☐ Il est le leader du QRQC Informatique et doit valoriser une démarche d'analyse structurée et complète dans une activité où cela est loin d'être naturel.

✚ Quels sont les facteurs clés de succès du QRQC Informatique ?

- ☐ Une implication forte du responsable informatique.
- ☐ De la rigueur dans l'application des règles QRQC.
- ☐ Des analyses PDCA FTA approfondies et adaptées aux problématiques informatiques.

✚ Quels sont les bénéfices du QRQC Informatique ?

- ☐ Le grand bénéfice attendu dans les services informatiques est avant tout un changement d'attitude vis-à-vis des problèmes.
- ☐ La plupart du temps, il y a une fierté de la part des informaticiens à traiter des problèmes déjà connus par le passé. Or, cela n'a aucun intérêt si un problème détecté n'est pas traité complètement et dans toutes les entités concernées.
- ☐ C'est par ailleurs du temps libéré pour les projets informatiques demandant du temps et des ressources importantes.
- ☐ Les autres bénéfices évidents sont la satisfaction des clients internes et une productivité liée au fonctionnement sans faille et sans retard des systèmes d'information.

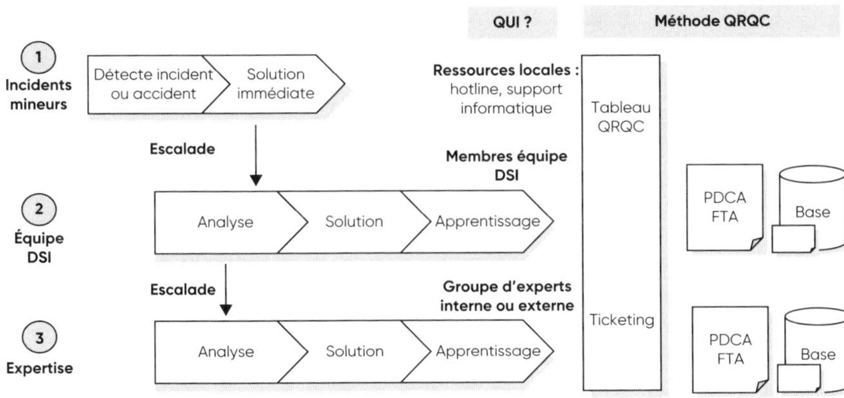

***Figure 4.10** – Les différents niveaux d'escalade des problèmes informatiques selon leur niveau de criticité et de complexité*

LE QRQC GARANTIE

Le QRQC Garantie a pour objet le management des retours des produits sous garantie. C'est une activité majeure car il est en général assez difficile de concilier garantie et rapidité. En effet, les retours sous garantie sont parfois d'une complexité telle qu'ils nécessitent des analyses longues avant d'arriver à une solution définitive et robuste. Par ailleurs, s'ils restent non traités, les retours sous garantie peuvent générer des coûts énormes et un impact extrêmement négatif en termes d'image.

Détection

La boîte rouge de la garantie réceptionne :

- les retours physiques sous garantie effectués par les clients ;
- les rapports de visites des commerciaux sur le terrain ;
- les résultats des classements de fiabilité, réalisés par des associations de consommateurs ou les journaux spécialisés ;

- les coûts payés au titre des remboursements de la garantie (pièces, main-d'œuvre, frais annexes, etc.) ;
- les données de retours garantie qui peuvent indiquer un risque ou une tendance négative de retours, sans pour autant que des retours physiques aient eu lieu.

Lors des retours physiques, une préanalyse doit être réalisée pour confirmer s'il s'agit d'un nouveau défaut garantie ou s'il s'agit d'un défaut déjà traité par le passé, mais pour lequel il a un flux continu de retours.

> ***Remarque***
>
> Le processus administratif et la réception physique des pièces doivent être particulièrement bien gérés pour éviter les pertes et permettre le transfert rapide des pièces aux personnes et services concernés. Ne perdez jamais les pièces mauvaises, ce sont des mines d'or !

L'idéal est de positionner la zone QRQC Garantie près de l'endroit physique de réception des retours garantie. Cela évite d'une part la perte des pièces au sein de l'entreprise et permet surtout de constater la cohérence entre la quantité de pièces effectivement retournées en garantie et la quantité de sujets ouverts en QRQC.

POINTS À METTRE EN PLACE	COMMENT CONFIRMER LA MISE EN PLACE ?
Présence d'une zone QRQC Garantie.	Il existe une zone QRQC Garantie gérée par la R&D, avec un management visuel qui permet de comprendre immédiatement la situation garantie : - liste des incidents garantie ; - graphe de tendance des coûts garantie mensuels ; - affichage des trois plus gros incidents garantie en termes de coûts ; - PDCA FTA des trois principaux incidents.

POINTS À METTRE EN PLACE	COMMENT CONFIRMER LA MISE EN PLACE ?
Les nouveaux incidents sont remontés et enregistrés dans la boîte rouge en temps réel, au maximum vingt-quatre heures après la réception de l'information du client.	Les informations en provenance du client sont enregistrées quotidiennement dans la boîte rouge. Un PDCA doit être ouvert immédiatement et suivi par la R&D.
Chaque retour garantie est enregistré dans un fichier unique (désignation du produit, référence, client, date de production, date du défaut, symptômes, etc.) incluant tous les incidents garantie.	Ce fichier est utilisé pour analyser l'efficacité des actions correctives. Toute récurrence dans des dates de production postérieures à la mise en place des mesures correctives définitives doit faire l'objet de l'ouverture d'un nouveau PDCA FTA.
Les trois plus gros incidents garantie en termes de coûts sont clairement identifiés.	Les trois incidents garantie majeurs en termes de coûts sont affichés dans la zone QRQC Garantie.
Les graphes de suivi des garanties client sont affichés dans la zone QRQC Garantie.	L'objectif de réduction des retours sous garantie doit être mentionné.

***Tableau 4.29** – Check-list des points à vérifier pour implémenter le système de détection du QRQC Garantie*

Communication

La communication se fait dans le cadre de la réunion QRQC Garantie qui a lieu tous les jours durant trente minutes. L'animation est réalisée par le responsable Recherche & Développement, accompagné des ingénieurs de son département. Selon la nature du problème, des experts sont également présents, ainsi que des représentants du service qualité ou des achats, si un fournisseur est impliqué.

POINTS À METTRE EN PLACE	COMMENT CONFIRMER LA MISE EN PLACE ?
Le directeur R&D anime quotidiennement le QRQC Garantie.	Le directeur R&D, ou son représentant s'il est absent, anime une réunion quotidienne. Une feuille de présence permet de contrôler qui participe au QRQC Garantie. Lorsque le département R&D n'est pas sur le site de production, la participation du site peut se faire par téléphone, ou par vidéoconférence à la demande du directeur R&D.
Lorsqu'un incident est traité en QRQC Garantie, l'ingénieur R&D concerné participe à la réunion.	La participation de l'ingénieur R&D est démontrée par sa signature sur la feuille de présence.
La R&D informe le site de production concerné des nouveaux incidents garantie sous vingt-quatre heures.	Le responsable du site doit informer son équipe au prochain QRQC Usine.
Les incidents critiques (grand nombre de retours, risques sécurité/réglementation, risque de rappel) font l'objet d'un suivi spécifique.	Une procédure pour les incidents dits « majeurs » doit être mise en place.

***Tableau 4.30** – Check-list des points à vérifier pour implémenter le système de communication du QRQC Garantie*

Analyse

L'analyse doit être également réalisée selon les étapes PDCA FTA. Selon la complexité des problèmes soulevés par les retours sous garantie, des ressources disponibles, des analyses peuvent être réalisées par des experts désignés ou des laboratoires extérieurs. Une analyse garantie doit également privilégier des « visites *genba* » pour comprendre les conditions réelles d'occurrence du problème.

POINTS À METTRE EN PLACE	COMMENT CONFIRMER LA MISE EN PLACE ?
Le directeur R&D vérifie qu'une action de sécurisation a été mise en place pour protéger le client.	Le site en charge de la production doit immédiatement prendre des mesures pour minimiser l'impact du problème sur la garantie. Le pilote R&D doit s'assurer que les mesures adéquates ont été prises incluant le périmètre service après-vente.
Chaque incident garantie déclenche immédiatement un PDCA FTA garantie.	Le FTA est utilisé systématiquement pour enquêter sur l'incident jusqu'à l'identification de la cause racine. Des experts doivent être impliqués lorsque l'incident est techniquement difficile. La preuve de la participation d'un expert doit être disponible.
Le pilote R&D assigné collecte d'autres pièces bonnes et mauvaises ainsi que des données pour améliorer la connaissance d'un incident garantie particulier.	Lors de la comparaison de pièces bonnes et de pièces mauvaises, ces pièces doivent avoir le même vécu. Par exemple des pièces avec le même temps de service ou le même kilométrage. La R&D doit utiliser le réseau qualité pour demander des échantillons et des données au client.
Les spécifications de test, les validations design et production ont été utilisées pour aider à l'identification de la cause racine.	La recherche des tests de design et de production utilisés à l'origine doit être faite pour aider à l'analyse de la cause racine via la connaissance des conditions initiales des produits.
La R&D enquête sur les DNR (défauts non reproduits) ou DNJ (défauts non justifiés) avec le client. Par exemple, analyse du produit final dans les conditions réelles de l'utilisateur final, quand cela est possible.	Vérifier que la R&D a travaillé avec le client pour résoudre le problème. Des enregistrements doivent montrer la volonté de la R&D de régler le problème, via des demandes de produits analyses sur le terrain, des collectes d'informations.
Dans le cas d'incidents garantie impliquant un système complet ou des facteurs clients, le client doit être immédiatement informé avec des produits et des données qui montrent le lien entre les facteurs identifiés et l'environnement.	Le PDCA FTA doit montrer que le client a été clairement informé et que son aide a été demandée pour réaliser des visites *genba*.

***Tableau 4.31** – Check-list des points à vérifier pour implémenter le système d'analyse du QRQC Garantie*

Dans certains cas, des retours sous garantie ne sont pas justifiés ou explicables. C'est ce que l'on appelle les DNR (défauts non reproduits) ou DNJ (défauts non justifiés). Ces sujets ne peuvent rester sans réponse. En effet, d'un côté il y a une insatisfaction client qui n'est pas traitée, de l'autre l'impact financier qui peut être élevé.

La démarche QRQC Garantie doit aussi s'attaquer à ce genre de situations, en essayant d'analyser le problème via une approche analytique (PDCA FTA) et par une attitude *san gen shugi*.

Concrètement, cela se traduit par :

- des visites chez les distributeurs du produit final pour comprendre la nature exacte du problème et les conditions d'occurrence avec les utilisateurs. C'est l'occasion de découvrir des phénomènes que les meilleurs ingénieurs au monde n'avaient jamais envisagés. Il nous est arrivé par exemple de voir des pièces électroniques retournées en garantie pour corrosion ; après vérification sur le *genba*, il a été confirmé que c'étaient les chiens des propriétaires qui les mastiquaient !
- des analyses en conditions réelles. En effet, l'analyse d'une pièce isolée, sans compréhension de son environnement, peut amener à des conclusions erronées, partielles ou à aucune conclusion. Mais pendant ce temps, les coûts et les retours continuent toujours !

Vérification et management

Après analyse, la vérification de l'efficacité des actions menées est faite au moyen :

- du suivi du nombre de retours et des coûts de garantie (ceux-ci doivent logiquement baisser si les actions correctives menées sont les bonnes) ;
- du suivi des enquêtes de satisfaction clientèle.

Dans le traitement des retours sous garantie, un des points clés de vérification est la « *clean date* ». Celle-ci correspond à la dernière date de mise en place des actions correctives. On considère qu'à partir de cette date, le problème rencontré est censé être définitivement résolu. Les retours physiques de pièces doivent le confirmer : ils doivent être tous relatifs à des productions antérieures à la *clean date*.

Si toutefois des problèmes touchant les produits sous garantie sont enregistrés après la date supposée d'éradication, une analyse doit être relancée immédiatement. Il peut s'agir en effet :

- du même problème (l'analyse a peut-être sous-estimé ou omis un facteur) ;
- d'un nouveau problème (mais avec un symptôme identique).

POINTS À METTRE EN PLACE	COMMENT CONFIRMER LA MISE EN PLACE ?
Pour les trois plus gros incidents garantie en termes de coûts, il existe un suivi spécial des actions correctives.	La garantie doit être suivie à la fois en coût et en PPM par mois de production depuis le démarrage de production jusqu'à la date de mise en place des actions correctives. Les graphes sont mis à jour tous les mois, sur la base des données venant de chez le ou les clients. Les graphes sont mis à jour après chaque revue technique en prenant en considération les résultats de l'analyse et la définition des responsabilités. La date d'implémentation des actions correctives définitives est marquée sur le graphe.
Le directeur général fait un suivi quotidien des sujets garantie majeurs.	Chaque jour, le directeur général réalise ce suivi, sur la base des informations de la R&D.
Le directeur général suit un programme de visite/formation en participant régulièrement au QRQC Garantie.	Un planning est défini et la participation du directeur peut être démontrée via une feuille de présence.
Le directeur R&D félicite l'équipe lorsqu'un problème est résolu.	Vérifier en demandant à un membre de l'équipe quand et pour quelle action concrète il a été félicité.

***Tableau 4.32** – Check-list des points à vérifier pour implémenter le système de vérification et management du QRQC Garantie*

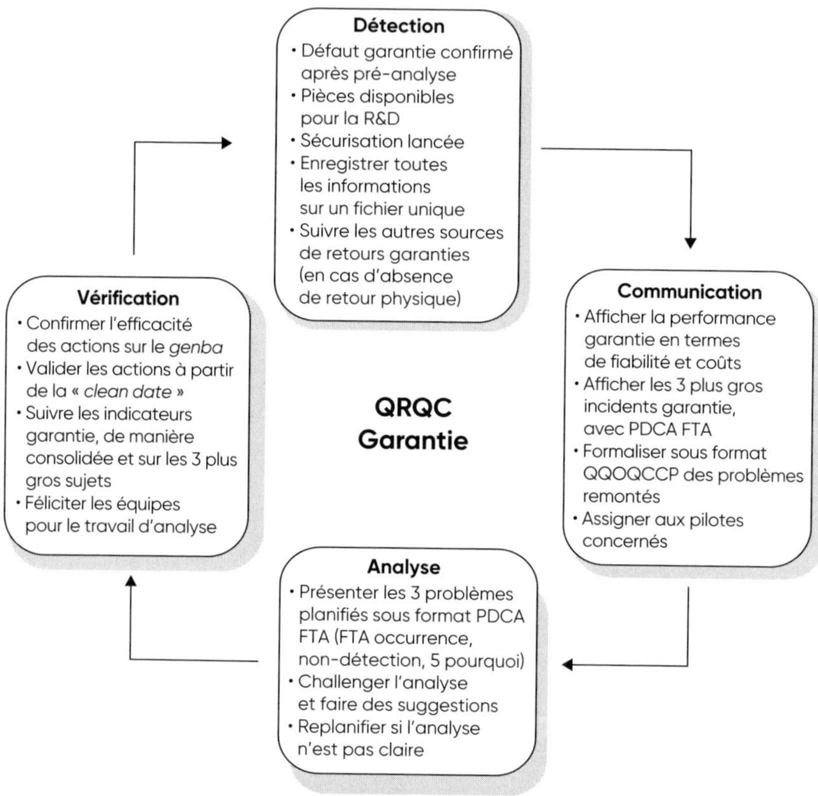

***Figure 4.11** – Résumé du QRQC Garantie*

POINTS CLÉS

✚ Qui est impliqué dans le QRQC Garantie ?

- ☐ C'est le département R&D qui doit être leader sur le sujet, à la fois en termes de résolution des problèmes, puis en termes de standardisation.
- ☐ La R&D doit être soutenue par des spécialistes (internes ou externes à l'entreprise) et par des experts métiers.

✚ Quels sont les facteurs clés de succès du QRQC Garantie ?

- ☐ L'implication de la direction R&D.
- ☐ Une bonne coopération entre la finance, la qualité et la R&D.
- ☐ Un suivi rigoureux des coûts « nets » de la garantie.
- ☐ Le traitement des défauts non justifiés ou défauts non reproduits, qui sont des catastrophes qualité potentielles s'ils ne sont pas traités et restent générateurs d'une insatisfaction client.

✚ Quels sont les bénéfices attendus du QRQC Garantie ?

- ☐ Une anticipation des risques garantie avec un suivi régulier de la boîte rouge.
- ☐ Un traitement rapide des problèmes de garantie.
- ☐ Une analyse logique pour éviter les récurrences.
- ☐ Une réduction des coûts de garantie.
- ☐ Une amélioration de la robustesse du produit, et donc de la satisfaction du client final.

LE QRQC PROJETS

Le QRQC Projets a pour objectif de traiter tous les problèmes rencontrés durant le développement de nouveaux produits ou services. Il obéit au même cycle que les autres QRQC en termes de détection, communication, analyse et vérification. Les équipes doivent être en outre capables de faire la boucle avec les problèmes passés pour éviter les mêmes incidents lors des nouveaux projets.

Par définition, durant la phase de développement, les pièces physiques finales ne sont pas disponibles tout de suite. Ce qui n'empêche pas les problèmes liés à la conception et au développement eux-mêmes.

Le QRQC Projets est donc une démarche dans laquelle le management visuel est particulièrement important, car vu la multiplicité des risques projets (qualité, design, commerce, production, logistique, etc.), les équipes de chaque plateforme projet doivent pouvoir immédiatement identifier les sujets prioritaires.

Le QRQC Projets est avant tout une démarche d'équipe incluant toutes les fonctions et contribuant à la réussite d'un projet. Chacune est susceptible de rencontrer une difficulté. Une bonne communication et coordination des sujets sont des facteurs clés de succès des projets.

Détection

La boîte rouge du QRQC Projets est aussi appelée la liste unique de problèmes (SLI pour *Single List of Issues*). Elle réceptionne :

- les risques projets, basés sur les IPR (indices de priorité de risque) des Amdec (analyse des modes de défaillance et criticité) ;
- des problèmes remontés en revues de conceptions (produits et process) ;
- des résultats d'essais produits/process ;
- des simulations, maquettes, prototypes non satisfaisants ;
- la gestion de projets elle-même (planning non respecté, ressources, conflits de priorités) ;
- des échantillons initiaux non validés ;
- des audits produits, process, clients, fournisseurs réalisés dans le cadre de la vie du projet.

La liste n'est bien sûr pas exhaustive et tous les membres de l'équipe projet doivent remonter les problèmes relatifs au projet. Et chacune de ces données d'entrée concerne un projet bien défini ou une plateforme spécifique.

POINTS À METTRE EN PLACE	COMMENT CONFIRMER LA MISE EN PLACE ?
Présence d'une zone QRQC Projets avec un management visuel pour chaque plateforme projet.	Le management visuel inclut les éléments de la boîte rouge.
Enregistrement des nouveaux problèmes dans la boîte rouge dans un délai de vingt-quatre heures.	Tous les problèmes qualité, coûts, délais doivent être présents, quelle que soit leur date.
La boîte rouge doit inclure divers sujets issus des Amdec, revues de conception, simulations, prototypes, tests, etc.	Tous les problèmes projets doivent être présents dans la liste unique de problèmes projets.
Tous les membres projets participent à la réunion QRQC et remontent leurs problèmes.	Au moins trois fonctions remontent leurs problèmes.

***Tableau 4.33** – Check-list des points à vérifier pour implémenter le système de détection du QRQC Projets*

Communication

La communication est réalisée dans le cadre d'une réunion quotidienne de trente minutes, impliquant le chef de projet et les membres de l'équipe projet, autour d'un ensemble de supports permettant un management visuel immédiat. Lors de cette réunion, sont revus :

- les sujets sécurité ou les réclamations clients ;
- les trois sujets projets majeurs et les assignations du jour ;
- les besoins d'escalade formulés par chaque membre de l'équipe ;
- les tâches assignées la veille.

Le management visuel permet de confirmer un suivi quotidien des sujets, avec une escalade quand cela s'avère nécessaire. Il y a trois niveaux d'escalade et de décision dans le QRQC Projets.

Niveau de l'équipe projet. Chaque équipe projet a une réunion QRQC quotidienne animée par le chef de projet, et s'appuie sur un management visuel dédié. Lors de cette revue, les problèmes du jour, formalisés dans la boîte rouge sont suivis, analysés et résolus.

> **Remarque**
>
> Après le lancement du projet, cette activité de suivi est maintenue encore six mois de façon à confirmer que le passage en production se passe correctement, dans le cadre du QRQC Projets lui-même ou dans les autres QRQC concernés (ex : QRQC Logistique ou UAP).

Niveau du département projet. Il s'agit de la réunion QRQC Projets pilotée par le directeur des projets et à laquelle participent tous les chefs projets. Ces derniers remontent les sujets qu'ils n'ont pu traiter à leur niveau. Le directeur projet prend donc les décisions nécessaires ou escalade à ses collègues de même niveau (directions qualité, RH, finances, etc.).

Niveau direction générale. Il s'agit des sujets que le directeur des projets ne peut traiter seul et qui nécessitent un arbitrage de la direction générale, soit dans une réunion dédiée, soit dans le cadre du QRQC Usine s'il s'agit d'une réclamation client.

POINTS À METTRE EN PLACE	COMMENT CONFIRMER LA MISE EN PLACE ?
Assignation d'un pilote et d'une date pour chaque problème identifié dans la boîte rouge.	Vérifier que cette information est documentée dans la boîte rouge.
Tous les sujets de la boîte rouge sont transférés vers la liste unique de problèmes (LUP).	Pas de sujets supérieurs à une semaine dans la boîte rouge.
Chaque chef de projet anime chaque jour avec son équipe la réunion QRQC et revoie les trois sujets majeurs.	Vérifier le compte rendu de réunion + management visuel.
Tenue quotidienne du QRQC Projets, où chaque chef de projet remonte les problèmes qu'il n'y a pas pu traiter au sein de son équipe.	Vérifier le compte rendu de réunion + management visuel.

POINTS À METTRE EN PLACE	COMMENT CONFIRMER LA MISE EN PLACE ?
Escalade au moins une fois par semaine des chefs de projets vers le directeur des projets ou la direction générale en cas de sujet récurrent/complexe.	Vérifier le compte rendu de réunion + Management visuel.

***Tableau 4.34** – Check-list des points à vérifier pour implémenter le système de communication du QRQC Projets*

Analyse

Les sujets prioritaires identifiés dans l'un des trois niveaux du QRQC Projets doivent faire l'objet d'un PDCA FTA. Cette utilisation est obligatoire en cas :

- de réclamations client lors du développement du projet ou après le lancement en production du projet ;
- d'incidents sécurité ;
- de problèmes récurrents ne se reproduisant pas dans des conditions contrôlées.

Cette analyse se fera en s'appuyant sur les données et informations factuelles recueillies auprès des acteurs du projet. Grâce à l'approche *san gen shugi* et à l'outil d'analyse PDCA FTA, chaque membre assigné viendra présenter dans la réunion QRQC Projets le bilan de son analyse ainsi que les actions correctives et préventives.

POINTS À METTRE EN PLACE	COMMENT CONFIRMER LA MISE EN PLACE ?
Présence d'une zone QRQC Projets avec un management visuel pour chaque plateforme projet.	Le management visuel inclut les éléments de la boîte rouge.
Enregistrement des nouveaux problèmes dans la boîte rouge dans un délai de vingt-quatre heures.	Tous les problèmes qualité, coûts, délais doivent être présents, quelle que soit leur date.
La boîte rouge doit inclure divers sujets issus des Amdec, revues de conception, simulations, prototypes, tests, etc.	Tous les problèmes projets doivent être présents dans la liste unique de problèmes projets.

POINTS À METTRE EN PLACE	COMMENT CONFIRMER LA MISE EN PLACE ?
Tous les membres projets participent à la réunion QRQC et remontent leurs problèmes.	Au moins trois fonctions remontent leurs problèmes.

***Tableau 4.35** – Check-list des points à vérifier pour implémenter le système d'analyse du QRQC Projets*

Vérification et management

La vérification consiste à confirmer sur le *genba* que les actions préconisées à la suite de l'analyse sont réellement mises en place et vérifier que les actions sont efficaces, en mesurant un certain nombre d'indicateurs qualité, coûts, délais réels par rapport à ce qui était prévu initialement.

Selon le niveau de maturité du projet, la vérification se fera via des essais, des calculs, des simulations, des prototypes.

POINTS À METTRE EN PLACE	COMMENT CONFIRMER LA MISE EN PLACE ?
Suivi visuel des sujets traités dans le QRQC Projets.	Suivi du nombre de sujets ouverts, fermés et ceux en attente de solutions.
Suivi des sujets qualité par le membre qualité projets.	Vérifier la présence d'une fonction qualité projet et le mode de suivi des incidents projets.
Vérification sur le *genba* des sujets clôturés.	Aller sur le *genba* pour confirmer que les solutions préconisées sont en place et sont efficaces.
Le management visite régulièrement le QRQC Projets et fait de la formation/coaching pour aider les équipes ou les remercier en cas de solution significative apportée.	Demander aux membres projets si le management les a aidés/coachés. Confirmer le passage d'un membre de la direction.

***Tableau 4.36** – Check-list des points à vérifier pour implémenter le système de vérification du QRQC Projets*

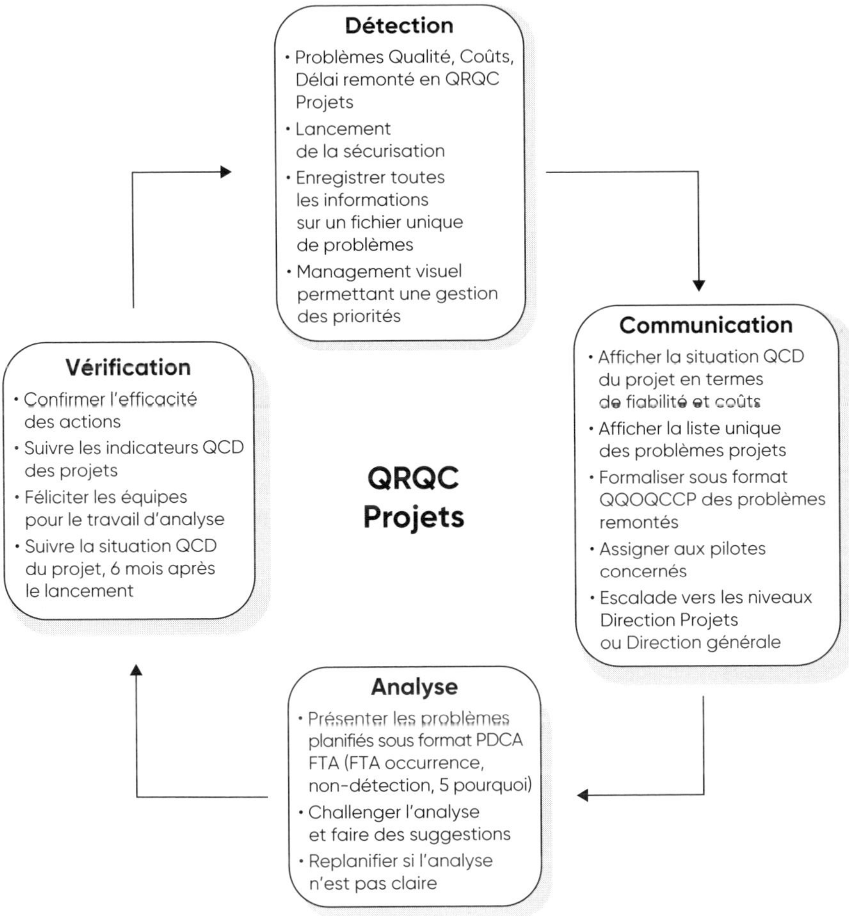

Figure 4.12 – *Résumé du QRQC Projets*

POINTS CLÉS

✚ Qui est impliqué dans le QRQC Projets ?

- ☐ L'acteur fondamental du QRQC Projets est le chef de projet, qui a un rôle de chef d'orchestre, capable de gérer l'ensemble des problématiques liées à un projet.
- ☐ Il doit être un leader et en même temps un coach, capable de repérer les problèmes majeurs et challenger les équipes sur des sujets techniquement difficiles.
- ☐ Il doit aussi s'appuyer sur l'implication du directeur des projets et la direction générale en cas d'escalade.

✚ Quels sont les facteurs clé de succès du QRQC Projets ?

- ☐ Une implication du responsable de projet et de l'ensemble des membres de l'équipe projet.
- ☐ Un management suffisamment visuel pour repérer les problèmes très tôt et éviter ainsi des catastrophes qualité au moment du passage en production.

✚ Quels sont les bénéfices attendus du QRQC Projets ?

- ☐ Une visibilité et une connaissance par le management des problèmes projets majeurs afin de prévenir des dérives ultérieures.
- ☐ Une escalade et donc une aide pour les sujets difficilement traitables par l'équipe projet.
- ☐ Une analyse structurée et approfondie, via PDCA FTA, de ces problèmes majeurs.
- ☐ Des lancements maîtrisés et réussis.

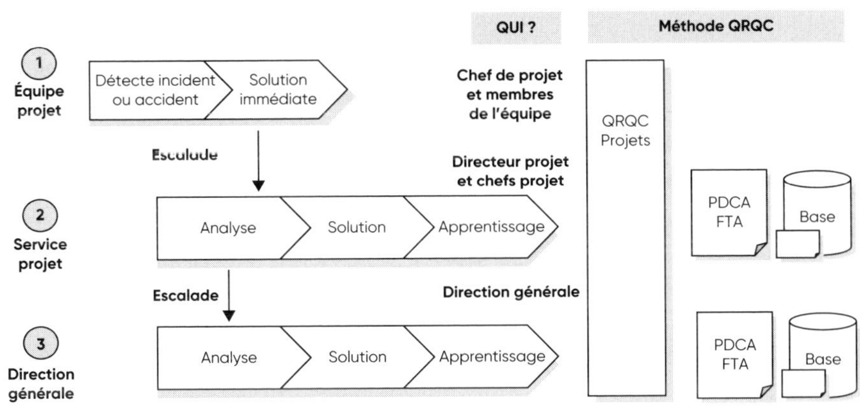

***Figure 4.13** – Système de remontée des problèmes liés aux projets*

CHAPITRE 5

La résolution logique

LES OBJECTIFS DE LA RÉSOLUTION LOGIQUE

L'attitude *san gen shugi* et le management par le QRQC permettent de résoudre 80 % des problèmes. Toutefois, certains problèmes nécessitent une approche plus formalisée et méthodique. Il s'agit :

- des accidents de personnes ;
- des problèmes récurrents (en interne ou en externe) ;
- des problèmes complexes techniquement ;
- des réclamations clients ;
- des incidents définis comme « critiques », « graves » ou « majeurs » par l'entreprise, et ayant souvent une incidence sur les personnes ou bloquant toute activité normale.

La résolution logique consiste, tel un détective, à essayer de « refaire le film » du problème, en reprenant pas à pas les facteurs et en recréant le mécanisme du défaut. Pour cela, la caractérisation du problème et les résultats des tris sont déterminants puisqu'ils permettent de lancer l'analyse FTA (*Factor Tree Analysis*).

LES PRINCIPES FONDAMENTAUX DE LA RÉSOLUTION LOGIQUE

Cette approche plus rationnelle (appelée *Logical Thinking* en anglais) s'appuie sur quatre étapes, dont la majeure est l'utilisation du FTA :

- la caractérisation du problème avec le QQOQCCP ;
- l'analyse des résultats des tris ;
- la comparaison des facteurs influents avec le FTA occurrence et non-détection ;
- l'analyse des causes racines avec les cinq pourquoi.

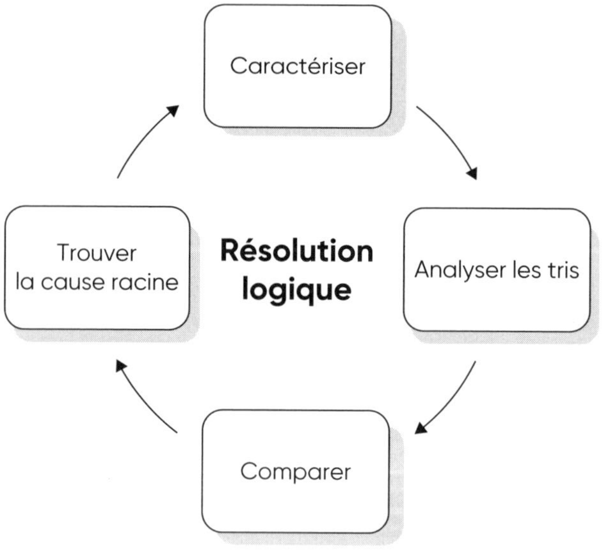

***Figure 5.1** – Les quatre étapes de la résolution logique*

Étape 1 : caractériser le problème

Toute résolution d'un problème passe au préalable par une excellente description. Sinon, le risque est grand de traiter le mauvais sujet ou d'arriver à des conclusions inexactes. Sans oublier la perte de temps occasionnée et la mauvaise utilisation de ressources.

L'outil adéquat est le QQOQCCP amélioré, c'est-à-dire un outil simple, connu, qui consiste à se poser quelques questions basiques sur le problème d'abord tel que vu par le client (interne ou externe).

QUE S'EST-IL PASSÉ ?	- Description du problème avec des faits clairs et précis, tels que décrits par le client. - S'agit-il d'un problème récurrent ? - Éléments de traçabilité des pièces défectueuses.
QUAND CELA A-T-IL ÉTÉ DÉTECTÉ ?	Le but est de connaître la période exacte de la première occurrence et détection du défaut chez le client : - date de la détection, avec le temps précis (heures, minutes, secondes inclus) ; - date de la notification de l'incident ; - équipe de production concernée.
OÙ CELA A-T-IL ÉTÉ DÉTECTÉ ?	- Nom de l'usine, atelier, zone. - Nom de la ligne de production. - Étape du process où le problème a été détecté (réception, stockage, assemblage, expédition, etc.) avec identification des étapes précédant et suivant l'incident.
QUI A DÉTECTÉ ?	Savoir qui a détecté le défaut est un élément clé pour pouvoir récupérer des informations et données précieuses auprès de l'acteur en question : - nom de la personne ou son identification (numéro, initiales) ; - fonction de la personne, qualification (pour les pièces sous garantie, préciser le nom du garage, distributeur, etc. + le nom de l'utilisateur final).

COMMENT CELA A-T-IL ÉTÉ DÉTECTÉ ?	Les conditions d'occurrence doivent être comprises de façon à identifier les raisons pour lesquelles le défaut n'a pas été détecté en interne : - opération réalisée pour détecter le défaut ; - moyen ou machine utilisé pour détecter le défaut ; - paramètres process incluant la distance, le temps pour détecter visuellement le défaut, les pièces témoins, les pièces aux limites ; - conditions environnementales telles que la lumière, la température, le bruit ambiant, etc.
COMBIEN ?	- Préciser combien de pièces défectueuses ont été trouvées au moment de la détection par le client ? - Quels sont le coût réel et l'impact financier potentiels de l'incident ?
POURQUOI EST-CE UN PROBLÈME ?	Il s'agit de comprendre quel est l'impact du problème pour le client. Ces éléments doivent être mesurables : - Quel est l'effet client ? - Impact sur la logistique, avec des risques de non-livraison ? - Impact sur les conditions d'assemblage de la pièce ? - Impact sur les fonctionnalités ? - Impact sur la fiabilité dans le temps ? - Impact en termes de sécurité ? Environnement ? - Quel est niveau de gravité du problème ?

***Tableau 5.1** – Les questions à se poser du point de vue du client*

À ces questions, s'ajoute la vision interne du problème, c'est-à-dire sa description par l'expert et producteur.

QUELLE EST LA DIFFÉRENCE ENTRE UNE PIÈCE BONNE ET MAUVAISE ?	- Le défaut doit être présenté via une comparaison entre la pièce bonne et la pièce mauvaise. Il convient de se focaliser sur la pièce elle-même et non sur l'environnement dans un premier temps. Ces informations seront la source pour démarrer le FTA. - Description du problème avec des données et faits précis tels que vu par les équipes d'experts au sein de l'entreprise.
LA PIÈCE A-T-ELLE ÉTÉ PRODUITE SELON LE PROCESS STANDARD ?	Toute déviation par rapport au process standard, toute retouche ou toute opération réalisée par une personne non qualifiée doit être prise en compte. Les enregistrements de la déviation et du standard doivent être récupérés. Toutes les informations de traçabilité seront également utilisées.

QUAND LA PIÈCE A-T-ELLE ÉTÉ FABRIQUÉE ?	- Date de la production de la pièce ou service. - Temps exact, avec la traçabilité de la pièce et de ses composants. La traçabilité inclura aussi la date et temps des tests finaux réalisés. - Tout autre élément de traçabilité.
QUI A FABRIQUÉ LA PIÈCE ?	Il s'agit d'identifier la personne présente au poste de travail au moment de l'occurrence et au moment de la détection du problème : - nom de la personne ou son identification ; - fonction et statut de la personne (en formation, intérimaire, expérimentée ou pas) ; - nom du fournisseur si la pièce a été sous-traitée.
DANS QUELLES AUTRES APPLICATIONS OU PROCESS LA PIÈCE EST-ELLE UTILISÉE ?	- Préciser les autres process de production (ligne d'assemblage, machine) ou produits potentiellement impactés par un même problème. - Préciser les autres applications clients potentiellement affectées. L'objectif est d'une part de sécuriser ces autres lignes et applications et d'autre part de faire des comparaisons si ces autres process ne rencontrent pas un problème similaire.
LE DÉFAUT EST-IL IDENTIFIÉ QUAND LA PIÈCE MAUVAISE EST RÉINJECTÉE DANS LE PROCESS ?	Peut-on détecter le défaut en allant sur le *genba*, sans informer les opérateurs, et en appliquant les mêmes fiches d'instructions et de tests standards ? Si le défaut est détecté, préciser les conditions qui amènent à la détection : quelle machine ? quel opérateur ? quel standard utilisé ? etc. Si le défaut n'est pas identifié, repérer les éléments de détection défaillants sur le poste.
EST-CE QU'UN PROBLÈME SIMILAIRE A DÉJÀ EU LIEU EN INTERNE OU AVEC LE CLIENT ?	Il convient de consulter les différents QRQC (Ligne, UAP, Projet) pour repérer les cas similaires éventuels. Récupérer les informations PPM issus des refus fin de lignes. Lister les produits et références ayant un même défaut avec : - dates des précédents défauts ; - lieu de détection ; - quantité de défauts ; - résultats de la précédente analyse.

***Tableau 5.2** – Les questions à se poser du point de vue de l'expert et producteur*

Bien entendu, l'attitude *san gen shugi* est nécessaire pour collecter toutes ces informations et confirmer leur fiabilité et leur pertinence.

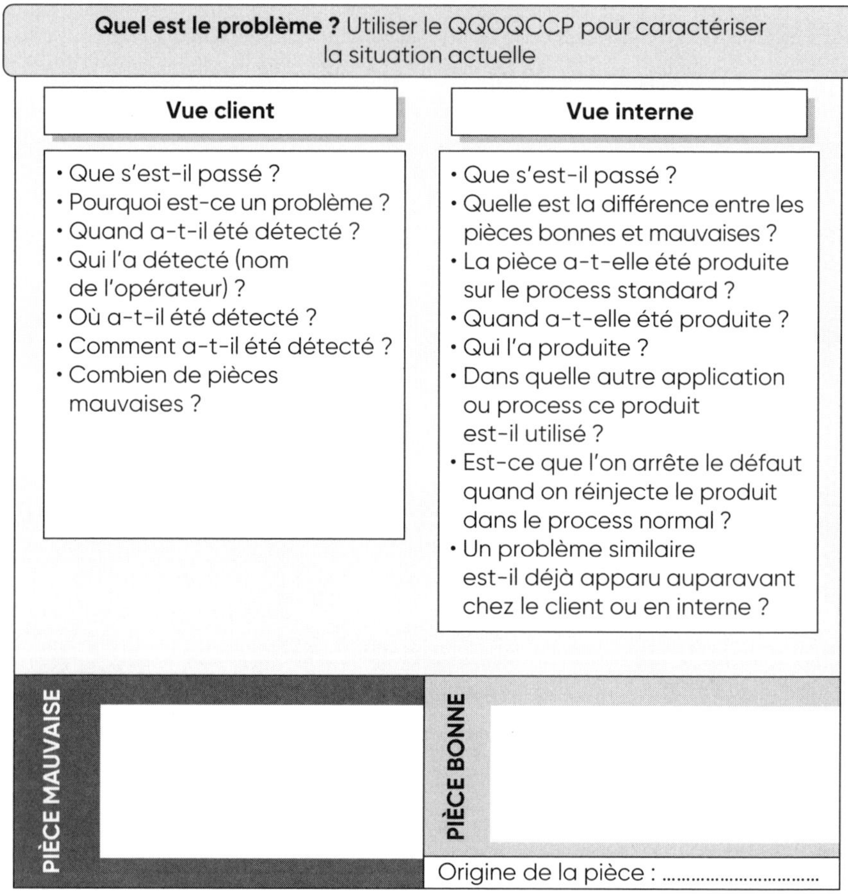

Figure 5.2 *– Exemple de formulaire QQOQCCP*

Étape 2 : analyser les tris

Quand un problème survient, une activité de tri est lancée de façon à sécuriser le client dans les différentes étapes du process de fabrication et éviter toute pollution par des pièces mauvaises. Ces tris servent à cerner toute la réalité du problème de façon objective et quantifiée. D'ailleurs, la qualité du QQOQCCP vient en grande partie des informations recueillies lors des tris.

Les flux potentiellement affectés sont composés des :

- produits finis stockés chez le client ;
- produits finis en transit ;
- produits et composants stockés au sein des locaux de l'entreprise ;
- composants stockés au sein des locaux du fournisseur ;
- pièces livrées en rechange.

Suite à ces tris, en plus de la comparaison des pièces bonnes/mauvaises, des informations cruciales sont récupérées notamment en termes de traçabilité, telles que :

- les dates de production/temps/équipes incriminées ;
- la traçabilité des équipements (moule, cavité, machine, ligne spécifique, etc.) ;
- les opérateurs ;
- les équipes de production.

Ces éléments permettront de rejeter certains facteurs ou d'en retenir d'autres qui alimenteront le FTA.

Suite aux tris, les questions suivantes peuvent être posées et amener à une résolution rapide :

- Est-ce que les pièces ou composants viennent de la même période de production ?
- Y a-t-il un lien avec une équipe spécifique ?
- Est-ce que les dates de production sont consécutives ou non ?
- Y a-t-il un lien avec un fournisseur ou un composant spécifique ?
- Le problème est-il relié à une ligne de production précise, à une machine, un outil, un moule, une cavité ? ou à un opérateur précis ?

Le tableau de synthèse ci-après indique les résultats des tris aux différents points de la chaîne de livraison (usine client, transports, plateformes logistiques, etc.) avec les informations suivantes :

- nombre de pièces trouvées non conformes à chaque étape ;
- les quantités totales triées ;

- les dates de tri, nom de la personne en charge du tri ;
- système d'identification des pièces triées (étiquette verte, marquage par un coup de crayon, etc.) ;
- date de production des pièces triées ;
- période suspecte des pièces non conformes.

Étape 3 : comparer avec le FTA

Le *Factor Tree Analysis* ou « arbre des facteurs » ne doit pas être confondu avec l'arbre des causes ou de défaillance (*Failure Tree Analysis*). Le FTA est un outil puissant puisqu'il s'appuie sur une attitude *san gen shugi* (collecte de données objectives, comparaison pièces bonnes/mauvaises). Il sert à reprendre et confirmer, via une approche structurée, si les écarts constatés durant les tris entre pièces bonnes/mauvaises (OK/KO) sont des causes potentielles du problème.

Les trois principes fondamentaux de la logique FTA sont l'identification des facteurs influents selon les 4M (machine, main-d'œuvre, méthode, matière), la comparaison des données réelles par rapport au standard, et le jugement suite à la comparaison.

Il existe deux types de FTA qui doivent être réalisés successivement :

- *FTA occurrence.* Il s'agit de lister les facteurs du mécanisme ayant généré la création du problème, via le filtre des 4M.
- *FTA non-détection.* Il s'agit de comprendre pourquoi le problème n'a pas été détecté. Cela permet d'analyser les faiblesses du système de détection et de contrôle. La non-détection concerne :
  - les lignes de production de l'usine et leurs systèmes de détection (*poka-yoke*, contrôles visuels, caméra, 100 %, échantillonnage, etc.) ;
  - les lignes de production du fournisseur, voire du sous-fournisseur ;
  - les audits (process, internes, fournisseurs) ;
  - la conception et la vie projet.

Par ailleurs, selon la complexité du problème, on peut avoir plusieurs niveaux dans un même FTA. Un niveau correspond à un facteur ayant lui-même plusieurs sous-facteurs. Cette situation doit rester rare et n'est pas forcément recommandée quand la pratique du FTA n'est pas suffisante.

Identifier les facteurs influents

Il s'agit d'identifier et de classer les facteurs influents dans l'occurrence du problème, selon la catégorie des 4M.

Qu'est-ce qu'un facteur influent ? Quand un problème a été caractérisé, il faut définir quels sont les facteurs dits « influents », c'est-à-dire les caractéristiques ou paramètres produits/process influant dans la création ou la non-détection de ce défaut. Il s'agit de l'élément clé de l'approche FTA car c'est là que l'on doit utiliser le savoir-faire technique et l'expertise de l'entreprise.

On identifie un facteur influent en s'appuyant sur une attitude *san gen shugi :* aller sur le *genba,* récupérer les pièces bonnes/mauvaises et les données associées, puis interroger les opérateurs. Il s'agit de définir les facteurs les plus évidents pouvant générer le défaut. Bien sûr, si l'arrêt au premier défaut a été réalisé, l'analyse sera facilitée.

L'identification d'un facteur influent se fait aussi en récupérant les résultats et les leçons issus des tris : recherche de lien avec un facteur spécifique telle qu'une cavité, une équipe, etc.

Pour les problèmes techniques, dessiner le problème dans son contexte facilite l'identification des facteurs pertinents. Pour les problèmes administratifs ou logistiques, les facteurs sont les étapes successives du processus lié au problème (une cartographie est souvent utilisée). L'analyse pas à pas du processus facilite l'identification des facteurs.

Si aucune anomalie n'est révélée, il convient d'utiliser le plan de surveillance ou les Amdec (analyse des modes de défaillance et de leur criticité), qui servent à lister les risques inhérents au produit ou au process.

À ce stade, si aucun de ces éléments ne permet d'arriver à des conclusions, des experts doivent être impliqués tout de suite, pour mener une analyse plus fine.

L'identification des facteurs (par exemple la température, la pression, la force, une dimension, etc.) doit se faire de façon neutre et objective, sans ajout d'adjectifs tels que « bien », « haute », « basse », « petite », etc. Sinon, cela signifie qu'un jugement est déjà porté sur le facteur sans avoir obtenu l'ensemble des informations et données précises. De plus, un tel jugement doit se faire par rapport à un standard ou une référence. Enfin, le facteur mentionné doit être très précis de façon à savoir ce qu'il faut mesurer.

4M	FACTEURS	POINT DE CONTRÔLE	STANDARD	PIÈCES BONNES	PIÈCES MAUVAISES	JUGEMENT		
						STD OK ?	RESPECT STD ?	LIEN DIRECT ?
MATIÈRE	Diamètre	Plan E8675 - 06	1+/ - 0,5 cm	1 cm	2 cm	O	N	O
MACHINE								
MÉTHODE								
MAIN-D'ŒUVRE								

Tableau 5.3 *– Zoom sur 4M/Facteurs/Point de contrôle*

Les facteurs influents sont à répartir selon la classification 4M : matière, méthode, main-d'œuvre, machine. Celle-ci aide à classer les facteurs de manière rationnelle et à être complet dans la résolution.

- *Matière.* Facteurs relatifs aux matières premières et/ou composants entrant dans la production du produit défectueux, mais aussi du process (par exemple les huiles, les produits chimiques, etc.).
- *Méthode.* Facteurs relatifs au mode d'élaboration du produit jusqu'à sa livraison. Ils peuvent être également liés au contexte de production, dans ce cas la méthode inclut aussi les mesures et le milieu. Si une attention particulière est nécessaire, alors ces 5e et 6e M peuvent être ajoutés de manière spécifique.
- *Main-d'œuvre.* Facteurs relatifs aux aspects humains impliqués dans le processus générateur du défaut (niveau de formation, communication, expérience, etc.).
- *Machine.* Facteurs relatifs aux équipements impliqués dans le processus analysé (outils spécifiques, maintenance, *poka-yoke*, y compris la partie hardware et software, etc.).

La pratique quotidienne des 4M nous fait parfois observer des erreurs d'affectation d'un facteur vers le bon M. La confusion est souvent relative à des facteurs mis en méthode au lieu de machine, ou inversement.

Toutefois, le plus important est de bien considérer tous les quatre aspects dans l'analyse, quelle que soit leur classification.

Les points de contrôle ou vérification permettent de trouver rapidement les valeurs standard, l'historique ainsi que la traçabilité du facteur. C'est aussi un moyen de voir si une méthode de mesure existe pour le facteur en question.

Il s'agit donc de connaître les conditions de mesure et de contrôle du facteur influent identifié : comment est faite la mesure ? où ? par qui ? quand ?

Les points de vérification sont définis dans le plan de contrôle et les procédures et peuvent correspondre :

- aux divers enregistrements relatifs à la qualité tout au long du process ;
- aux divers instruments et outils de mesure des facteurs (thermomètre, manomètre, etc.) ;
- aux OK démarrage ;
- aux plans de la pièce ou du composant ;
- aux capabilités process ou machine.

Bon à savoir

- S'il n'y a pas de point de vérification, indiquez la méthode à utiliser pour mesure le facteur.
- Le point de contrôle peut être partout dans le processus (y compris celui du fournisseur) : réception, poste d'assemblage, poste de contrôle final, transport.
- Indiquez, quand c'est possible, la référence du document ou du point de contrôle.
- Les opérateurs peuvent avoir un moyen de contrôle différent de celui préconisé dans le plan de contrôle (par exemple un outil ou une méthode développée par un opérateur de manière isolée). Une vérification sur le *genba* est utile.
- Il convient de préciser la situation du point de contrôle au moment où le problème a eu lieu car il a peut-être évolué dans le temps. Ceci afin de garantir une comparaison correcte.

Comparer

L'étape de comparaison consiste à mettre en regard les données réelles collectées sur les pièces bonnes et mauvaises par rapport au standard attendu.

4M	FACTEURS	POINT DE CONTRÔLE	STANDARD	PIÈCES BONNES	PIÈCES MAUVAISES	JUGEMENT		
						STD OK ?	RESPECT STD ?	LIEN DIRECT ?
Matière	Diamètre	Plan E8675 - 06	1+/ - 0,5 cm	1 cm	2 cm	O	N	O
Machine								
Méthode								
Main-d'œuvre								

Tableau 5.4 *– Zoom sur standard/pièces bonnes/pièces mauvaises*

Utilisation d'un standard. Une comparaison n'est pertinente que si elle est réalisée par rapport à une référence ou à un standard. Pour cela, si le facteur défini est mesurable (dans l'exemple, un diamètre), l'information mentionnée dans la colonne « standard » doit toujours être quantifiée. Une référence peut être faite au numéro/nom ou à la nature du standard.

Un standard doit être « robuste », que cela soit pour le produit ou le processus. Autrement dit, il doit avoir une valeur incontestable et avoir été défini et validé par des experts reconnus et expérimentés. Pour cela, un process spécifique existe.

Un standard est le résultat attendu au point de contrôle si le process fonctionne selon ce qui était prévu ou spécifié. Un standard peut être :

- une valeur au nominal avec des tolérances ;
- un extrait d'un plan, avec les mesures précises ;
- une référence à une valeur d'une fiche d'instruction, procédure ou spécification technique ;

- une référence sur pièce témoin ;
- un standard de conception produit/process développé ou validé par les experts.

Remarque

La référence au plan n'est pas une donnée suffisante, sauf si le standard est un ensemble de mesures. Dans ce cas, il faut joindre le plan avec les caractéristiques mesurées surlignées. Un standard peut ne pas être formalisé, mais faire partie des pratiques habituelles de l'entreprise.
Il convient de vérifier que le standard est clair et à jour, avec l'indice de révision.

Pièces bonnes. Quand le facteur et le standard ont été définis, l'étape suivante consiste à noter dans cette colonne les valeurs réelles observées sur les pièces bonnes, et issues du même process que celui des pièces mauvaises. Idéalement, quand le problème a eu lieu ou, à défaut, dans un temps le plus proche possible du temps d'occurrence du problème initial (quelques secondes ou minutes avant). Il faut éviter les mentions telles que « OK » ou « KO » dans cette colonne et utiliser la même unité de mesure que le standard.

Il s'agit de comparer la pièce mauvaise à une pièce bonne se trouvant dans la même situation au moment de l'occurrence, afin d'obtenir une comparaison pertinente. La « vraie » pièce bonne est donc celle produite juste avant la pièce mauvaise, à laquelle elle doit être le plus possible comparable en termes de :

- période ou de date de production ;
- kilométrage ou période de garantie (une pièce en utilisation initiale ou km0 n'est pas la même qu'une pièce en garantie) ;
- machine, numéro de la cavité de moule ;
- statut dans la phase du projet (prototype, validation design ou validation produit ou process).

De ce fait, la pièce issue de la « vie série » (ou production en cours) ne peut être prise en compte. Si nécessaire, les échantillons initiaux validés lors de la journée pleine cadence, peuvent être repris comme base de référence. Ainsi, si un facteur était déjà au maximum des tolérances dans les échantillons initiaux, il ne pourra pas être considéré comme un facteur influent.

Dans certains cas, on ne peut avoir une pièce bonne exactement identique (car déjà partie dans le flux de production). Dans ce cas, il conviendra de préciser l'origine exacte de la pièce bonne et du coup les limites de la comparaison.

La comparaison se fait non seulement sur la base des considérations physiques des pièces, mais aussi sur la base des différences de données. Pour cela, il est nécessaire au préalable de recueillir également les données disponibles et relatives aux pièces bonnes et mauvaises.

Remarque évidente mais utile, au regard de l'expérience vécue, la pièce bonne n'est pas non plus celle qui a fait l'objet de la correction !

Enfin, une dernière astuce est de faire appel aux services de pièces de rechange, dont les stocks peuvent être plus anciens et où l'on peut retrouver des pièces bonnes équivalentes.

Pièces mauvaises. Une attention toute particulière doit être portée aux pièces mauvaises pour éviter toute perte, détérioration, endommagement ou manipulation qui pourrait amener à des valeurs ou conclusions erronées.

La pièce mauvaise est celle qui montre très clairement le défaut et permet de voir une évidente différence avec une pièce bonne. Les pièces mauvaises sont en priorité celles qui ont fait l'objet du problème, puis celles issues des tris.

C'est très important d'avoir la « vraie » pièce mauvaise, car les pièces ont été fabriquées à différentes périodes, par différentes équipes de production, voire dans différentes conditions (de température, d'humidité, de bruit, de luminosité...). Les pièces mauvaises sont les « victimes » du problème.

En cas d'impossibilité d'avoir immédiatement la pièce, une photo ou un dessin/plan peuvent être utilisés. De même, il est nécessaire de collecter les mesures chiffrées caractéristiques du défaut.

Juger

Le jugement porte sur le standard lui-même, le respect ou non du standard et le lien direct ou non du facteur avec le problème.

4M	FACTEURS	POINT DE CONTRÔLE	STANDARD	PIÈCES BONNES	PIÈCES MAUVAISES	JUGEMENT		
						STD OK ?	RESPECT STD ?	LIEN DIRECT ?
Matière	Diamètre	Plan E8675 – 06	1+/ – 0,5 cm	1 cm	2 cm	O	N	O
Machine								
Méthode								
Main-d'œuvre								

***Tableau 5.5** – Zoom sur jugement*

S'agissant du jugement sur le standard lui-même, cela consiste à se poser les questions suivantes : un standard existe-t-il ? Est-il clair avec un paramètre et des tolérances clairement définies ? Est-il compréhensible ? Y compris dans la fréquence et méthode de mesure ? Est-il au dernier indice en vigueur ? Est-il cohérent avec un autre facteur ? Est-il physiquement accessible ? L'application du standard donne t elle des pièces bonnes ?

À ces questions, les réponses peuvent être oui (O) ou non (N). Ces réponses sont notées dans la colonne STD OK.

Si la réponse est oui, cela signifie qu'aucune action supplémentaire n'est nécessaire pour changer ou améliorer le standard ou sur la façon de le mesurer. Si la réponse est non, cela signifie qu'une action doit être envisagée sur le standard : le formaliser (si besoin), le clarifier, le mettre à jour, le rendre accessible, etc.

Enfin, quand il y a un « oui » pour certaines questions, mais un « non » pour d'autres questions, il est possible d'inscrire un « D » pour doute. C'est typiquement le cas d'un standard qui existe, qui est clair mais qui, dans certains cas, peut donner des mauvaises pièces ! Il vaut mieux éviter cette dernière situation, mais elle reflète des situations vécues…

S'agissant de qualité du standard, il est évident que théoriquement un standard ne devrait pas être jugé. Il devrait en effet être blanc ou noir et indiquer clairement la marche à suivre, quelle que soit la nature du standard (procédure, fiche d'instruction, Amdec, plan de contrôle, spécifications, normes de conception, etc.). Cela est d'autant plus obligatoire pour les standards de conception produit/process.

Toutefois, la réalité quotidienne nous apprend qu'un standard est vivant et qu'à ce titre il doit être actualisé. Cela est lié directement aux améliorations permanentes de l'entreprise (en qualité, coût et délai) et aux évolutions techniques/technologiques ou aux demandes/spécifications des clients ou fournisseurs.

S'agissant enfin du jugement sur le respect du standard, cela consiste à vérifier si les données réelles issues des pièces bonnes et mauvaises entrent ou pas dans les spécifications du standard. Ainsi, il s'agira de comprendre si un non-respect de standard est à l'origine du défaut.

Les réponses peuvent être oui (O) ou non (N), avec plusieurs configurations possibles présentées dans la « matrice de jugement » ci-après, qui recense les cas avec les différents jugements associés.

CAS NB.	STANDARD	PIÈCE BONNE	PIÈCE MAUVAISE	STANDARD OK ?	RESPECT DU STANDARD ?	JUGEMENT
1	1+/–0,5 cm	1 cm	1,1 cm	O	O	Standard OK et respecté. Les deux pièces sont dans les spécifications du standard. Pas d'action particulière nécessaire sur ce facteur. D'autres facteurs sont à considérer.
2	1+/–0,5 cm	1 cm	2 cm	O	N	Le standard est OK mais il n'a pas été respecté, ce qui a créé potentiellement la mauvaise pièce. Un lien direct du non-respect du standard avec le défaut devra être confirmé après reproduction. À l'inverse, pour réaliser une bonne pièce, le standard a été respecté.

CAS NB.	STANDARD	PIÈCE BONNE	PIÈCE MAUVAISE	STANDARD OK ?	RESPECT DU STANDARD ?	JUGEMENT
3	1+/−0,5 cm	1 cm	1 cm	D	O	Le standard a été respecté mais il produit à la fois des pièces bonnes et des pièces mauvaises. La distribution des valeurs pour pièces bonnes et mauvaises à l'intérieur du standard, doit être vérifiée pour confirmer que le standard est OK ou pas.
4	Pas de standard	1 cm	2 cm	N	N	Absence de standard à confirmer sur le terrain ou standard à formaliser.

***Tableau 5.6** – Configurations possibles pour « respect du standard »*

Dans le cas où la réponse est non ou « doute » à propos du « standard OK ? », il convient de clarifier la situation exacte de ce standard, même si un lien direct entre le facteur n'a pas été établi avec le problème traité.

S'agissant du jugement sur le lien avec le problème, cela consiste à confirmer que le facteur défini est potentiellement ou non la cause du problème. De nouveau, le jugement ne sera établi qu'après la collecte des données réelles et des preuves.

4M	FACTEURS	POINT DE CONTRÔLE	STANDARD	PIÈCES BONNES	PIÈCES MAUVAISES	JUGEMENT		
						STD OK ?	RESPECT STD ?	LIEN DIRECT ?
Matière	**Diamètre**	**Plan E8675 – 06**	**1+/− 0,5 cm**	**1 cm**	**2 cm**	**O**	**N**	**O**
Machine								
Méthode								
Main-d'œuvre								

***Tableau 5.7** – Questionnement sur lien direct avec le problème*

Le jugement sur le lien avec le problème peut donc être :

- *Oui :* relation démontrée et problème reproduit. C'est typiquement un cas où le standard du facteur incriminé n'a pas été respecté et où la comparaison montre une différence claire entre pièce bonne et pièce mauvaise.
- *Non :* relation non démontrée, problème non reproduit. C'est typiquement un cas où le standard du facteur incriminé a été respecté mais il produit à la fois des pièces bonnes et des pièces mauvaises. En cas de réponse négative, une explication peut être ajoutée dans le FTA.
- *Doute :* situation à clarifier car plusieurs facteurs peuvent être suspectés ou entrer en interaction entre eux.

Notez qu'un facteur ne sera retenu comme ayant un lien direct avec le problème que si l'on peut reproduire le défaut en faisant varier ce facteur. La reproduction concernera à la fois l'occurrence et la non-détection.

BON FTA	MAUVAIS FTA
- Les points de contrôle font référence à des documents et outils identifiés. - Les standards sont explicites avec des limites. - Les pièces ou situations réelles sont documentées avec des faits et des données directement comparables au standard.	- Le facteur est qualifié avant même d'être mesuré ou analysé. - Le point de contrôle n'est pas cohérent avec le facteur à vérifier. - Pas de données, de photos ou dessins définissant le standard, seulement du texte définissant le standard. - Pas de données permettant une comparaison entre pièces bonnes et mauvaises. - Les données issues des pièces bonnes ou mauvaises ne sont pas comparables au standard.

***Tableau 5.8** – Erreurs habituelles à éviter lors de l'établissement d'un FTA*

Pour reproduire un défaut, la technique la plus simple et efficace, basée sur *san gen shugi* est de :

- fabriquer des produits en faisant varier le ou les facteurs influents identifiés dans le FTA et en écart par rapport au standard ;
- mesurer ensuite l'impact et les résultats sur les produits ou les composants testés ;

- enregistrer les conditions 4M appliquées pour réaliser la reproduction (date, temps, équipe, paramètres machine ou méthode, etc.) ;
- comparer ces conditions de reproduction aux facteurs identifiés dans le FTA.

Par ailleurs, il est également possible de :

- demander à l'opérateur de reproduire le défaut de façon identique ;
- observer le processus sur le *genba* pour noter les faits/les caractéristiques au moment où un problème identique survient ;
- changer de composants pour s'assurer que le composant suspecté a clairement une influence.

REPRODUCTION DU DÉFAUT	
Qu'est-ce qui a été fait pour reproduire le défaut ?	
Pourquoi cela a-t-il été fait ?	
Comment cela a-t-il été fait ?	
Quand cela a-t-il été fait ?	
Quel a été le résultat ?	
La cause racine est-elle vérifiée ?	

Tableau 5.9 *– Exemple de check-list simple permettant de conduire l'activité de reproduction du défaut*

Étape 4 : trouver la cause racine

Quand une relation directe a été démontrée entre le problème traité et un facteur donné, une cause « potentielle » a été identifiée. Elle ne devient une cause « racine » qu'à partir du moment où le questionnaire des **cinq pourquoi** a été réalisé sur chaque facteur ayant un lien direct avec le problème.

Les cinq pourquoi doivent être utilisés avec les recommandations suivantes :

- Le questionnement en cinq pourquoi doit se poursuivre jusqu'à l'atteinte de la *cause racine*. Il n'y a pas forcément un nombre maximal de pourquoi à atteindre. En revanche, la réponse au pourquoi final doit être capable de répondre à la cause technique, systémique et managériale du problème. L'objectif est d'améliorer non seulement la qualité du produit/process mais surtout la conception du produit/process et l'organisation et systèmes de l'entreprise.

- Si un pourquoi met en cause un élément qui ne peut être amélioré ou changé, c'est que l'analyse a été menée dans la mauvaise direction : il faudra revenir en arrière dans l'analyse des facteurs.
- Si un pourquoi amène à un facteur qui aurait dû être mentionné dans le FTA, il convient d'arrêter le questionnement et de reprendre ce facteur dans le FTA.

Premier pourquoi

Il permet de répondre à la question : quelle est la première raison de la cause potentielle identifiée dans le FTA ? Chaque réponse à un pourquoi doit être confirmée par deux éléments :

- *Le mode de vérification.* Il s'agit de confirmer sur le *genba* la façon avec laquelle la réponse au premier pourquoi a été démontrée : tests, interviews, audits, comparaisons, analyse de data, etc.
- *La preuve.* Il conviendra d'apporter les documents, références et autres enregistrements ou supports concrets prouvant la réponse au premier pourquoi.

Du deuxième au cinquième pourquoi

Comme le premier pourquoi, chaque pourquoi suivant doit permettre de comprendre la seconde cause du précédent effet et ainsi de suite, avec à chaque fois, précision du mode de vérification et de la preuve.

Dès que le défaut a été reproduit et que les cinq pourquoi ont confirmé la cause racine, le plan d'action doit être établi en s'assurant qu'à chaque cause racine identifiée correspond un plan d'action avec pilote et délai. Aucune cause racine ne doit rester sans action. C'est ce lien systématique et direct entre la cause racine et la solution apportée qui fait l'efficacité et la robustesse du plan d'action. C'est aussi cela qui facilitera la prévention et l'apprentissage.

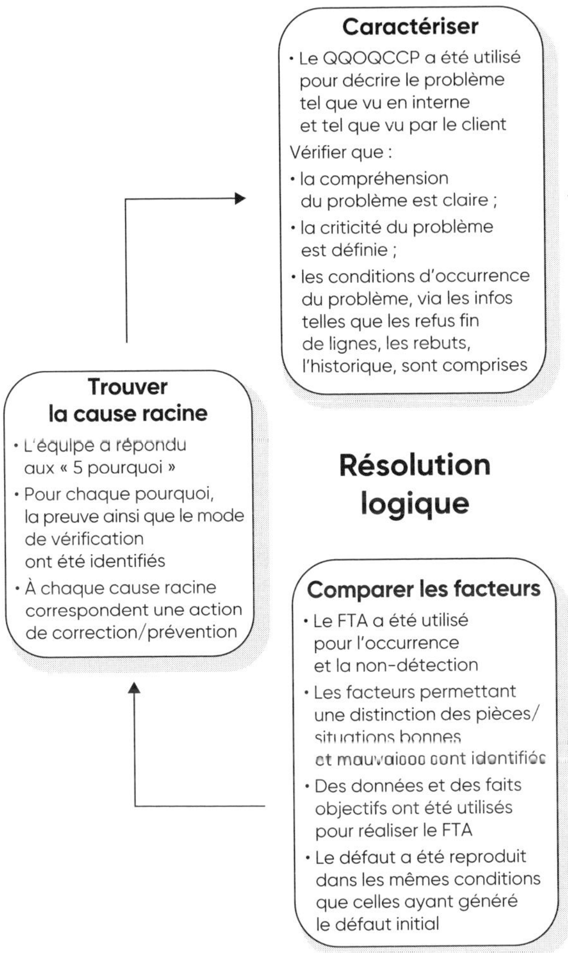

Figure 5.3 – Résumé de la résolution logique

POINTS CLÉS

✚ **La résolution logique consiste à avoir une approche structurée et rationnelle pour résoudre un problème. Cela passe par le respect des étapes suivantes :**

- ☐ une excellente caractérisation du problème ;
- ☐ une analyse des résultats de tris ;
- ☐ l'utilisation du FTA (arbre des facteurs) pour l'occurrence et la non-détection ;
- ☐ les cinq pourquoi.

✚ **La logique du FTA consiste tout simplement à :**

- ☐ reprendre, via le filtre des 4M, le cours des événements au moment de l'occurrence du problème ;
- ☐ identifier le ou les facteurs ayant varié par rapport au standard établi.

✚ **La résolution logique peut être résumée par :**

- ☐ le problème est (QQOQCCP)…
- ☐ les causes racines pour l'occurrence et pour la non-détection sont…
- ☐ les causes sont démontrées par…
- ☐ la solution est…
- ☐ le lien entre les causes racines et les solutions est…
- ☐ le résultat est…
- ☐ ce que l'équipe a appris est…

✚ **Qui est impliqué dans la résolution logique ?**

- ☐ L'ensemble du personnel amené à traiter un problème, quelle qu'en soit sa nature.

✚ Quels sont les facteurs clé de succès de la résolution logique ?

- ☐ Une collecte de données fiables et des faits validés.
- ☐ Une attitude *san gen shugi*.
- ☐ Une approche rigoureuse du FTA pour l'occurrence et la non-détetection.

✚ Quels sont les bénéfices de la résolution logique ?

- ☐ Une identification des causes racines des problèmes.
- ☐ Une éradication définitive des incidents.
- ☐ Une vision objective et rationnelle des faits.

Flasher pour accéder au quiz sur la résolution logique

http://dunod.link/qrqc03

CHAPITRE 6

QRQC phase 2 : la prévention des problèmes

LES OBJECTIFS DE LA PRÉVENTION

L'objectif de la deuxième phase du QRQC est de répondre aux questions suivantes : qu'ai-je appris de mon problème une fois qu'il a été résolu ? Comment éviter d'avoir un problème similaire dans le futur ? Comment partager le même problème et les solutions avec d'autres personnes ou d'autres services, partout ailleurs dans l'organisation et à tout moment ? Comment s'assurer que les leçons apprises sont réellement mises en place ? Comment améliorer, à partir d'un problème donné, tous les produits ou process similaires ?

La démarche de prévention est une suite logique de la première phase de résolution décrite dans le chapitre 3 puisque si le problème n'est pas détecté et analysé en profondeur, il n'y a aucune chance d'apprendre ou de partager quoi que ce soit…

Cette deuxième phase renforce la prévention via un système de partage qui s'appuie sur les erreurs passées. Si cela n'est pas fait, outre l'insatisfaction client liée à une récurrence, on reste alors dans un mode traditionnel d'intervention de type « pompier de service » qui ne peut être viable compte tenu de tous les impacts et changements d'organisation ou de personnes inhérents à la vie de toute entreprise.

S'il est systématisé, ce mode de réaction a, sur le long terme, des effets néfastes pour les équipes, notamment en termes de stress car elles ont l'impression d'être en permanence soumise au risque d'incidents. On peut observer alors un sentiment à la fois d'impuissance à prévenir les problèmes et une forme de pression ambiante car il faudra de toute façon faire quelque chose pour corriger, à défaut de prévenir…

LES PRINCIPES FONDAMENTAUX DE LA PRÉVENTION

Les étapes de la démarche de prévention sont les suivantes :

1. Apprendre des erreurs passées.
2. Partager les leçons apprises.
3. Respecter dans le temps les leçons apprises.
4. Utiliser les cartes d'apprentissage.

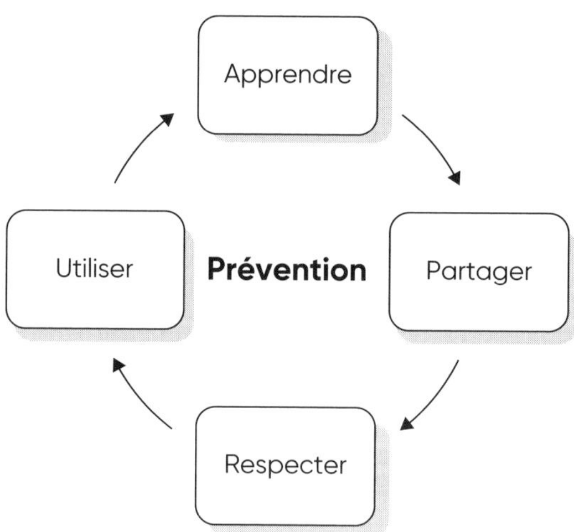

***Figure 6.1** – Les quatre étapes de la phase de prévention*

Ces étapes seront expliquées séparément en détail dans la suite du chapitre, mais elles sont bien sûr liées entre elles et le respect de chacune conditionne le succès d'une démarche de prévention réussie.

Autrement dit, on peut apprendre énormément suite à la résolution d'un problème, mais à quoi cela sert-il si cet apprentissage n'est pas partagé avec d'autres membres de la société et si une autre équipe rencontre exactement le même incident ? Cela génère exaspération, frustration interne et insatisfaction du client. L'objectif ultime de la prévention est donc bien d'éviter les incidents récurrents !

Rappelons ici qu'en début d'ouvrage, un incident a été défini comme « récurrent » lorsqu'il a été rencontré à plusieurs reprises (plus d'une fois au minimum) par une ou plusieurs équipes, sur un ou plusieurs jours, sur le même type de produits/technologies et dans la même usine. Des questions se posent toujours sur la notion de récurrence : doit-on inclure la récurrence d'un symptôme ou la récurrence de la cause racine ? La recommandation demeure toujours d'aller sur ligne pour avoir l'opinion des opérateurs : en général, ils ne se soucient guère de ce genre de subtilités sémantiques et déclarent spontanément la récurrence du symptôme. Bien sûr, l'autre moyen est d'aller rencontrer son client et d'écouter ses récriminations...

Par ailleurs, quel intérêt d'apprendre, de partager puis de découvrir que les leçons apprises n'ont été respectées ni par les équipes concernées par le problème ni par d'autres équipes ?

Enfin, pourquoi apprendre, partager, faire respecter les nouveaux apprentissages si ces derniers ne sont pas utilisés dans les nouveaux projets ? On a alors une singulière impression de « déjà vu ».

Ces quatre étapes (apprendre, partager, respecter, utiliser) sont donc indissociables : le fait de ne pas réaliser l'une d'elles, dans l'ordre, entraîne des risques de récurrences des problèmes au sein d'une même entité (lignes de production, UAP, services) ou au sein d'autres entités appartenant à la même organisation (des sociétés présentes dans différentes régions, pays ou domaines d'activité).

En cas d'absence ou de mauvaise application, on reste en face de conséquences financières et commerciales immenses, mais on s'expose aussi à la remise en cause même de la phase de résolution du QRQC : pourquoi chercher à traiter à fond des problèmes, sur la base de l'attitude *san gen shugi*, si personne n'en retire rien derrière et que les mêmes erreurs sont reproduites ?

Cela est d'autant plus crucial que l'expérience montre que chaque société rencontre souvent la même nature de problèmes : des sujets tels que l'étiquetage, le conditionnement, l'injection, la soudure, les composants électroniques défectueux, les fixations, le bruit, l'aspect sont le lot commun d'un grand nombre d'industries.

Par exemple, une entité faisant de l'injection rencontre régulièrement des problèmes de bavures, de manque de matière ou de casse-matière. Ne pas les traiter comme des récurrences mais comme des problèmes nouveaux à chaque fois entraîne des coûts de non-qualité et des pertes d'efficience (conséquences du manque d'optimisation des ressources techniques et humaines). Il en est ainsi de n'importe quel secteur qui verra des problèmes récurrents liés à la nature même de l'activité : un fabricant utilisant des composants électroniques sera régulièrement confronté à des problématiques de stress électrique, un producteur faisant appel à des teintes colorées rencontrera des problèmes de couleurs non homogènes, etc.

L'activité de prévention est certainement la plus sensible dans le cercle vertueux du QRQC pour de multiples raisons. Tous les points suivants sont des pièges qui peuvent compromettre des démarches de prévention, et des vrais risques auxquels le management, à tous les niveaux, devra prêter attention :

- Il est plus facile de mobiliser des équipes pour résoudre un problème urgent ou immédiat que de les faire réfléchir sur l'avenir. Après tout, le problème a été corrigé, pourquoi remuer de mauvais souvenirs. Demain sera un autre jour !
- On peut encore rencontrer des réactions de type protectionniste : pourquoi partager une solution avec un collègue ou une autre entité ? Chacun se débrouille ! Sans compter le sentiment de céder une partie de son savoir et donc de son pouvoir au sein de l'organisation. Combien d'individus souhaitent conserver leur statut d'expert[1] ou de référent en ne distillant leur savoir qu'au compte-gouttes ?
- Il existe des cultures d'entreprise très centrées sur un mode « réactif » pour répondre à un dysfonctionnement ou une demande. Certains secteurs de production (télécommunications, informatique, médias, etc.) fonctionnent avant tout sur un mode où la réaction est l'élément différenciant du marché. Mais les industriels ne peuvent en rester uniquement à ce stade.

1. Pour éviter toute ambiguïté, nous reviendrons plus tard sur le statut d'expert qui mérite qu'on s'y attache.

- Par définition, chaque projet est souvent perçu en interne comme différent des autres : c'est le mythe de la nouveauté et de la différence. Sa nouveauté lui confère une spécificité telle, qu'aucune leçon passée n'est applicable. Ce qui est ancien est dépassé, ce qui est nouveau franchit de nouvelles barrières. Or, cela n'est pas vrai dans tous les domaines. L'informatique et l'électronique sont certes soumises à des évolutions technologiques rapides et majeures ; d'autres secteurs peuvent évoluer avec un renforcement de l'automatisation ou de l'informatisation, mais cela ne signifie pas forcément que le savoir-faire intrinsèque ou que certaines bases de la recherche fondamentale aient changé au même rythme.
- Chaque organisation doit conserver un certain niveau de rigueur pour aller jusqu'au bout de la démarche. Cette exigence doit aussi passer par une implication du management, qui doit communiquer régulièrement sur le besoin de prévention et ses impacts positifs à court, moyen et long termes.
- Les moyens techniques de communication ou de partage de l'information sont insuffisants. On ne parle pas ici du téléphone ou de l'e-mail, mais bel et bien d'un système d'information complet de gestion et de partage du savoir, appelé aussi *Knowledge management*. Ces systèmes peuvent soit être inexistants ou, quand ils existent, être inefficaces : trop d'informations, problèmes de langues d'un pays à l'autre, gestion de la maintenance, systèmes de validation compliqués ou lourds, etc.
- Un turnover élevé et non maîtrisé ne permet pas une transmission du savoir suffisante et approfondie entre équipes ou entités. Or, une entreprise est une chaîne qui crée de la valeur à chaque étape, au fur et à mesure du temps. C'est ce savoir-faire acquis et amélioré au cours des années qui fait la différence, et dont s'enorgueillissent les sociétés centenaires. Dans certains cas, ce savoir-faire est tenu secret, jalousement préservé car garant de la différenciation, de la qualité et de la pérennité de l'entreprise. Et on ne pense pas seulement aux entreprises de luxe !
- Certaines attitudes ou messages négatifs visent parfois davantage à culpabiliser les individus qu'à les inciter à adopter une démarche positive de réflexion post-mortem et d'apprentissage. Des raisons politiques ou un management inadapté peuvent parfois évincer les principes d'apprentissage et de réflexion au profit d'un « coupable idéal ».

Étape 1 : apprendre des erreurs passées

Une fois qu'un problème a été résolu, l'étape de vérification[2] permet à la fois de vérifier sur le *genba* (lieu réel) que les actions correctives et préventives ont été effectivement mises en place et de faire du management de proximité.

Cependant, on ne peut pas s'en tenir qu'à cela et il faut réfléchir aux leçons apprises après le traitement du problème, considérer aussi si cet apprentissage peut être documenté et rendu disponible de façon formalisée. L'objectif final est, rappelons-le, d'éviter la récurrence.

La première étape de prévention consiste donc à formaliser l'apprentissage suite à un problème, de façon claire et simple. Il s'agit non seulement d'apprendre de ses propres erreurs passées mais aussi d'apprendre des erreurs des autres. Pour cela, une carte d'apprentissage est établie pour chaque cause racine diagnostiquée lors de la phase de résolution, avec une règle simple : un problème = un apprentissage au minimum.

Chez Toyota, c'est ce qui est appelé le principe du *hansei* ou réflexion systématique. Dans *The Toyota way* (2001), Jeffrey Liker précise que « les erreurs sont des occasions d'apprendre. Au lieu de blâmer des individus, l'entreprise prend des mesures correctives et diffuse largement les leçons de chaque expérience. L'apprentissage est un processus continu et collectif. Les supérieurs motivent et forment les subordonnés, les prédécesseurs, leurs successeurs, et les employés, à tous les niveaux, partagent leurs connaissances[3] ».

Les bénéfices attendus de cette activité d'apprentissage sont :

- la formalisation d'un nouvel apprentissage technique et donc un renforcement du savoir-faire de l'entreprise, via la connaissance des paramètres qui ont conduit à l'occurrence ou à la non-détection du problème ;
- l'amélioration de ce savoir-faire suite à des erreurs qui ont pu mettre à jour des défaillances ou des faiblesses à revoir et à améliorer ;
- une capacité à faire l'analyse post-mortem des éléments positifs/négatifs de l'organisation et du système de management ;

2. Rappel : la première phase du QRQC (la résolution) repose sur quatre étapes clés : détection, communication, analyse puis vérification (voir Chapitre 3).

3. Liker Jeffrey, *Le modèle Toyota : 14 principes qui feront la réussite de votre entreprise*, Pearson, 2012.

- la possibilité d'éviter la récurrence d'un problème similaire sur la production en cours ou sur les futurs projets.

Les trois types d'apprentissage

L'apprentissage et les leçons issus de la résolution d'un problème concernent principalement trois aspects : les facteurs d'occurrence du problème, les facteurs de non-détection du problème, le management et l'organisation.

S'agissant des **premiers apprentissages**, ce sont une ou plusieurs leçons – le plus souvent techniques – qui, après analyse, mettent en avant les éléments nouveaux appris en termes d'occurrence du problème. Cet apprentissage peut concerner des facteurs humains (c'est le facteur main-d'œuvre du FTA) ou techniques (machine, matière, méthode et mesure).

À titre d'exemple, on peut trouver les apprentissages suivants :

- *Main-d'œuvre.* Besoins de formations spécifiques sur des postes dits « sensibles » tels que la soudure ou les postes de contrôles d'aspect ; gestion de la formation des équipes de nuit ou de week-end.
- *Machine.* Des nouveaux paramètres pour des machines d'injection ou de soudure.
- *Matière.* L'utilisation ou le rejet de certaines matières, incompatibilité de matières.
- *Méthode.* Apprentissage sur de nouvelles exigences dimensionnelles ou chaînes de cotes, nouvelle façon de mesurer des pièces, fréquence de maintenance réadaptée.

Pour être utiles à tous, les cartes d'apprentissage doivent être faciles à lire. Si elles sont bien rédigées, elles peuvent être comprises par toute personne qui les découvre pour la première fois. À cette fin, il convient de privilégier des cartes d'apprentissage contenant des dessins, des graphiques ou des données car cela évite des incompréhensions ou des interprétations variées, surtout de la part de personnes originaires de pays ou cultures différents.

Les cartes d'apprentissage relatives à l'occurrence sont la source prioritaire pour enrichir le savoir-faire de l'entreprise. Elles contiennent le mécanisme technique qui a généré un dysfonctionnement. En connaissant cette logique, on sera alors capable de :

- vérifier que d'autres produits ou process de l'entité concernée ne présentent pas le même danger ;
- partager cette connaissance avec d'autres pour prévenir des défauts identiques sur d'autres organisations ;
- lancer plus tard une conception produit/process robuste permettant d'éviter ce même risque.

S'agissant des **seconds apprentissages**, ce sont une ou plusieurs leçons relatives à la non-détection du problème. De nouveau, on peut trouver des aspects humains (par exemple un contrôle visuel défaillant) ou techniques (mise en place d'un système de caméra plus fiable).

Une réflexion approfondie sur la non-détection permet de mettre en avant des contrôles pertinents et non coûteux. En effet, si l'analyse a été menée rigoureusement en termes d'occurrence, on s'attend – dans la situation idéale – à zéro contrôle, puisque la cause racine a été complètement éradiquée : on traite la source du problème et non ses conséquences.

Toutefois, tous les industriels savent qu'il y a bien souvent besoin de contrôles dans la plupart sinon dans tous les métiers. Si certains produits sont sensibles à des défauts d'aspect, on ne peut pas – de façon réaliste – exclure des contrôles, même en fin de lignes. Certains procédés ont également une nature très variable : les mêmes paramètres sur une ligne de peinture ou de soudure peuvent donner des résultats légèrement différents sur une autre ligne ; 1/10 ou 1/100e d'écart peuvent être suffisants pour générer une non-conformité.

Notons que les cartes d'apprentissage pour la non-détection sont souvent généralisables, même si les procédés ne sont pas identiques. À l'inverse, les cartes sur l'occurrence sont souvent spécifiques à des produits ou process particuliers.

En outre, il y a des procédés dits critiques ou spéciaux, comme la soudure ou le graissage/collage, qui nécessitent une surveillance continue du fait de la variabilité technique du procédé lui-même. L'état de l'art industriel, dans ces cas, ne permet pas de toujours de faire bien du premier coup.

En marge de ces cas exceptionnels, il y a aussi des défaillances plus courantes liées à la faiblesse de la conception, et qui nécessitent l'ajout ou le maintien de systèmes de détection. C'est pour cela, que l'étape ultime de la démarche QRQC est bien d'arriver à une conception robuste, qui se passe de contrôles additionnels !

Exemples

- *Main-d'œuvre :* contrôle visuel renforcé (avec de nouveaux points d'observation) ou validé par des tests d'aptitude.
- *Machine :* caméra dont les nouveaux paramètres ont été revus ou améliorés.
- *Méthode :* systèmes de détrompeurs produit ou process à mettre en place, étiquetage conditionnel permettant la livraison de la bonne référence/quantité uniquement.

Pour les incidents impliquant des fournisseurs, la réflexion sur la détection doit être menée par le fournisseur lui-même pour garantir que tout défaut est bloqué chez lui. En parallèle, en interne, il convient pour toute entreprise de regarder si son action sur l'occurrence ou sur la conception est suffisante pour détecter la non-conformité du fournisseur. Si cela n'est pas le cas, des leçons sur la non-détection interne doivent être retenues.

Enfin, **les apprentissages sur le management et l'organisation** sont les moins aisés à formaliser car ils obligent à une réflexion managériale sur l'organisation, les systèmes, et la façon de fonctionner au sein de l'entreprise : management de la formation, système de communication interne/externe, gestion de projets… Si un problème survient, ce n'est généralement pas à cause d'une personne ou d'un groupe précis, mais c'est bien l'ensemble du système de l'entreprise qui est à questionner ou à revoir. Cela ne signifie pas que le système existant soit mauvais, mais s'il a failli, il est judicieux de réfléchir sur ce qu'il faut renforcer ou alors comprendre pourquoi l'actuel système n'est pas respecté.

Dans leur ouvrage *X-teams*, les professeurs Deborah Ancona et Henrik Bresman indiquent : « Les membres d'une équipe doivent prendre le temps de réfléchir sur leurs actions, stratégies et objectifs. Sans réflexion, les membres d'équipes ne peuvent connaître ce qu'ils font de bien ou de mal.

Dans un monde où les technologies et les marchés sont changeants et face à une concurrence élevée, les équipes doivent réfléchir sur ce qui change et si elles doivent s'adapter à ces changements. Une culture d'exécution extrême nécessite un apprentissage permanent, et la réflexion en groupe permet à l'équipe de se focaliser sur cet apprentissage. Dans un grand nombre d'entreprises actuelles, il y a une pression forte sur l'action permanente ; la réflexion en équipe permet une pause pour s'assurer que leur action va dans la bonne direction[4]. »

Pour les sujets considérés comme majeurs par l'entreprise (problèmes sécuritaires ou réglementaires, réclamations clients importantes, etc.), une analyse managériale est obligatoire de façon à éviter une nouvelle récurrence catastrophique.

Exemples

- *Système :* système de formation interne ; qualification des opérateurs à mettre en place sur les postes de contrôle sensibles ou sur des postes de procédés spéciaux ; système de passage de consignes entre équipes ; pertinence des outils informatiques ; respect des standards et procédures, définition des caractéristiques critiques, etc.
- *Organisation :* définition des rôles et responsabilités de chacun, en particulier sur les fonctions avec interfaces ; adaptation et compréhension des procédures internes ; organisation de la maintenance et des conditions d'intervention des fonctions supports, fonctionnement ou communication entre sites éloignés ou appartenant à différentes entités d'un groupe, organisation industrielle ou géographique, etc.

Les cartes d'apprentissage

Toutes ces leçons sont rédigées sur des cartes d'apprentissage qui se présentent généralement sous le format suivant.

4. Ancona Deborah et Bresman Henrik, *X-teams : How to Build Teams That Lead, Innovate, and Succeed*, Harvard Business Review Press, 2010.

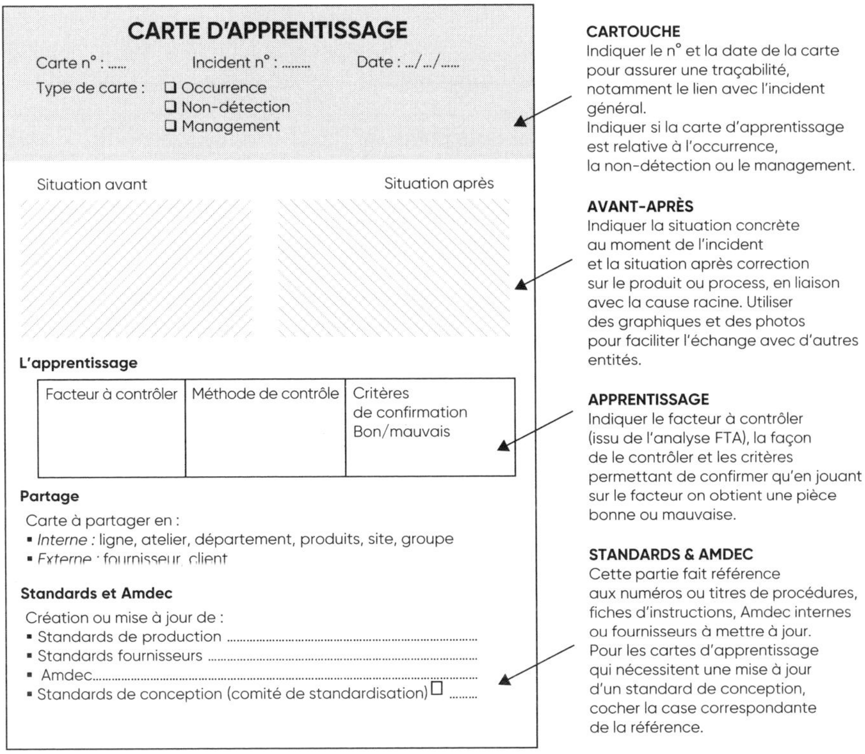

***Figure 6.2** – Présentation d'une carte d'apprentissage*

Remarques

- Chaque réclamation client doit être fermée par au moins une carte d'apprentissage parmi les trois possibilités : occurrence, non-détection et management.
- Pour les grands groupes ou les sociétés ayant plusieurs filiales, il est recommandé que les cartes soient traduites en anglais. Toutes les cartes d'apprentissage impliquant la mise à jour de nouveaux standards doivent être également traduites en anglais.

Le contenu et la qualité d'analyse des cartes d'apprentissage doivent être validés durant la phase 1 de résolution des problèmes, dans le cadre des différents QRQC concernés : QRQC Ligne ou QRQC Services/Usine pour les sujets escaladés. C'est de la qualité de l'analyse et du raisonnement logique

que dépend la qualité de l'apprentissage. Cela suppose donc que la carte ait été challengée et validée auparavant par chaque responsable fonctionnel lors de chacun des QRQC.

Si un problème persiste malgré la présence d'une carte, cela veut dire qu'un dysfonctionnement a eu lieu, soit dans le niveau de profondeur de l'analyse, soit dans la mise en œuvre du plan d'action. Une nouvelle revue devra être réalisée, selon les principes QRQC et *san gen shugi*.

En outre, la carte d'apprentissage doit être comprise par les personnes devant l'appliquer (opérateurs, techniciens, employés...). Pour cela, il faudra confirmer si ces acteurs peuvent expliquer simplement la carte d'apprentissage en décrivant l'« avant » et l'« après » et ce qui a été appris (facteur, méthode, critères). Les cartes ne doivent donc pas être rédigées par des ingénieurs pour des ingénieurs !

En dernier lieu, il ne faut pas sous-estimer la dimension linguistique. En effet, pour que des cartes d'apprentissage puissent être partagées, elles doivent être rédigées dans une langue commune. Cela ne pose pas de problèmes quand il s'agit d'un partage au sein d'une seule organisation. Mais dès qu'il s'agit de partager avec d'autres sites ou collègues étrangers, l'anglais est souvent la langue utilisée. Or, une attention particulière doit être portée à la qualité de la traduction pour éviter les incompréhensions partielles voire totales... Tout le monde n'a pas une maîtrise parfaite de la langue de Shakespeare !

Bon à savoir

Lorsqu'une carte d'apprentissage a été formalisée, elle peut aussi servir lors de la sécurisation immédiate d'un nouveau problème : cela permet d'accélérer la sécurisation et l'analyse en utilisant immédiatement une base de référence existante.

BONNE CARTE D'APPRENTISSAGE	MAUVAISE CARTE D'APPRENTISSAGE
- Visuelle avec des dessins ou des graphiques permettant une lecture rapide, simple. - Compréhensible par n'importe quelle personne, de tout pays.	- Rédigée sous forme de texte uniquement. - Écrite par des spécialistes pour des spécialistes. - Rédigée dans la langue locale, empêchant ou réduisant les possibilités de partage.

BONNE CARTE D'APPRENTISSAGE	MAUVAISE CARTE D'APPRENTISSAGE
- Rédigée en anglais pour les sociétés multinationales. - Contient toutes les informations requises : en-tête, l'avant-après, l'apprentissage, le champ de partage, standards et Amdec. - Traçabilité avec l'incident ayant généré la carte d'apprentissage.	- Carte incomplète rendant la compréhension limitée. - Pas de lien avec le problème à l'origine de la carte. Cela est particulièrement gênant si l'on souhaite se référer à l'analyse initiale afin de clarifier certains points.

***Tableau 6.1** – Les erreurs à éviter en réalisant une carte d'apprentissage*

POINTS À METTRE EN PLACE	COMMENT CONFIRMER LA MISE EN PLACE
La carte d'apprentissage doit pouvoir être comprise par les personnes devant appliquer les consignes.	Vérifier avec les personnes devant appliquer la carte d'apprentissage (opérateurs, techniciens maintenance, etc.) en leur demandant s'ils peuvent l'expliquer en décrivant ce qui a changé ou a été amélioré.
Il y a un livret avec toutes les cartes d'apprentissage validées.	Vérifier qu'il y a un livret de cartes, présent près du poste de travail. Ce livret sert pour former les nouveaux arrivants.
Pour les sujets majeurs, une carte d'apprentissage de management est réalisée.	Vérifier sur les problèmes majeurs de l'entreprise, l'existence d'une leçon de management.

***Tableau 6.2** – Check list des points à vérifier pour implémenter le système d'apprentissage*

Étape 2 : partager les leçons apprises

L'étape de partage dans une entreprise va à l'encontre de la zone de confort de chaque employé. Partager dans un contexte professionnel peut signifier un transfert de son expertise, céder un peu de savoir, collaborer avec d'autres, et surmonter des obstacles tels que les cultures, les langues, les distances, les égos, etc. On est donc confronté à la fois à des difficultés techniques mais surtout à des obstacles psychologiques que le management doit identifier et surmonter, en montrant tous les gains pour l'individu et l'organisation collective.

Toujours dans *Le modèle Toyota*, Jeffrey Liker indique : « le modèle Toyota implique que l'entreprise apprenne de ses erreurs, identifie la cause profonde des problèmes, définisse des contre-mesures efficaces, donne aux individus les moyens de les mettre en œuvre, et se dote d'un processus de transfert des nouvelles connaissances afin de les intégrer dans son savoir et dans son comportement[5]. » C'est donc une étape fondamentale, sur laquelle une attention particulière doit être portée lors de l'application.

Les bénéfices attendus en sont nombreux :

- en premier lieu, éviter la récurrence d'un problème similaire dans une même entité ;
- accélérer l'analyse dans la mesure où elle a déjà pu être réalisée et formalisée par d'autres équipes ;
- éradiquer des problèmes similaires de façon préventive dans toute autre entité ;
- renforcer le partage d'expériences et de connaissances.

Une fois que la carte d'apprentissage est formalisée, l'action suivante consiste à la partager avec ces autres entités, qui peuvent être :

- une autre ligne de fabrication dans une même unité autonome de production ;
- une autre UAP ou service ;
- d'autres clients ou d'autres fournisseurs ;
- une autre entité de la même société ou groupe ;
- un autre projet en cours.

Par définition, un partage se fait dans un double sens :

Partager avec les autres > les autres apprennent de nous

Apprendre des autres > les autres partagent avec nous

5. Liker Jeffrey, *Le modèle Toyota : 14 principes qui feront la réussite de votre entreprise*, Pearson, 2012.

Le comité de partage sur un seul site

Cette double activité de partage est concrètement réalisée dans le cadre d'un comité dit de « partage ». Il se tient une fois par semaine et dure une heure maximum, idéalement trente minutes.

Il est animé par le directeur du site, en présence des autres membres qui sont habituellement le responsable qualité et les responsables de départements (R&D ou bureau d'études, production, projets, méthodes, logistique, ressources humaines, finances et systèmes d'information).

L'implication de la direction du site est cruciale pour la réalisation et l'efficacité de ce comité. En étant personnellement présent, le management de l'usine témoigne de sa volonté de résoudre non seulement des problèmes, mais aussi d'en tirer des leçons et d'éviter les récurrences. Cette volonté affichée permet ainsi de faire rentrer en interne une culture renforcée de la prévention. Les autres responsables doivent aussi faire preuve d'une implication identique car n'importe quelle zone d'une entreprise (production ou services supports) peut bénéficier d'un apprentissage.

Si une organisation est constituée d'un seul site, le comité de partage peut avoir lieu à la suite du QRQC Usine. Il faut alors prévoir dans l'agenda hebdomadaire une plage horaire consacrée à ce comité, à la suite du QRQC Usine classique.

Si une entité est constituée de plusieurs sites, le comité peut être réalisé dans une salle équipée de systèmes de communication multisites : conférence téléphonique ou vidéoconférence par exemple.

L'ordre du jour type du comité de partage est le suivant :

1. Présentation et validation de la carte d'apprentissage interne.
2. Transversalisation des cartes d'apprentissage au sein de l'usine.
3. Enregistrement dans une base de données et sélection des cartes standardisables.
4. Revue des cartes d'apprentissage émises par d'autres sites.
5. Revue des résultats « d'audits de stabilité ».

Ce programme doit être respecté à la lettre. Si des points restent non traités, ils peuvent être de nouveau abordés au prochain comité. Chacun des points de cet ordre du jour est décrit dans les pages suivantes.

Présentation et validation de l'apprentissage. Durant le comité de partage, le responsable fonctionnel concerné présente sa carte d'apprentissage, après une brève introduction du problème que lui ou son équipe ont traité, en utilisant le format QQOQCCP. Ensuite, l'apprentissage lui-même est présenté (avec « l'avant » et « l'après ») de manière courte et concise si l'on souhaite revoir toutes les cartes prévues dans l'ordre du jour. Chaque membre du comité a une copie de la carte d'apprentissage ; elle peut également être présentée sur un écran bien visible par tous les participants.

Si la qualité de l'analyse est bonne, l'apprentissage sera également pertinent. Pour rappel, lors de la phase de résolution, il aura été souhaitable au préalable d'utiliser une grille d'analyse logique, qui permettra de confirmer la logique du raisonnement.

Toutefois, des remarques ou des commentaires sur la carte d'apprentissage peuvent être émis par les membres du comité. Ce feedback servira à préciser ou clarifier le contenu de l'apprentissage, et notamment à faire en sorte qu'il soit compréhensible par le plus grand nombre. N'importe quelle personne extérieure au problème doit être capable de comprendre aisément la nature de la leçon, sinon elle ne sera tout simplement pas prise en compte. Exceptionnellement, si l'apprentissage n'est pas pertinent ou s'il existe déjà, un retour vers l'équipe ayant fait l'analyse devra être réalisé, avec les motifs du refus. Une nouvelle présentation de la carte sera alors reprogrammée à la semaine suivante.

Le comité de partage est donc un moment privilégié de réflexion. Les autres participants saisissent cette opportunité pour donner un regard différent et challenger le présentateur, l'objectif étant de renforcer la qualité de l'apprentissage, à la fois en termes de forme, et éventuellement en termes de fond. En découvrant la leçon pour la première fois, ils seront les mieux placés pour la saisir ; si la compréhension n'est pas immédiate, cela signifie que des ajustements doivent être apportés pour la rendre plus claire encore.

Remarque

Le comité de partage n'est pas le lieu où l'on refait l'analyse PDCA FTA. Toutefois, si la qualité de la carte d'apprentissage est visiblement mauvaise, le responsable fonctionnel doit revenir vers son équipe pour la refaire ou la compléter avec une analyse plus logique.

Transversalisation interne des cartes d'apprentissage. Le deuxième point à l'ordre du jour est la décision de partager chaque carte d'apprentissage validée avec les autres entités. Cette communication transversale aux autres entités est pertinente, particulièrement si elles partagent :

- les mêmes produits ou technologies ;
- les mêmes processus de production (méthodes ou machines) ;
- les mêmes composants ;
- les mêmes matières ;
- les mêmes organisations ou systèmes ;
- les mêmes clients ou fournisseurs.

C'est pour pouvoir confirmer ces similitudes que la présence de l'équipe de management du site est obligatoire.

Pour matérialiser ce partage, il suffit de procéder de façon manuelle, en utilisant une simple matrice. Celle-ci consiste à lister sur un axe horizontal toutes les cartes d'apprentissage émises puis à balayer sur un axe vertical les autres opportunités (clients, lignes, ateliers, produits, fournisseurs, projets, etc.) où elles peuvent également s'appliquer.

	LIGNE DE PRODUCTION 1	LIGNE DE PRODUCTION 2	ATELIER DE PRODUCTION 2	ATELIER DE PRODUCTION 3	FAMILLE DE PRODUIT 4
Carte d'apprentissage 1	O	X	NA	O	X
Carte d'apprentissage 2	NA	O	O	O	NA
Carte d'apprentissage 3	O	O	NA	O	O
Carte d'apprentissage 4	O	O	O	O	X

NA : carte non applicable sur l'entité concernée.
O : carte applicable et mise en place dans cette entité.
X : carte applicable et non encore mise en place.

Tableau 6.3 – *Exemple de matrice de transversalisation*

Des systèmes informatiques plus sophistiqués peuvent être également mis en place. Quel que soit le support (manuel ou informatique), l'essentiel est avant tout de s'assurer de l'exhaustivité de la transversalisation. Il s'agit de balayer toutes les lignes et toutes les entités susceptibles d'avoir le même problème, et donc de vérifier qu'elles peuvent bénéficier de la même solution robuste. Il m'est malheureusement arrivé de voir des solutions efficaces appliquées sur une seule ligne de production alors que la ligne d'en face avait exactement le même risque. Tout simplement parce qu'elle était gérée par un autre responsable...

Si l'apprentissage est applicable ailleurs, un pilote et une date de mise en œuvre seront définis. Le plan d'action pour la généralisation effective est alors revu chaque semaine lors du comité de partage.

La qualité du partage en interne dépend en grande partie de la rigueur apportée dans le suivi des pilotes et des dates d'application. Si tout le monde s'accorde sur la nécessité de partager une carte d'apprentissage, il est impératif d'aller jusqu'au bout pour vérifier la réalité et l'exhaustivité du partage.

Enregistrement de la carte d'apprentissage et sélection. Une fois que la forme et le contenu de la carte sont jugés bons à être partagés, et que les conditions de partage ont été définies (pour les autres lignes ou services), la carte est enregistrée dans une base de données pouvant contenir des filtres de recherches variés : par client, par technologie, par produit, par symptôme, par cause racine, par procédé, etc.

Il faut à cette fin identifier dans chacune des autres unités le nom précis de la personne en charge de rentrer les cartes d'apprentissage dans cette base informatique. C'est en général le responsable qualité système qui effectue cette opération au terme de chaque revue de cartes.

La saisie dans la base est obligatoire (même si une carte n'est pas partagée par tous) puisque c'est à partir de ce moment que la base sera accessible par d'autres entités internes ou externes, soit pour application, soit pour simple information. Ainsi, il sera possible de réaliser des « push » informatiques vers les sites susceptibles d'être intéressés par la carte d'apprentissage du fait de la similitude des produits ou des process.

Lors de l'enregistrement de la carte, le responsable R&D est sollicité pour confirmer que les cartes revues doivent être soumises au comité de standardisation, car elles impliquent une modification ou une création de standards de conception. Cette identification facilitera le travail des experts en charge de la standardisation.

Selon le degré d'informatisation de la base, il est également possible d'avoir des systèmes de recherches permettant à n'importe quelle société d'un groupe de rechercher des cartes d'apprentissage concernant un thème ou une problématique spécifique.

Une base peut contenir des milliers de cartes d'apprentissage, issues de problèmes traités par le passé. C'est un « coffre-fort » contenant toutes les solutions apportées à tous les problèmes industriels et techniques rencontrés au cours de plusieurs années ! Cela devient le lieu où le « savoir-faire » et toute l'intelligence sont stockés.

Enfin, quatre recommandations doivent être suivies pour éviter que cette base ne regorge de milliers d'informations inutiles et/ou inutilisables :

- valider en priorité la qualité (contenu, forme) de la carte d'apprentissage et non la quantité, notamment lors de la phase de résolution des QRQC ;
- vérifier que des cartes ne sont pas redondantes (même si elles sont rédigées différemment) ;
- s'assurer que les leçons ne sont pas de simples retours à des standards connus et éprouvés mais qui n'ont pas été respectés. Dans ce cas, il ne s'agit en aucune façon d'un nouvel enseignement et le management devra davantage essayer de comprendre les raisons de cette mauvaise ou absence d'application ;
- s'assurer que toute traduction (en anglais ou autre) est juste et claire.

Revue des cartes d'apprentissage émises par d'autres sites. Comme évoqué ci-avant, le partage n'a d'intérêt que s'il se fait dans un double sens, dans le respect de l'expression anglaise : *Taking and Giving* (« donner et recevoir »).

De fait, ce quatrième point de l'ordre du jour du comité de partage consiste à passer en revue systématiquement les cartes émises par d'autres sites. Les gains sont identiques à ceux de la transversalisation interne ; la différence est qu'au lieu d'être le point émetteur de la carte d'apprentissage, le comité devient aussi le point de réception des cartes émises par des collègues ou par des sites présentant des produits et/ou process identiques.

La revue se fait de deux manières :

- *Revue formelle de la carte, sans les rédacteurs :* il s'agit de présenter le QQOQCCP de la carte à tous les participants. Si elle est immédiatement comprise et applicable, le responsable du site assigne l'un des membres du comité pour vérifier les conditions de mise en place en interne (ressources et délais). Si elle n'est pas applicable, la carte est rejetée. De même, si la carte n'est pas claire, une assignation peut être faite pour que le responsable fonctionnel se rapproche de son homologue afin de demander des éclaircissements. Une revue sera faite à la réunion suivante pour définir les conditions d'application ou pour expliquer les raisons du refus.
- *Revue avec les rédacteurs de la carte :* l'activité est identique à la première méthode, à la différence près que les rédacteurs des autres sites sont présents, ce qui permet un échange en face-à-face ou via une conférence téléphonique, une vidéoconférence ou une connexion internet simultanée. Cette présence permet bien sûr de lever en direct les points douteux ou incompris et de juger immédiatement de l'applicabilité. Selon les résultats de la revue, la carte sera soit appliquée soit rejetée

Revue des résultats d'audits de stabilité. Chaque semaine, des audits de stabilité sont menés pour vérifier le niveau d'application des cartes d'apprentissage. Le travail d'audit est abordé en détail dans le chapitre suivant. Lors du comité de partage, ce dernier point de l'ordre du jour consiste à passer en revue les résultats de ces audits, notamment les deux indicateurs suivants :

- le nombre de cartes réellement auditées par rapport au nombre de cartes qu'il était prévu d'auditer (avec cet indicateur, il s'agit d'évaluer avant tout le respect du planning d'audit) ;
- le « pourcentage de stabilité » qui correspond au niveau réel d'application (c'est un ratio entre le nombre d'exigences réellement appliquées sur le terrain par rapport aux six exigences de la carte d'apprentissage).

Ces indicateurs sont présentés en général par le responsable du système qualité et doivent être commentés par le responsable du site. Dans le cas où l'un de ces deux indicateurs n'est pas à 100 %, le compte rendu doit inclure les actions décidées pour réaliser les audits prévus ou revenir à un niveau de stabilité parfait (100 %). Le suivi du résultat et des actions se fait au comité suivant.

À l'issue du comité de partage, et pour donner encore plus de poids, le responsable du site doit se rendre sur le *genba* pour comprendre les causes du manque d'application (impossibilité de l'appliquer ? manque de volonté ? manque de rigueur ?).

Le partage entre plusieurs sites

Le comité de partage se déroulant sur un site a pour premier objectif de communiquer la carte d'apprentissage à tous les services de l'usine susceptibles d'être concernés par un problème similaire.

Pour les groupes comprenant plusieurs sites, il est nécessaire d'organiser le partage entre sites. Il se fait entre plusieurs établissements d'une même « activité », division, ou d'une même région géographique. Selon les organisations, ce rapprochement peut prendre des formes différentes : les sites peuvent être amenés à partager entre eux du fait de la similitude de leurs produits, des technologies ou encore de leurs clients.

Le comité multisites est animé par le directeur d'une activité, d'une division ou d'une région. En son absence, il peut être représenté par un délégué ou par le responsable qualité. Il est également assisté pour la réalisation du compte-rendu et du suivi des tâches.

Les représentants de l'activité, de la division ainsi que leurs homologues au niveau de chacun des sites sont présents à ce comité :

- *le directeur général*, qui doit communiquer et favoriser le partage entre sites ;
- *le responsable R&D*, qui soutient son collègue qualité sur le partage à caractère technique ;
- *les responsables industriels et méthodes*, qui poussent au partage des cartes d'apprentissage sur les procédés de production ;
- *le responsable achats*, qui veille au partage avec les fournisseurs, sous réserve de non-concurrence entre eux ;
- *le responsable projets*, qui sera attentif à ce que les projets en cours ou à venir bénéficient bien de ces apprentissages ;
- *le responsable logistique*, qui favorise la communication transversale des bonnes pratiques logistiques (transports, flux documentaires, etc.).

Le comité technique se tient une fois par semaine et dure une heure maximum, idéalement trente minutes. Ce temps permet la revue et le partage de trois cartes par semaine.

L'ordre du jour type est le suivant :

1. Transversalisation des cartes d'apprentissage entre sites.
2. Sélection des cartes d'apprentissage de « conception ».
3. Revue des cartes d'apprentissage émises par d'autres activités.

Cet ordre du jour doit être respecté à la lettre. Si des points restent non traités, ils doivent être abordés à nouveau au prochain comité.

Les cartes d'apprentissage sont présentées au comité par le responsable fonctionnel du site ayant rédigé le document. Attention, tout comme pour le comité de partage monosite, il ne s'agit en aucune façon de refaire l'analyse du problème ou de revalider la carte d'apprentissage. Cela doit avoir été fait auparavant.

Dans la mesure où il s'agit de partage entre divers lieux de production et s'ils se situent dans différents pays, la présentation se fera en anglais. Par ailleurs, il convient de veiller à la qualité de la conférence téléphonique ou de la vidéoconférence avec des tests préalables de fonctionnement. Enfin, bien sûr, l'heure de tenue de ce comité doit prendre en compte le décalage horaire… Une réunion calée à trois heures du matin ou une ligne téléphonique coupée toutes les deux minutes sont de nature à agacer tout le monde et à porter atteinte à la crédibilité du comité…

Transversalisation des cartes d'apprentissage entre sites. Une fois que la présentation orale de la carte a été effectuée, le responsable qualité s'assure que les parties de la carte d'apprentissage relatives au partage et à la standardisation sont bien remplies dans la zone prévue.

Ensuite, un tour de table est fait pour que chaque site confirme si la nouvelle connaissance est applicable ou pas. Une matrice simple de partage confirme les réponses de chacun.

	SITE TOURS	SITE AZAZGA	SITE AMIENS	SITE SHANGHAI	SITE SALEM	SITE HOSUR
Carte d'apprentissage 1 Produit	O	NA	O	O	O	NA
Carte d'apprentissage 2 Process	NA	O	O	NA	O	O
Carte d'apprentissage 3 Logistique	O	NA	O	O	O	NA
Carte d'apprentissage 4 Composant	O	O	O	O	O	O

NA : carte non applicable sur l'entité concernée.
O : carte applicable et mise en place dans cette entité.
X : carte applicable et non encore mise en place.

Tableau 6.4 *– Exemple de matrice utilisable*

Si l'apprentissage est applicable sur un ou plusieurs sites, un pilote et une date de mise en œuvre seront définis. Chaque semaine, le plan d'action pour la généralisation sur tous les sites concernés est alors passé en revue, afin de suivre et confirmer la mise en place effective.

Le responsable qualité profite de cet échange entre sites pour rappeler que la carte est disponible dans la base de données et la rendre accessible à tous les sites concernés pour plus d'informations et notamment pour avoir l'analyse PDCA FTA détaillée. En effet, même si la carte a été créée par un site, il est en général peu probable que son créateur pense à informer naturellement son collègue chinois ou américain. Une fonction automatique dite « push » permet donc au comité de « pousser » les cartes vers les sites qui les découvrent pour la première fois si cela n'avait pas été réalisé la première fois par le site émetteur.

Sélection des cartes d'apprentissage de « conception ». Une fois que les cartes ont été partagées entre les différentes unités, l'autre fonction majeure du comité multisites est de sélectionner les cartes d'apprentissage relatives aux standards de conception produits ou procédés. Cette sélection sera le point d'entrée pour le travail de standardisation, et tout particulièrement sur des standards communs ou relevant du centre de compétences global.

Au passage, le responsable de ce comité doit veiller à ne pas partager des cartes déjà couvertes dans le cadre de normes de conception ou de standards déjà existants au niveau d'un site, de l'activité ou de la division. Si c'est le cas, il devra communiquer à nouveau le standard existant au site qui ne le connaît pas et comprendre la raison de cette absence de prise en compte.

Revue des cartes d'apprentissage émises par d'autres activités. Enfin, dans le cadre de grands groupes ayant plusieurs activités ou divisions, le comité doit vérifier dans la base si des cartes émises par d'autres lignes de produits sont applicables et peuvent être déployées dans leurs propres sites. Le plus souvent, on retrouve des enseignements sur des problématiques très transversales telles que l'étiquetage, la logistique ou des thèmes techniques généraux en conception mécanique, software, électronique ou mécatronique ; cela peut aussi être relatif à des procédés spéciaux... Tous ces sujets et les non-conformités associées sont la plupart du temps communs à diverses industries. Mais si aucun système d'enregistrement et de gestion de la connaissance n'existe, ils seront toujours considérés comme « nouveaux », à part pour quelques « experts » internes.

Les mêmes règles de partage et de communication s'appliquent avec les autres activités. Un planning est alors défini avec des plans d'actions, des dates d'application et un suivi.

Les audits de stabilité de ces cartes communes sont gérés localement par chaque établissement et respectent les mêmes règles d'audit que des cartes d'apprentissage locales.

BON COMITÉ	MAUVAIS COMITÉ
- Comité animé par le responsable du site. - Cartes d'apprentissage expliquées par le responsable fonctionnel concerné. - Respect de l'agenda et réunion systématique hebdomadaire. - Focus sur la carte d'apprentissage : son contenu et sa forme. - Pas de nouvelle revue complète de l'analyse PDCA FTA. - Revue des cartes internes et de celles transmises par d'autres sites.	- Comité animé par le seul responsable qualité. - Cartes présentées par le responsable qualité ou responsable qualité système. - Temps de la réunion non respecté ou pas de tenue hebdomadaire du comité. - Focus sur l'analyse du problème et sur la logique de réflexion. - Pas de revue des cartes émises par d'autres entités. - Pas de vérification que la généralisation a été effective.

***Tableau 6.5** – Les erreurs à éviter en comité multisites*

POINTS À METTRE EN PLACE	COMMENT CONFIRMER LA MISE EN PLACE ?
Tenue d'un comité de partage hebdomadaire dirigé par le directeur de site ou le directeur général regroupant plusieurs sites.	Vérifier le compte rendu du comité.
Le responsable du service présente le contenu de la carte au comité de partage.	Vérifier le dernier compte rendu.
La carte est publiée dans une base informatique uniquement après validation par le comité.	Vérifier en prenant un échantillon de cartes d'apprentissage.
Toutes les cartes publiées par l'usine sont transmises aux autres usines produisant/concevant les mêmes produits ou services.	Vérifier la présence dans la base informatique que toutes les CA publiées ont été transmises après validation par le comité.
Existence d'un management visuel dans la zone QRQC pour suivre le déploiement des cartes d'apprentissage : pour les ateliers, partage entre les lignes ; pour l'usine partage entre ateliers ; pour la logistique, partage entre clients ; pour la qualité fournisseurs partage entre fournisseurs ; pour les garanties partage entre produits.	Vérifier le management visuel de transversalisation dans la zone QRQC Usine.

***Tableau 6.6** – Check-list pour mettre en place le système de partage des cartes d'apprentissage*

Étape 3 : respecter les leçons apprises

Les cartes d'apprentissage, celles qui ont été partagées avec d'autres comme celles que d'autres sites ont émises, doivent être appliquées à 100 % ! À court terme d'abord, après l'occurrence du problème via des audits, puis ensuite stabilisées à moyen/long terme, lors de changements éventuels de produits ou process.

Audits de stabilité

Après l'émission de la carte d'apprentissage, la vérification de son application se fait au travers d'audits dits de « stabilité ». Ils servent à vérifier que l'application des leçons est « stable » dans le temps et qu'aucune dérive n'a été notée. Il est utile de saisir que le respect des cartes est avant tout un respect des « engagements » pris vis-à-vis des clients : si des actions correctives et préventives ont été promises et définies, elles doivent être respectées pour rassurer le client et atteindre effectivement l'éradication définitive. La confiance du client passe par une conviction profonde que le problème a été identifié et ne se reproduira plus.

Les audits sont réalisés par le rédacteur de la carte d'apprentissage et il sera soutenu par le service qualité. Ces vérifications doivent avoir lieu une fois par semaine pendant un mois après l'émission de la carte d'apprentissage. Leur but est de :

- s'assurer que les cartes d'apprentissage sont bien comprises par les acteurs concernés ;
- vérifier qu'elles sont bien affichées ;
- confirmer que les facteurs de contrôles sont correctement suivis.

Au bout d'un mois, si aucun écart d'application n'est constaté, les cartes sont intégrées dans le système qualité documentaire de l'entreprise : mise à jour des fiches d'instruction, procédures, standards internes... Aucun audit supplémentaire ne sera ensuite nécessaire.

Si un écart est constaté au premier des quatre audits du mois, la ligne de production est immédiatement arrêtée et le responsable d'usine est appelé ; un pilote est assigné pour application immédiate. Il faudra aussi comprendre les raisons de la non-application ou la mauvaise application. Un nouveau cycle d'audit de quatre semaines est relancé jusqu'à confirmation d'une application à 100 % pendant un mois ou trois productions successives (ou davantage pour les productions à faibles volumes).

Grille d'audits

La grille servant de support pour l'audit est composée de ces six questions simples à contrôler :

1. Le process est-il modifié selon les critères de la carte d'apprentissage ?

2. Les procédures et fiches d'instruction sont-elles mises à jour ?
3. Les enregistrements relatifs à la qualité sont-ils mis à jour ?
4. L'aide visuelle est-elle en place pour l'opérateur ?
5. Les opérateurs sont-ils formés selon la nouvelle carte ?
6. Les opérateurs savent-ils décrire l'avant/après de la carte ?

Le principe est de revoir sur le *genba* ces six points pour confirmer la réalité de l'application de ce qui a été appris. Il suffit, à cette fin, d'observer sur le terrain si les opérateurs connaissent la carte et s'ils l'appliquent selon les recommandations et les nouvelles leçons formalisées. Durant cette vérification, on demandera simplement aux opérateurs d'indiquer les changements apportés et les bénéfices attendus.

AUDIT DE STABILITÉ DES CARTES D'APPRENTISSAGE			
Occurrence	x	Carte d'apprentissage n° XXXXX	
Non-détection			
		Non	Oui
Process			
Le process est-il modifié selon les critères de la carte d'apprentissage ?			X
Documentation			
Les procédures et fiches d'instruction sont-elles mises à jour ?			X
Les enregistrements relatifs à la qualité sont-ils mis à jour ?			X
Opérateurs			
Une aide visuelle est-elle en place pour l'opérateur ?			X
Les opérateurs ont-ils été formés selon la nouvelle carte ?			X
Les operateurs savent-ils décrire l'avant/après de la carte ?			X
Total des conformités			6
Total vérifié OK			6
% de stabilité			100 %

Tableau 6.7 *– Exemple de grille d'audit de stabilité*

Suivi des audits de stabilité. Pour formaliser le respect des cartes d'apprentissage, un management visuel est fortement recommandé car il permet de rappeler visuellement que le traitement des problèmes n'a de sens que s'il est effectif.

Ce management visuel est géré par le responsable du service concerné, appuyé par le responsable qualité système.

L'affichage doit au moins contenir les éléments suivants :

- les graphiques des résultats d'audits par ligne et par semaine ;
- le pourcentage de stabilité, étant entendu que l'objectif ne peut être que de 100 % ;
- le programme d'audit des cartes avec les dates d'audits prévus et réalisés.

POINTS À METTRE EN PLACE	COMMENT CONFIRMER LA MISE EN PLACE ?
Présence d'un management visuel en zone QRQC Usine : résultats des audits de stabilité, programme d'audit.	Vérifier qu'il y a une place dédiée au programme d'audit de stabilité dans la zone QRQC. Pour les fournisseurs, l'audit de stabilité est réalisé sur les cinq plus mauvais fournisseurs.
Un audit hebdomadaire de stabilité est réalisé dans chaque équipe pendant les quatre semaines suivant la validation de la carte. Pour les productions à faibles volumes, prévoir un audit sur les trois prochaines productions.	Vérifier qu'il y a un programme d'audit qui couvre toutes les zones (en incluant la logistique) et toutes les équipes et qu'il est respecté. En cas de non-conformité détectée, mettre en place un nouveau programme d'audit jusqu'à ce que la stabilité soit de nouveau à 100 %.
Chaque non-conformité détectée pendant l'audit de stabilité mène directement à une réaction rapide.	Vérifier que pour les dernières non-conformités détectées pendant l'audit, il y a une action assignée.
Revue pendant le comité de partage du programme d'audit de stabilité et des résultats.	Pendant le comité, les responsables de services doivent présenter les résultats de la semaine passée et s'expliquer en cas de non-conformité détectée.

***Tableau 6.8** – Check-list pour mettre en place le système de respect des cartes d'apprentissage*

Étape 4 : utiliser les leçons

Les cartes d'apprentissage doivent être conservées de façon permanente et utilisées systématiquement dans les situations suivantes :

- lors de la formation des nouvelles personnes embauchées, afin que les mêmes erreurs ne soient pas reproduites. Les leçons sont alors classées dans un livret de formation, utilisable également lors du transfert d'une personne vers un nouveau poste de travail ;
- lors des évolutions/modifications pouvant affectant un produit ou un process ;
- lors de la mise à jour des Amdec.

On parle d'utilisation car il s'agit d'activités régulières liées aux changements permanents que connaît l'entreprise : arrivée de nouvelles personnes, changements de process, de produits, etc.

Le livret de cartes d'apprentissage

Le livret de cartes est un simple classeur qui archive toutes les cartes émises et validées par le comité de partage. Cet archivage est réalisé après la confirmation d'une stabilité à 100 %.

Une conservation électronique de toutes les cartes est faite en central par le responsable qualité système. En revanche, les livrets sont avant tout destinés à être présents sur les postes de travail, à l'endroit où le problème a eu lieu, de façon à en faciliter la lecture par les nouveaux arrivants ou les opérateurs changeant de postes.

Les bénéfices attendus sont :

- l'établissement d'un support de formation pour les nouveaux entrants (c'est en quelque sorte le « bêtisier » de l'entreprise) ou pour le personnel changeant de fonction/poste ;
- des cartes disponibles au poste et identifiées par les opérateurs. C'est à la fois un moyen de promouvoir la prévention auprès des équipes de production et de reconnaître leur implication. Le message ainsi passé est que l'entreprise analyse, corrige mais apprend aussi de ses erreurs, en se basant sur les problèmes éventuellement détectés par les opérateurs eux-mêmes ;
- une mise à jour des risques identifiés dans les Amdec produits/process.

La mise à jour des Amdec

Lorsque les cartes d'apprentissage ont été validées et stabilisées dans le temps, elles doivent être ensuite intégrées dans les Amdec qui sont, rappelons-le, un outil de prévention bien connu et destiné à lister les risques qualité lors de la conception/développement d'un nouveau projet, sous ses différents aspects. Les Amdec peuvent concerner la conception, le produit, le système, le process (y compris le process de montage du produit), la logistique.

Les Amdec sont traitées dans le cadre d'un groupe de travail pluridisciplinaire, avec un leadership par la R&D. Sa logique consiste à :

- partir d'une analyse fonctionnelle du produit, composant ou système, en ligne avec les besoins exprimés par le client ;
- lister des modes de défaillances potentielles pour les fonctions ou les exigences définies. Pour chacun de ces risques, un niveau de sévérité (SEV) est défini (en général de 1 à 10, 10 étant le niveau le plus sévère) ;
- lister les causes potentielles de ces risques, et en fonction du process ou du design actuel, définir un risque d'occurrence (OCC) de cette défaillance ;
- identifier le risque de non-détection (DET) de la défaillance potentielle, qui dépend elle-même de la robustesse du process ;
- mesurer un indice de priorité de risque (ou IPR) qui est le produit de la sévérité du risque, de la probabilité d'occurrence et de la probabilité de non-détection de ce risque : **SEV × OCC × DET = IPR**.

Exemple : *Amdec mis à jour*

- Procédé/fonction/exigence : soudure/maintien du contact
- Mode de défaillance potentielle : pièces dessoudées
- Impact potentiel de la défaillance : absence de contact électrique
- Niveau de sévérité (SEV) : 6
- Potentielle cause/mécanisme du défaut : vibration
- Process actuel de prévention : aucun
- Probabilité d'occurrence du défaut (OCC) : 6
- Process actuel de détection : aucun
- Probabilité de non-détection (DET) : 7
- Indice de priorité de risque (IPR) = SEV × OCC × DET : 6 × 6 × 7 = 252

Pour définir les niveaux de risques en termes de sévérité, d'occurrence et de non-détection, il suffit de définir des échelles allant de 10 à 1. Le niveau 1 correspond à un niveau de sévérité et d'occurrence faible, tandis que le niveau 10 représente le risque maximal (accident, impact sécuritaire ou réglementaire). À l'inverse, pour la non-détection, le niveau 10 signifie qu'il n'y a aucune probabilité de détecter le risque très faible, alors qu'un niveau 1 permet de détecter systématiquement le défaut de manière infaillible (*poka-yoke*, outil Go/No Go rendant le défaut impossible par conception process/produit). Chaque entreprise définit ses critères intermédiaires selon ses propres échelles ou les critères imposés par ses clients.

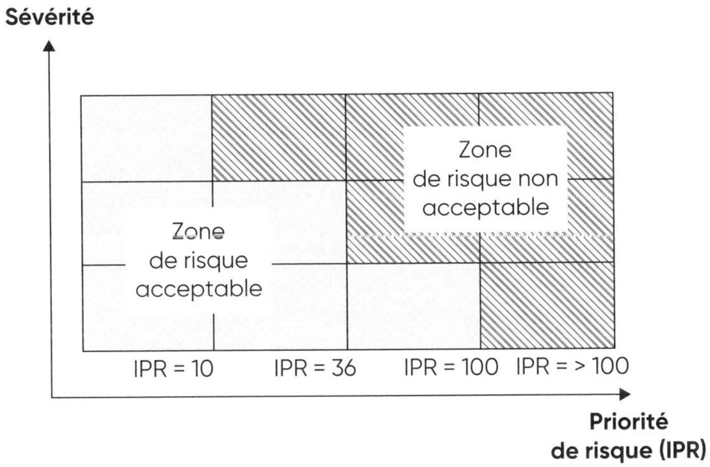

***Figure 6.3** – Matrice de décision et d'action en fonction de l'indice de priorité de risque (IPR)*

Les Amdec sont mises à jour dans les deux cas de figure qui suivent :

- *soit le problème rencontré n'a jamais eu lieu auparavant :* dans ce cas, les Amdec sont mises à jour en incluant ce nouveau risque avéré, avec l'intégration des actions correctives et préventives menées. Celles-ci serviront à réduire l'indice de priorité de risque (IPR).
- *soit le problème a déjà été identifié par le passé :* dans ce cas, le niveau de risque doit être réévalué en termes de sévérité, d'occurrence ou de détection. Il est évident que si l'indice de priorité de risque avait été évalué correctement dès la conception, le problème n'aurait pas eu lieu ou aurait

eu un impact limité. À partir du moment où le risque a effectivement eu lieu, un ou plusieurs niveaux de risques doivent être revus (de gravité, d'occurrence ou de détection). Cette réévaluation sera d'autant plus fiable qu'elle s'appuiera sur une analyse pertinente, ainsi que sur des risques/incidents réels et non plus sur des risques.

ACTION PRÉVUE POUR MITIGER LE RISQUE D'OCCURRENCE OU DE NON-DÉTECTION	ACTION DÉCIDÉE	SEV	OCC	DET	IPR	RESPONSABLE ET DATE DE MISE EN ŒUVRE
IPR initial : **252** Action de la LLC : – 001	Mise en place d'un test de vibration en fin de ligne	8	2	1	**16**	Mr Smith 13-02-2014

***Tableau 6.9** – Impact sur l'indice de priorité de risque (IPR)*

Les Amdec génériques

Les Amdec sont destinées à renforcer l'anticipation des risques dans les projets. Tous les problèmes rencontrés par le passé doivent être identifiés comme des risques réels à prendre en compte de façon systématique, lors du lancement de nouveaux projets car ceux-ci peuvent présenter les mêmes défaillances potentielles.

Afin d'atteindre cet objectif, les risques sont listés de façon systématique dans une Amdec dite « générique ». Cela signifie que tout nouveau projet doit être obligatoirement scruté par rapport la liste de tous les risques identifiés dans les Amdec génériques, avec une application systématique des actions préconisées pour chaque technologie, produit ou process.

Les avantages d'une Amdec dite « générique » sont multiples :

- Ne pas refaire une Amdec chaque projet. C'est en effet un exercice long qui mobilise des équipes pluridisciplinaires. C'est donc clairement un gain de temps pour les différents services impliqués.
- Utiliser ces Amdec lors de la démarche de résolution de problèmes. Comme nous l'avons expliqué dans le tome 1, si certains facteurs ne sont pas immédiatement identifiés, l'Amdec générique représente un précieux

input pour la détermination des risques et donc des facteurs influents sur la défaillance du produit ou process.

- Formaliser le savoir en termes de gestion des risques et l'appliquer systématiquement dans les phases projets, indépendamment des changements ou de la rotation des équipes. Il ne s'agit plus d'avoir quelques experts connaisseurs des risques, c'est un savoir acquis et commun à tous.
- Ce savoir générique est mis à jour constamment, avec une approche à la fois dynamique mais surtout réaliste. Les Amdec génériques auront d'autant plus de poids et de crédibilité dans l'organisation qu'elles se seront appuyées sur des risques réels, issus des cartes d'apprentissage. On n'est plus sur un simple exercice formel fait par des ingénieurs dans leur bureau et sans aucun lien avec la réalité ni avec les principes *san gen shugi*.

POINTS À METTRE EN PLACE	COMMENT CONFIRMER LA MISE EN PLACE ?
Le personnel arrivant est formé via le livret de cartes d'apprentissage (CA) du département ou de la ligne.	Pour les départements, vérifier avec le personnel le contenu d'une carte d'apprentissage qui est dans le livret du service (QQOQCCP, avant/après, éléments appris). Pour les opérateurs, il doit y avoir un livret de cartes d'apprentissage sur les lignes de production.
Toutes les cartes d'apprentissage sont revues pour mettre à jour les AMDEC spécifiques ou génériques.	Vérifier que toutes ou partie des cartes d'apprentissage publiés dans les derniers mois ont été prises en compte dans les Amdec (design, process, logistique, etc.).
Toutes les cartes d'apprentissage ayant trait au management doivent être revues au moins une fois par an, dans le cadre de la revue de direction, par la direction générale pour revoir ou mettre à jour le système qualité.	Vérifier que chaque cartes d'apprentissage de management a amené à une réflexion sur la capacité du système qualité et de l'organisation à répondre aux attentes des clients et à atteindre ses objectifs stratégiques.
Amdec : mise à jour du niveau de risque (IPR) pour un risque connu ou insertion d'un risque nouveau découvert.	Demander les Amdec existantes et les rapprocher d'une carte d'apprentissage pour voir si la mise à jour a été réalisée.

POINTS À METTRE EN PLACE	COMMENT CONFIRMER LA MISE EN PLACE ?
Amdec générique : la compléter avec les nouveaux risques identifiés. L'Amdec générique est reprise systématiquement pour les nouveaux projets.	Lors des revues de projets ou revues de conception, demander si l'Amdec générique existe et si elle a été formellement consultée.

***Tableau 6.11** – Check-list pour mettre en place le système d'utilisation des cartes d'apprentissage*

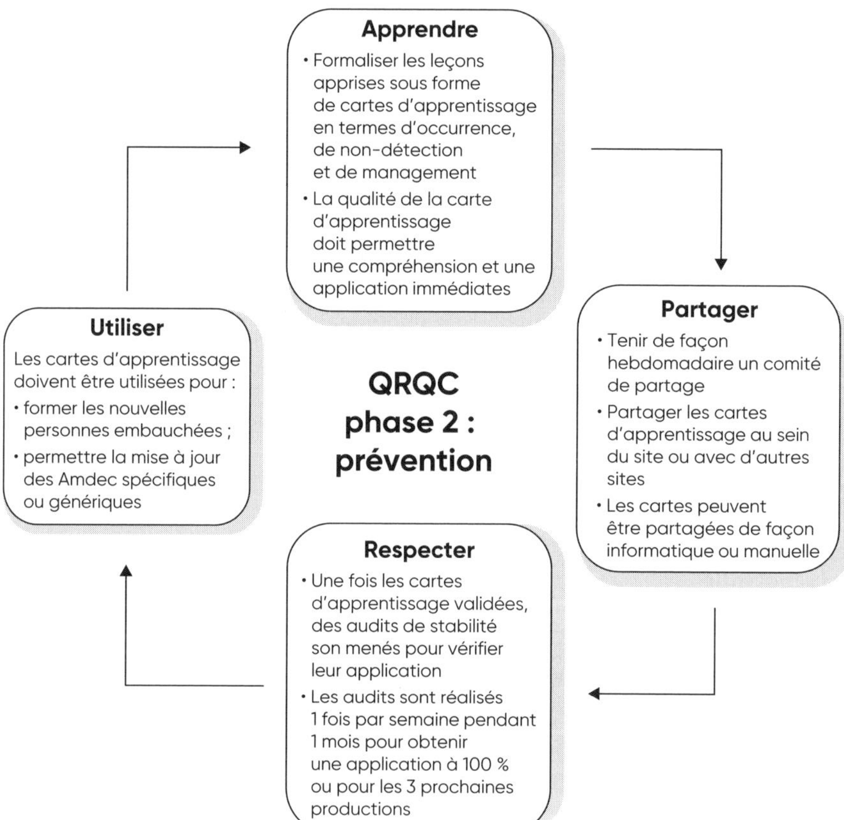

***Figure 6.4** – Résumé de la phase de prévention*

POINTS CLÉS

✚ Qui est impliqué dans cette activité ?

- ☐ L'ensemble des services de l'entreprise est concerné par la phase de prévention du QRQC : chaque responsable de service doit donc promouvoir le besoin d'apprentissage des erreurs passées et de prévention.
- ☐ La qualité a un rôle de suivi et de facilitateur dans le cadre du comité de partage site et multisites.
- ☐ La R&D aura un rôle final fondamental dans ce processus, qui se terminera par l'établissement et la validation de standards de conception robustes.

✚ Quels sont les facteurs clés de succès ?

- ☐ Une analyse logique pour avoir une carte d'apprentissage de bonne qualité.
- ☐ Des cartes d'apprentissage claires et réutilisables en standardisation et en conception.
- ☐ Une base informatique simple et ergonomique, permettant un partage aisé entre services ou sites. On privilégiera des outils informatiques sur base Internet de façon à faire des recherches par mots-clés et pour faciliter le partage entre sites de différents pays.

✚ Quels sont bénéfices attendus ?

- ☐ Éviter les problèmes récurrents.
- ☐ Partager les erreurs passées.
- ☐ Respecter l'apprentissage dans le temps.
- ☐ Mieux anticiper les risques via des Amdec plus robustes.
- ☐ Créer un point d'entrée majeur pour le travail de standardisation.

Flasher pour accéder au quiz sur la phase de prévention.

http://dunod.link/qrqc04

CHAPITRE 7

QRQC phase 3 : la standardisation

LES OBJECTIFS DE LA STANDARDISATION

Une fois que les cartes d'apprentissage ont été « stabilisées » et intégrées dans les procédures qualité et les Amdec, la phase 2 du QRQC est l'activité spécifique R&D qui permet la sélection de cartes donnant lieu à l'établissement de standards de conception robustes dans les projets.

L'intérêt est bien sûr énorme en termes de gestion de projets, de planning, de fiabilité et de coûts.

> ### *Remarque*
>
> La qualité et la fiabilité s'appuient avant tout sur des standards de conception « testés et éprouvés », eux-mêmes basés d'une part sur les cartes d'apprentissage issues de problèmes passés et réels, et d'autre part sur l'expérience et le savoir-faire internes.

Un produit est considéré comme « fiable » dès qu'il permet de satisfaire la fonction pour laquelle il a été conçu et cela dans toute la période d'utilisation.

Celle-ci ne s'arrête pas à la fin de la période de garantie, et va bien sûr au-delà... Contrairement à certains secteurs où l'obsolescence est programmée, l'industrie lourde oblige bien souvent à une fiabilité sur de nombreuses années. Dans le ferroviaire ou l'aérospatial, certaines pièces doivent rester fiables durant vingt ou trente ans, à l'exception des pièces dites d'usure. Cette fiabilité doit aussi contribuer à définir la fréquence et les types de maintenance appropriés.

Afin d'atteindre ce niveau de robustesse, un produit doit être capable de supporter les variations internes (usure, vieillissement des matériaux), les variations externes (conditions environnementales comme la température, la vibration, l'humidité, la poussière, la pollution, etc.) et les variations de processus de fabrication (les caractéristiques du matériau, les tolérances de fabrication).

À noter que la notion de robustesse s'applique à :

- la conception du produit ou du service ;
- l'élaboration du process de fabrication ou d'assemblage ;
- la capacité à concevoir des produits intégrant les contraintes de fabrication.

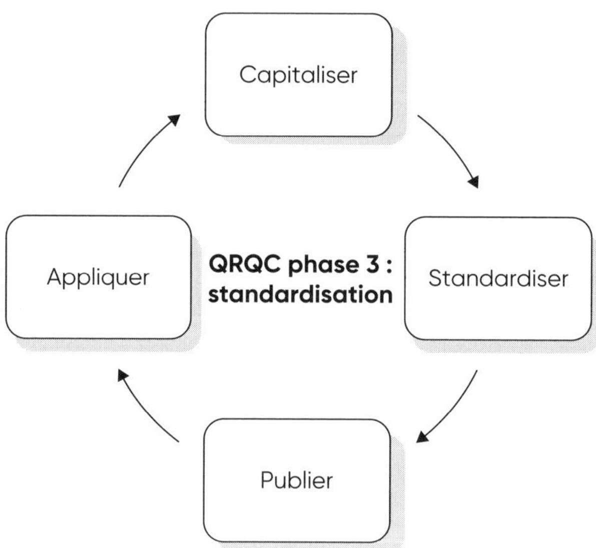

***Figure 7.1** – Les quatre étapes de la standardisation*

L'ORGANISATION DE LA STANDARDISATION

L'équipe en charge de la standardisation, et au-delà du système de croissance de fiabilité, doit être constituée de spécialistes dédiés. Cette organisation couvre les processus techniques à la fois relatifs aux produits et aux procédés de fabrication considérés comme stratégiques pour l'entreprise. Chacun de ces spécialistes doit être affecté à 100 % à un domaine dont il devient alors le « propriétaire ».

D'un point de vue organisationnel, chaque expert rend directement compte au directeur en charge du programme de croissance de fiabilité, lui-même reportant à la direction de la R&D. Fonctionnellement, ils peuvent également être rattachés à d'autres directions : par exemple, le propriétaire de standards de procédés de production peut rendre compte à un directeur industriel.

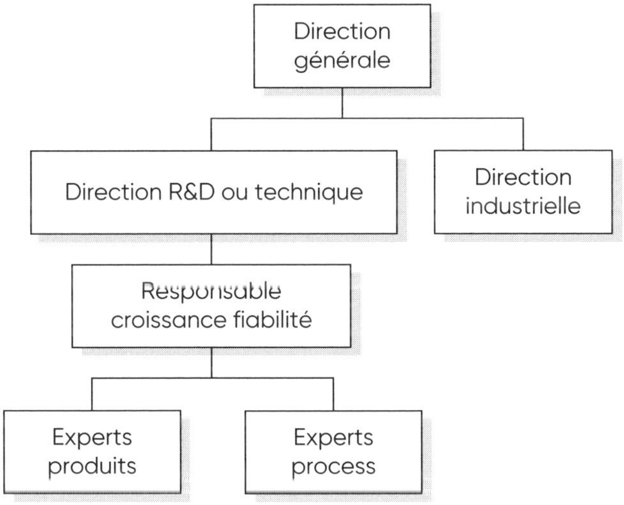

***Figure 7.2** – Organisation de la gestion de fiabilité*

Le maintien d'un lien fonctionnel avec un réseau permet à l'expert de se tenir informé des évolutions en termes de standardisation. Il tire également bénéfice des évolutions majeures ou des déploiements que le réseau fonctionnel entreprend. Dans tous les cas, la mise en place d'un lien hiérarchique avec un directeur dédié est un facteur clé qui garantit une indépendance des experts par rapport aux concepteurs.

Cette organisation varie selon la taille des entreprises. Une entité unique aura une équipe rattachée au directeur R&D. Si l'entreprise est un groupe avec plusieurs branches ou activités, cette organisation sera centrale, avec un rattachement à la direction R&D centrale ou au centre de compétences de l'activité concernée. Ces derniers ont toute autorité pour la définition de standards uniques et transversaux.

Pour les très grands groupes, il est possible d'organiser un niveau de délégation encore plus fin via des relais d'experts sur des sites de production ayant aussi une compétence de conception, ou encore via une délégation dans des zones géographiques. En effet, au-delà des aspects pratiques (gestion du temps et du décalage horaire) même s'il y a un standard unique géré en central, des adaptations locales peuvent être considérées, sous réserve que ces « experts délégués régionaux » aient fait l'objet d'une stricte validation de leur compétence et expertise.

Les experts techniques ont trois rôles majeurs dans le processus de standardisation et de croissance de fiabilité :

1. Un rôle de *propriétaires des standards* dans la spécialité dont ils ont la charge. À ce titre, ils doivent procéder :
   - à la capitalisation sur la base de leçons tirées des problèmes passés et réels ;
   - à la création et à la mise à jour des standards de conception produit ou process ;
   - au traitement des demandes éventuelles et particulières de « dé-standardisation » ;
   - au développement de connaissances dans leur domaine de compétence. Cela passe par un suivi des évolutions techniques ou technologiques proposées par les entreprises spécialisées du marché, mais aussi sur la base des progrès de la recherche technique et scientifique. L'expert peut avoir l'autonomie qui lui permet de participer à des congrès ou à des événements rassemblant d'autres experts, proposant des formations spécialisées…

2. Un rôle de *formateurs des standards* dans la spécialité dont ils ont la charge. À ce titre, ils doivent procéder :
   - à la formation des équipes techniques internes. Il peut s'agir de formations dans le cadre de structures dédiées telles des écoles ou instituts internes ; cela peut aussi prendre la forme de formations ponctuelles réalisées à la demande. Dans les deux cas, un suivi est réalisé avec les dates de formation, les stagiaires formés, la qualification obtenue, etc. ;
   - à une formation « informelle » réalisée lors des revues de conception et de toutes les réunions techniques. En effet, si un expert découvre qu'un standard n'a pas été respecté (ou ne l'est que partiellement), il doit expliquer le standard et sa pertinence par rapport à la conception utilisée ;
   - à la communication régulière aux équipes techniques dès que des mises à jour ou des nouveaux standards sont validés, sans attendre les formations. Cela se fait par divers moyens (e-mail, communication papier ou électronique, etc.) dès qu'un nouveau standard est disponible.

3. Un rôle d'*auditeurs des standards* dans la spécialité dont ils ont la charge. L'autorité et le statut officiel d'expert leur confèrent la légitimité pour vérifier si les standards sont effectivement appliqués, et ceci au travers de :
   - la réalisation régulière de revues de conception pour évaluer le niveau d'intégration des standards produits/process dits « robustes » dans les conceptions en cours ou à venir ;
   - la formalisation de rapports d'audits et d'analyses de risques techniques, mis à la disposition des équipes de développement, après les revues de conception.

LES PRINCIPES FONDAMENTAUX DE LA STANDARDISATION

Concrètement, cette activité est réalisée en quatre étapes :

1. La capitalisation des cartes d'apprentissage par les experts R&D.

2. La standardisation par la création ou la mise à jour de nouveaux standards et règles de conception.

3. La publication et la communication de ces standards.
4. L'application effective et systématique des standards dans les projets lors des revues de conception.

Étape 1 : capitaliser à partir des erreurs passées

Chaque semaine, dans le cadre d'un comité dit de standardisation, toutes les nouvelles cartes d'apprentissage émises sont revues par les experts dédiés. Ces cartes sont issues de problématiques ayant été traitées et clôturées au préalable lors des différentes réunions QRQC. Chaque carte contient, par spécialité, une demande de revue des standards qui est présentée puis assignée à l'expert concerné. Celui-ci juge de la pertinence de la demande : il peut soit la rejeter, soit l'approuver avant de commencer le travail de standardisation. Cet accord final est donné par le responsable du comité de standardisation.

> ***Remarque***
>
> Plus la qualité de la carte d'apprentissage sera bonne (claire, logique, axée vers un vrai apprentissage technique ou managérial), plus la revue de la demande sera rapide et donnera lieu à une standardisation efficace. D'où l'importance d'une application parfaite de la phase 1 du QRQC dédiée à la résolution.

Concrètement, durant le comité de standardisation, le responsable R&D passe en revue dans la base informatique les cartes nouvelles de la semaine. L'expert concerné évalue la demande, notamment pour vérifier si :

- la carte contient une demande de vérification par le comité de standardisation ;
- la carte d'apprentissage existe déjà et contient le même contenu qu'un standard existant. Si c'est le cas, la demande est rejetée par le comité de standardisation ;

- la carte d'apprentissage peut compléter ou préciser un standard déjà existant ;
- la carte d'apprentissage est nouvelle et aucun standard n'existe.

Pour accepter ou refuser la demande de standardisation, l'expert concerné doit se poser les questions suivantes :

- Le problème traité est-il couvert ou pas par un standard existant ? Si oui, pourquoi ce standard n'est-il pas connu ou appliqué ?
- Si le standard existant avait été appliqué, aurait-on évité le problème ?
- Si l'application stricte du standard en vigueur n'a pas arrêté la survenance de l'incidence, que manque-t-il dans ce standard ?
- La rédaction du standard actuel doit-elle être revue dans un langage à la fois plus simple et technique ?

Si la carte d'apprentissage concerne un standard déjà existant, cela peut révéler les faiblesses suivantes :

- le standard existant n'est pas connu. Cela signifie que des actions de diffusion, de communication ou de formation doivent être menées ou réitérées ;
- le standard existant n'est pas appliqué (problèmes de rigueur ? de discipline ?) ;
- le contenu de la carte d'apprentissage n'est pas clair. Un retour vers le rédacteur de la carte peut être utile pour confirmer que la compréhension est bonne et éviter un rejet trop rapide de la demande de standardisation.

À l'inverse, dans certains cas, il est possible de rencontrer des cartes dont le contenu entre en contradiction totale avec des standards existants ! Il faut donc là aussi clarifier la raison de cet état de fait :

- soit le standard en vigueur n'est plus pertinent et doit être réactualisé par les experts-propriétaires ;
- soit il faut de nouveau rejeter la carte et revenir vers son rédacteur. Celui-ci devra revoir l'analyse et ses conclusions.

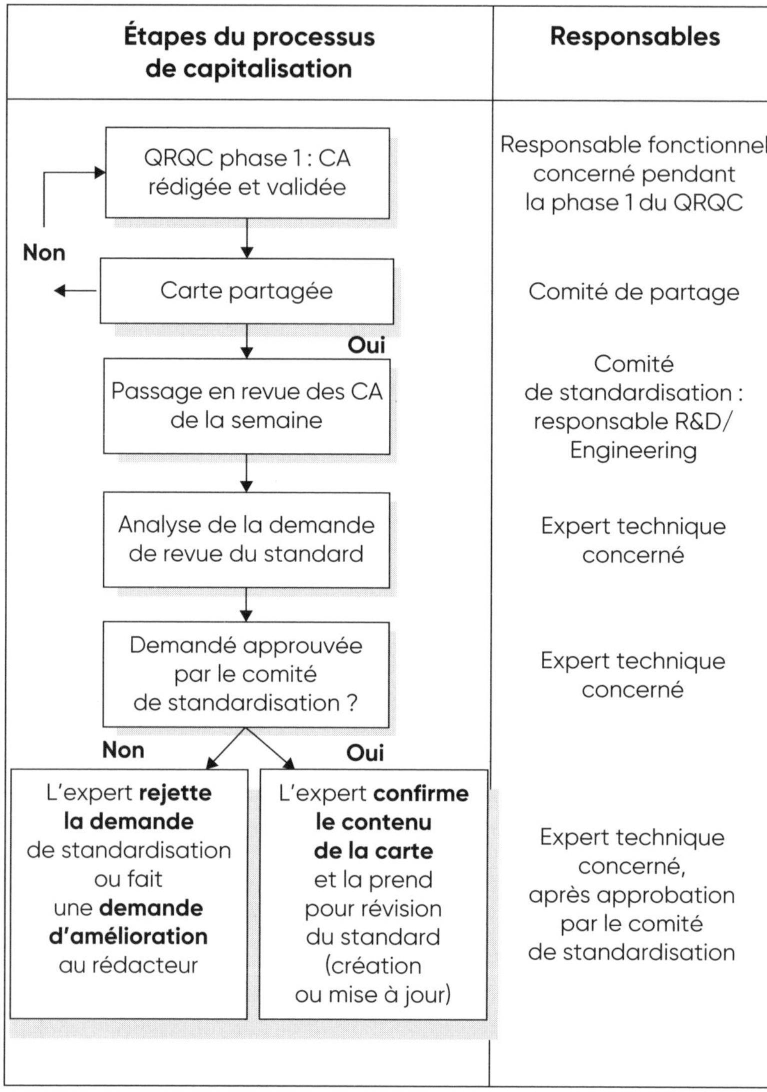

***Figure 7.3** – Schéma synthétique des étapes de capitalisation*

Un suivi formel de ces divers statuts et un compte rendu du comité de standardisation sont réalisés.

Les facteurs clés de succès d'une activité de capitalisation

Le process décrit sera couronné de succès dans les conditions suivantes :

- la qualité de l'analyse initiale devra être de bonne facture pour permettre une lecture claire et rapide de la carte d'apprentissage qui en découle ;
- une boucle constante de communication doit exister entre le comité de standardisation et le comité de partage dans le cas où des incompréhensions existent de part et d'autre. La lecture d'un expert n'est pas la même que celle d'un non-expert. Mais aucune n'est meilleure que l'autre. En effet, le rédacteur ne sait qu'une seule chose : il a eu un problème réel, et son problème est maintenant résolu. La carte traduit pour lui une solution efficace et robuste. Quant à l'expert, il doit avoir une vision technique systématique, pour pouvoir comprendre le contenu de la carte et pour être en mesure ensuite de la « retraduire » en standards de conception, utilisables par des ingénieurs études et conception.

Étape 2 : standardiser

Définition d'un standard

Il convient tout d'abord de clarifier la définition de standard, dont le sens peut être interprété différemment selon les organisations ou les métiers.

Un standard est d'abord un ensemble d'exigences ou de règles qui doivent s'appliquer à tous les projets, dans le périmètre applicable bien sûr, et à l'étape considérée de développement du projet. Par exemple, un standard sur la méthode de vissage ne s'applique pas si une entité utilise seulement du collage.

Un standard peut s'appliquer à un composant seul ou à un ensemble de composants. Il intègre aussi bien des règles sur la conception elle-même du produit (dans le cadre de l'activité menée par la R&D ou le bureau d'études) mais aussi les règles de manufacturabilité et de procédés de production. En outre, il inclut les spécifications de tests pour définir et améliorer « le plan de validation » qui reprend tous les essais obligatoires. Ce plan de validation inclut d'une part les exigences contractuelles de validation (c'est-à-dire convenues avec le client lors de la signature du contrat) et, d'autre part, les demandes en termes les performances de fiabilité qui vont bien au-delà de la simple garantie contractuelle.

Au travers d'une démarche qui sera décrite plus loin, un standard doit aboutir à un statut de « référence unique » et indiscutable (à l'instant t), dont l'unique propriétaire est un expert ou un leader technologique.

À partir de ce constat, seul ce standard sera applicable et appliqué, sans aucun compromis, sauf s'il suit une démarche bien encadrée de « demande de dé-standardisation » (voir plus loin).

Les standards concernent des expertises en termes de produits et de process, dans les technologies que l'entreprise aura définies comme stratégiques pour son activité. Ils sont mis à jour principalement sur la base des cartes d'apprentissage, mais peuvent aussi s'appuyer sur les savoirs internes, les évolutions des demandes clients ou les ruptures technologiques ou scientifiques du marché. Les évolutions d'usage et de connectivité doivent être régulièrement surveillées par l'entreprise afin de repenser et mettre à jour ses standards.

Le comité de standardisation

Le comité de standardisation se tient une fois par semaine, pendant une heure maximum. Il peut se faire à un rythme moins fréquent, mais la durée de la revue sera plus d'autant plus longue. Quelle que soit la fréquence choisie, il est nécessaire de s'en tenir, comme pour le QRQC quotidien, à un rythme régulier pour introduire une routine. Pour faire face aux contraintes d'absence et d'éloignement géographique des experts, l'utilisation de la conférence téléphonique ou de la vidéoconférence est une solution simple à mettre en œuvre.

Sont présents à ce comité :

- le directeur R&D qui anime la revue. En son absence, il peut déléguer cette animation au responsable du programme de croissance de fiabilité. Dans les deux cas, ils ont tous deux un pouvoir de décision ;
- le responsable du programme qui a la charge de planifier et préparer le contenu du comité de standardisation ;
- tous les leaders techniques ou experts des standards. Leur présence systématique est idéale et elle est obligatoire quand ce sont leurs propres standards technologiques qui sont débattus ;

- les directeurs fonctionnels : qualité, industriel, achats. Leur présence n'est pas obligatoire mais elle est très bénéfique afin de les impliquer dans les échanges concernant la carte d'apprentissage initiale.

L'ordre du jour type est le suivant :

1. Revue des indicateurs clés avec d'une part le taux de standardisation[1] et d'autre part le taux de cartes d'apprentissage intégrées dans les standards[2]. revue des cartes d'apprentissage pour capitalisation (cartes émises durant la semaine et contenant une demande de révision des standards, puis attribution à chaque expert de la carte émise pour lecture et décision de mise à jour ou de création).

2. Revue des demandes éventuelles de dé-standardisation (cela peut être requis, soit à la suite d'entrée sur le marché de nouveaux produits, composants ou technologies ; soit pour prendre en compte des conditions particulières d'application du standard. Ce type de demandes est traité plus loin dans ce chapitre).

3. Revue des demandes de standardisation approuvées (c'est le cœur de l'activité du comité de standardisation).

Le passage en revue des standards

Lorsque l'expert a approuvé la demande de revue du standard (phase de capitalisation), il passe à la seconde étape d'analyse du contenu de la carte d'apprentissage pour création ou révision du standard de conception.

La démarche de rédaction du standard n'est pas faite par l'expert de manière isolée. Même s'il est le principal coordinateur de ce travail et qu'il est responsable devant le comité de standardisation, il doit travailler en équipe de façon à s'assurer d'une bonne appropriation et application par les personnes impactées et directement concernées par cette évolution.

Pour cela, une fois que la demande a été approuvée, l'expert se rapproche des personnes ayant rédigé la carte d'apprentissage et ayant fait la demande

1. Il correspond au pourcentage de standards appliqués par rapport aux standards disponibles dans la ligne de produits ou la technologie concernée – l'indicateur devrait être à 100 %, mais tout cela se fait de façon progressive.

2. C'est un indicateur qui permet de confirmer la bonne application des processus d'apprentissage et de capitalisation.

de standardisation. Cette équipe technique, qui est amenée à appliquer ce standard, est aussi celle sur laquelle l'expert s'appuiera lors de la phase de communication. Avec eux, il travaille à l'établissement d'un dossier de justification technique qui contient :

- le nouveau standard de conception et les règles associées ;
- la liste des anciennes règles de conception supprimées ;
- la check-list de revue de conception ;
- le plan de validation (regroupant les tests et les essais) ;
- le module de formation associé à cette règle de conception ;
- la liste des projets, produits ou composants potentiellement impactés en interne et en externe (composants achetés auprès des fournisseurs, mais aussi les conséquences sur les interfaces avec les clients). Cela peut représenter un impact non négligeable !

Après avoir récupéré l'ensemble de ces éléments, l'expert défend ce travail auprès du comité de standardisation. Des échanges peuvent avoir lieu entre experts, avant d'avoir une validation officielle.

> ### Remarque
>
> À noter que les débats d'experts peuvent être longs et interminables, même dans des domaines d'expertise différents ! Chaque expert se considère souvent comme le détenteur de la vérité absolue… C'est là que le directeur R&D a un rôle majeur de modérateur : à l'écoute des uns et des autres, il procède à un arbitrage final en se mettant à la place de l'utilisateur final des standards.

Tant que des décisions finales ne sont pas prises, la nouvelle proposition de standard reste à l'état de « brouillon » (ou « draft ») avant publication officielle, et les anciens standards restent en vigueur.

À l'issue de ce comité, les standards de conception peuvent être validés directement en tant que nouveaux « standards officiels et uniques » ou comme « état de l'art » ou encore comme « meilleure pratique du moment ». Ces statuts s'expliquent par le fait que les standards doivent suivre les évolutions technologiques ou métiers et, à ce titre, font l'objet d'améliorations permanentes.

Le contenu d'un standard de conception

En termes de contenu, les standards couvrent divers éléments d'une conception :

- les règles dimensionnelles ;
- les règles de conception des composants ;
- les critères sur des défauts subjectifs tels que l'aspect ou le bruit ;
- le choix des matières adaptées ou combinaison de matières ;
- les caractéristiques critiques : dimension, fonction, interfaces, sécurité, réglementation ;
- les contraintes de manufacturabilité ;
- le plan de validations et d'essais ;
- les règles en termes de hardware et software.

Cette liste n'est bien sûr pas exhaustive.

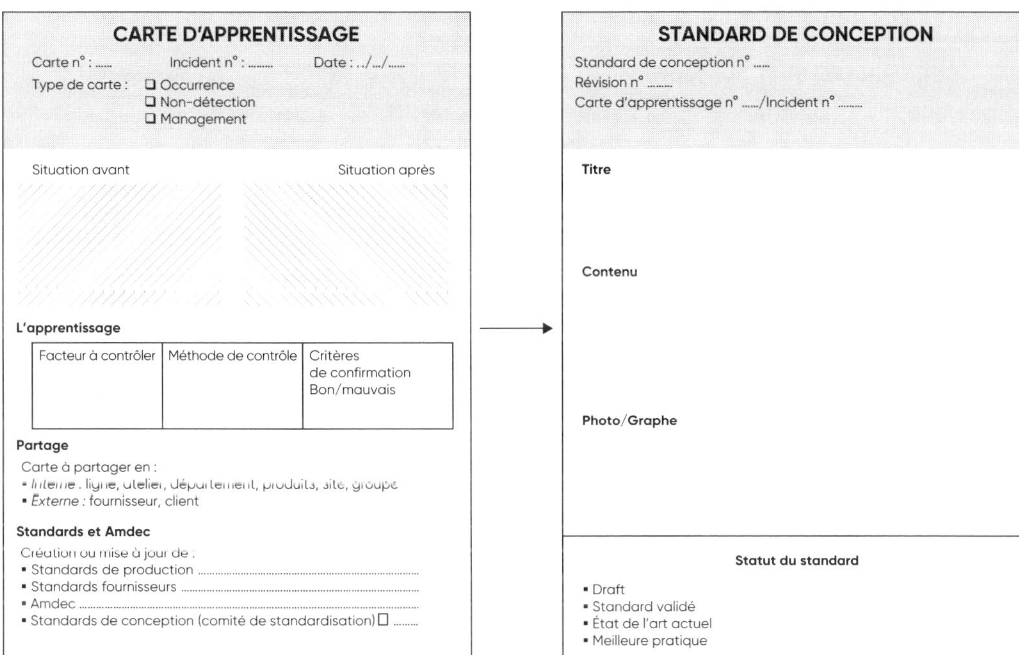

***Figure 7.4** – Exemple de standard de conception*

Les standards doivent être formalisés par ces experts de façon à permettre une vérification de leur application effective lors des revues de conception. C'est pour cette raison qu'ils contiennent :

- un numéro d'identification. Cette identification est particulièrement pratique puisqu'il suffira ensuite de reprendre ce numéro et de l'intégrer dans une check-list qui servira de base de travail pour les revues de conception ;
- un titre précis, qui sera repris dans une check-list de conception ;
- leur origine, en liaison avec la carte d'apprentissage (sujet 0 km, projet, garantie, fournisseur, logistique, etc.) ;
- leur statut (standard validé, meilleure connaissance du moment, état de l'art) ;
- les attendus du standard, facilement vérifiables ;
- un contenu clair, avec des dessins et des plans permettant une compréhension aisée.

Les critères d'un « bon standard » de conception

Le standard doit être rédigé de façon simple et visuelle. Il est recommandé d'utiliser des dessins et des photos ; ainsi la lecture sera facile et compréhensible pour tout néophyte. L'idéal est d'avoir une seule page synthétique pour un standard de conception, et d'éviter une littérature chargée. Si le standard est un dictionnaire, personne ne le lira, malgré la qualité de son contenu !

Par ailleurs, le standard doit être facile d'accès via une base de données ergonomique et un système de recherche intuitif.

De plus, le standard doit être facile à vérifier : comme nous le verrons plus loin, l'application des standards devra être auditée. Plus le contenu est ambigu, plus les risques de contestation seront élevés de la part de ceux censés l'appliquer…

Enfin, il doit être identifié avec une numérotation claire, permettant de le retrouver mais aussi de faciliter la gestion des révisions, à la suite de mises à jour ou des modifications.

Cette documentation s'insèrera ensuite dans le système de gestion documentaire qualité ou technique de l'entreprise.

« BON STANDARD DE CONCEPTION »	« MAUVAIS STANDARD DE CONCEPTION »
Visuel avec des dessins ou des graphiques permettant une lecture rapide, simple. Compréhensible facilement. Rédigé en anglais pour les groupes composés de différents sites. Contient toutes les informations requises. Traçabilité avec la carte d'apprentissage ayant généré le standard de conception. Facile à vérifier, notamment lors des revues de conception. Facile à retrouver (temps < à cinq secondes).	Rédigé sous forme de texte uniquement. Rédigé dans la langue locale, empêchant ou réduisant les possibilités de partage. Standard incomplet rendant la compréhension limitée. Pas de lien avec la carte d'apprentissage à l'origine du standard de conception. Standard donnant lieu à diverses interprétations. Introuvable dans une base de données en moins de cinq secondes.

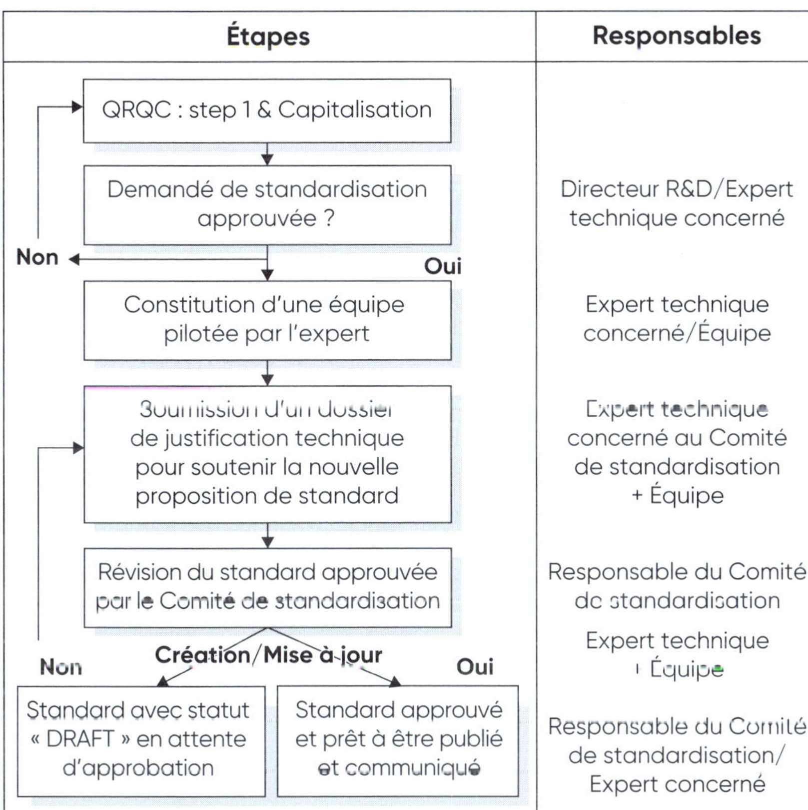

Figure 7.5 – *Schéma synthétique des étapes de standardisation*

La gestion de la dé-standardisation

Dans un monde parfait, les demandes de dé-standardisation ne devraient pas exister et encore moins être acceptées ! Pour cause : si un standard de conception est bon, il doit être appliqué, et cela sans contestation possible, dans la mesure où il a été soumis à un long processus de revue, de rédaction et de validation par les meilleurs experts !

Toutefois, le principe de réalité oblige à intégrer ce processus de « dé-standardisation », sous peine de le voir se mettre en place de façon incontrôlée, ce qui serait la pire des situations. Le fait de formaliser des procédures n'a jamais été un gage en soi d'application immédiate… De ce fait, il est préférable d'intégrer et d'encadrer la démarche de dé-standardisation, en ayant toujours en tête qu'elle doit correspondre à un besoin opérationnel fort et justifié.

Toute personne impliquée dans les projets ou la conception est susceptible de faire une demande de dé-standardisation. Il faut que la demande soit suffisamment claire et étayée, avec la mention de quelques informations obligatoires :

- le site demandeur, le projet concerné et le périmètre précis d'application de la demande (tout ou partie d'un projet, sur quelle durée) ;
- les motivations de la demande ;
- les solutions alternatives proposées par le demandeur.

Comme on l'a dit plus haut, ce point est repris à part entière dans l'ordre du jour du comité de standardisation. L'animateur du comité vérifiera systématiquement auprès de chacun de ses experts si des demandes de dé-standardisation leur ont été soumises.

Si c'est le cas, la demande peut être présentée par le demandeur lui-même ou par le représentant études de l'équipe projet. L'expert-propriétaire, sur la base des explications données, peut réagir de différentes façons :

- accepter la demande (dans ce cas, elle s'applique sur le périmètre spécifié avec les solutions proposées et acceptées) ;
- rejeter la demande (le demandeur applique le standard en vigueur, sans discussion) ;
- demander des informations complémentaires si la demande, telle que formulée, ne permet pas de statuer définitivement.

Encore une fois, les débats d'experts peuvent être houleux, chacun cherchant à défendre son point de vue. Mais seule une démarche structurée permet de prendre une décision rationnelle et pragmatique. Ainsi, comment appliquer un standard unique, conçu pour des applications européennes si d'autres pays ont des contraintes de pollution ou d'utilisation non prises en compte dans une référence supposée universelle ?

La demande formulée est la plupart du temps spécifique à un projet, dans un contexte exceptionnel, mais elle peut aussi refléter un besoin d'exhaustivité ou de représentativité du standard en cours. Par exemple, si un standard de validation exige des tests produits à – 20 °C, doit-on exclure des essais à – 50 °C ? Certains diront oui, car cela n'est pas représentatif des conditions « normales » d'utilisation, ou encore que cela implique des choix de matériaux ou des coûts prohibitifs ; d'autres peuvent dire non, car le problème est réellement arrivé, même une seule fois en dix ans, mettant à mal la fiabilité et la qualité ; en outre, cela peut fermer des opportunités commerciales sur certains marchés/clients exigeants ou ayant des besoins spécifiques.

Comme on peut le voir, loin d'être un bureau administratif de traitement des demandes, un échange de qualité durant le comité de standardisation doit permettre à l'expert de réfléchir sur la pertinence du standard officiel.

Cette interrogation s'appuie bien sûr sur le principe qu'un standard « vit » et qu'à ce titre il doit être régulièrement revu, voire remis en cause, au regard des nouveaux problèmes qui surviennent, des apprentissages qui en découlent, des situations exceptionnelles non envisagées et enfin des évolutions techniques ou technologiques du marché.

À l'inverse, attention à ne pas mettre à jour un standard trop souvent ni à fluctuer au gré des vents et marées : la standardisation serait vouée à l'échec ! Cela indiquera aussi une rédaction partielle ou une validation très insuffisante. Dans certaines situations, un bon standard de conception reste valable pendant des dizaines d'années et sera repris par plusieurs générations d'ingénieurs ; c'est aussi un gage de la fiabilité du produit dans le temps.

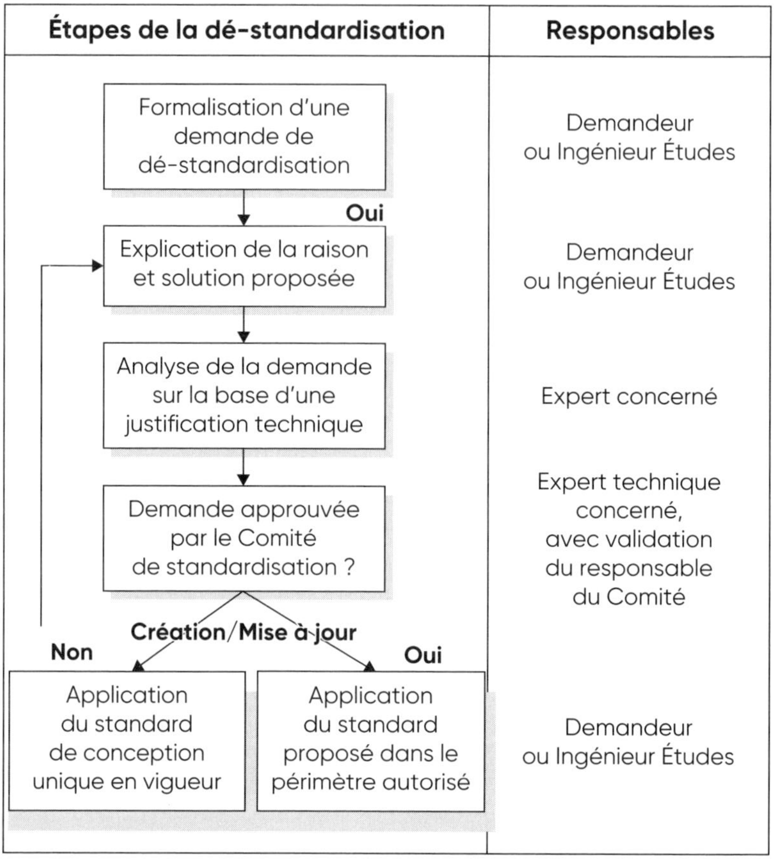

***Figure 7.6** – Schéma synthétique des étapes de dé-standardisation*

Gestion des standards et gestion des modifications

La gestion de la standardisation telle que je l'ai décrite est à distinguer de la gestion des modifications. Des modifications interviennent au cours de la vie d'un produit et peuvent concerner tous ses aspects (modifications techniques, logistiques, internes, fournisseurs, clients, etc.). Elles sont gérées lors d'une réunion parfois dédiée (et dans ce cas d'ailleurs appelée « comité de modification »). Elles sont relatives aux caractéristiques techniques d'un produit et servent à mettre à jour la base de données techniques. Après une demande de changement, il y a un traitement qui s'opère, avec des étapes de validation plus ou moins longues, selon la nature de la requête. Une fois validé, le changement sera finalisé par une actualisation des plans et documents techniques qui servent de référence technique et commerciale pour les clients et les fournisseurs.

Lorsqu'une modification produit/process dite « majeure » est menée, par exemple à des fins d'amélioration de la qualité, des coûts ou des délais, elle peut aussi être traitée dans le cadre d'une équipe projet dédiée sous la responsabilité d'un chef de projet.

Quant à la standardisation, elle amène avant tout à revoir les standards de conception et de validation qui sont valables, par définition, pour tous les projets en cours ou à venir ; et pas seulement sur un projet ou un produit précis.

En revanche, les deux types de gestion peuvent utiliser un même outil informatique pour stocker et regrouper à la fois la documentation technique et les standards de conception. Sans oublier certaines normes techniques spécifiques à tel ou tel composant, produit, service ou métier.

Certaines entreprises, par souci d'efficacité regroupent les deux activités en commençant d'abord par le comité de modification suivi du comité de standardisation.

Activité de veille technologique et de normalisation

Les experts ont un rôle essentiel dans cette démarche de standardisation qui s'appuie d'abord sur des incidents, des réclamations ou des problèmes réels rencontrés puis traités sur le *genba*. Cependant, ce process s'appuie aussi sur d'autres activités et sources, qui contribuent à enrichir à la fois les standards et le travail d'expertise. Ces deux autres tâches sont la veille technologique et scientifique et un rôle sur la normalisation.

Veille technologique et scientifique. Pour enrichir les standards, l'impulsion vient certes de l'intérieur de l'entreprise, mais aussi de l'extérieur. Une organisation, aussi puissante soit-elle, ne peut avoir des connaissances dans tous les domaines et pour tous les types de composants, de sous-systèmes, de matières premières, etc. Il est donc de la responsabilité de l'expert de se tenir régulièrement informé des innovations techniques, technologiques et scientifiques qui surviennent sur le marché.

Sans être un spécialiste de la veille technologique, qui est un métier à part entière, l'expert a la responsabilité d'enrichir ses connaissances via ses lectures, sa participation à des colloques et des forums universitaires ou à tout événement susceptible d'être une source d'amélioration des standards. C'est une charge de temps non négligeable (20 % de la charge est un bon ratio), qui doit être assumée pour « entretenir » cette expertise, surtout dans des domaines où le progrès technologique est rapide.

N'oublions pas aussi que les meilleures sources restent les fournisseurs spécialisés dans leurs activités, et qu'il faut savoir les écouter afin de bénéficier de leurs efforts en recherche et développement.

Normalisation. Le travail de standardisation décrit précédemment est réalisé en interne. En externe, à une autre échelle, des clients, des organismes, des instituts nationaux ou internationaux font également ce travail de normalisation (normes nationales, ISO, etc.), ce qui amène à des systèmes de certification nationaux ou internationaux. L'expert doit théoriquement également connaître ces normes et leurs évolutions.

Cette activité est en général sous la responsabilité directe de la direction R&D. Ce qui est surtout intéressant pour l'expert, une fois ces normes obtenues, est de les comparer aux standards internes et de rechercher ceux qui présentent le niveau d'exigence le plus élevé. Il s'agit de niveler par le haut les exigences de conformité et de fiabilité. Des standards internationaux sont souvent des compromis entre tant d'intérêts nationaux que les exigences de l'entreprise et de ses clients sont normalement plus fortes.

Le contexte est évidemment différent pour des entreprises de petite taille ou à faibles moyens pour lesquelles la mise en conformité à ces normes peut déjà représenter un investissement financier et humain élevé.

Les facteurs clés de succès d'une activité de standardisation

Facteur numéro 1 : Avoir une équipe dédiée de spécialistes couvrant les technologies majeures des produits et des processus de fabrication. Si ces experts ne sont pas impliqués à 100 % dans l'équipe de croissance de fiabilité, les résultats ne seront pas au niveau attendus. Si la décision d'avoir une personne travaillant à 50 % de son temps sur ce programme peut avoir du sens d'un point de vue organisationnel et pour économiser les ressources, la seule difficulté est que le quotidien prend vite le dessus et, qu'à terme, la part dévolue à l'expertise et à la standardisation se réduit comme peau de chagrin.

Facteur numéro 2 : Opérer au préalable un travail efficace de capitalisation et de sélection des cartes d'apprentissage. On ne le répétera jamais assez : pour atteindre une standardisation rapide et pertinente, la qualité des cartes d'apprentissage doit être de bon niveau. Les experts ne perdront pas ainsi un temps précieux à essayer de comprendre à chaque fois le contenu des cartes.

Facteur numéro 3 : Effectuer des formations techniques pour former aux standards des technologies, produits et processus de fabrication.

Facteur numéro 4 : Impliquer la direction générale pour mettre en avant cette activité de standardisation comme une priorité de l'entreprise ; elle devra également être impliquée plus concrètement lorsque des sujets lui sont remontés ou lorsque des questions d'organisation lui sont soumises (par exemple, s'il manque un ou plusieurs experts dans un domaine clé).

La mise en place de standards robustes dans toute société est une garantie majeure de qualité, de conception robuste et, *in fine*, de satisfaction client.

Étape 3 : publier et communiquer les standards

Une fois que le standard a été officiellement validé au sein du comité de standardisation, il est prêt pour publication puis communication aux services concernés.

Tout comme les cartes d'apprentissage, les standards doivent être facilement accessibles par toutes les équipes et notamment celles de la R&D, des projets et de la qualité. Des bases informatiques de stockage et de communication doivent permettre un accès immédiat et aisé à ces informations, quelle que soit la fonction et quel que soit le pays. Ces bases devraient, par conséquent, être d'une grande ergonomie pour faciliter une recherche intuitive des règles de conception.

La communication aux équipes peut se faire également au travers de différents canaux pour informer de l'existence de nouveaux standards ou de mises à jour :

- des « push » automatiques, à partir des bases, en cas de nouveaux standards ;
- des réunions d'information ou des formations dédiées menées par les experts ;
- des informations lors des revues de conception ;
- des messages généraux par e-mail.

Il y a sur le marché de très nombreux logiciels qui répondent à ces besoins. Des outils internes peuvent également être développés pour répondre à des besoins spécifiques. Indépendamment de l'outil informatique choisi, il est primordial de privilégier la sécurité d'accès ainsi que la facilité d'accès et de recherche aux standards.

Sécurité

Des mots de passe doivent être établis et donnés aux personnes autorisées car rappelons-nous que les standards rassemblent le cœur du savoir-faire de l'entreprise. De nos jours, de simples copies sur clés USB permettent de récupérer des informations très précieuses. Des règles de sécurité de bon sens doivent permettre de mettre à la disposition des équipes toutes les informations utiles au travail de conception. À l'inverse, en ayant des règles trop contraignantes, les standards de conception ne seront jamais connus, et donc encore moins appliqués.

Facilité d'accès aux standards

Une fois autorisé, un accès aisé signifie concrètement que l'utilisateur ne doit pas réaliser dix opérations ou contacter dix personnes pour atteindre les standards recherchés !

Pour aider l'utilisateur, une classification des standards est nécessaire. Ce classement se fait selon différents critères, des plus généraux aux plus détaillés ou selon l'organisation de chaque entité, le type d'activités, de produits, de process, de composants, de métiers ou de technologies.

Cette arborescence doit être à la fois cohérente et évidente pour que les équipes puissent s'y retrouver facilement et rapidement. Le choix du vocabulaire est tout aussi primordial, car un langage commun facilite le partage et l'accès. À l'inverse, des termes non codifiés ou très locaux amèneront à des incompréhensions : par exemple, doit-on parler de standards de vissage ou de standards de fixation ? l'un englobe-t-il l'autre ?

À cette question de la catégorisation des standards, s'ajoute aussi le besoin d'avoir une langue partagée ou de disposer de traductions communément admises et comprises de tous.

Facilité de recherche

Une fois la catégorie de standards trouvée, une équipe a souvent besoin de rentrer dans un niveau de détails plus fin pour répondre à ses besoins spécifiques de conception : quelle matière utiliser pour éviter la corrosion ou les entrées d'eau ? Quels paramètres de dureté utiliser pour éviter une fragilité trop grande dans une application précise ?

Pour faciliter les recherches, des moteurs de recherche existent sur le marché, y compris pour des applications au sein de l'entreprise. Ces systèmes sont puissants et permettent très souvent de retrouver le document ou l'information précise souhaitée. Une codification plus fine est également envisageable, avec une arborescence plus ou moins poussée. Mais attention à ne pas aller trop loin et créer une usine à gaz documentaire ! Comme souvent avec Internet et surtout si l'entreprise dispose d'une très grande masse d'informations, le risque est grand d'être débordé par des tonnes de règles ou d'informations inutiles. Une bonne catégorisation/codification des standards ainsi qu'une recherche via des mots-clés appropriés éviteront de tomber dans cet écueil.

Gestion documentaire

Nul n'est besoin de rappeler qu'en vertu des exigences qualité de base, il faut s'assurer que tous les standards et règles de conception utilisés sont bien édités à la bonne version… Lors de la création ou de la mise à jour de standards, des outils informatiques facilitent la gestion documentaire (création, validation, communication) et permettent une traçabilité des éditions, tout en validant que les standards périmés sont retirés puis archivés (il est toujours utile de les archiver en cas de problème qualité sur des productions anciennes).

C'est bien l'expert, propriétaire du standard, qui a la responsabilité de gérer les versions de son standard et de s'assurer aussi de sa très large diffusion.

Étape 4 : appliquer

Objectifs des revues de conception

Une fois que les règles de conception sont publiées, la dernière étape (et non des moindres) est de s'assurer de leur application systématique et effective dans *tous* les projets : ceux dont le développement est en cours comme ceux qui existent déjà mais font l'objet de modifications. Ce travail est effectué au travers des revues de conception. Celles-ci sont un examen approfondi et indépendant qui a pour objectif premier d'augmenter la fiabilité du produit et du procédé en appliquant les règles de conception les plus fiables du moment.

Les bénéfices de ces revues sont les suivants :

- assurer le respect à 100 % de standards de conception et ou des solutions déjà validées mais non encore standardisées ;
- réaliser une analyse de risques techniques des conceptions utilisées ;
- soutenir les équipes techniques sur des conceptions ou sujets critiques ;
- faire le suivi des écarts et non-conformités constatés lors des précédentes revues de conception.

Les prérequis à des revues de conception

Avant de lancer des revues de conception, trois prérequis doivent être mis en place :

1. Définir dans les activités industrielles de l'entreprise (pour les groupes ayant plusieurs activités) les produits et systèmes qui feront l'objet de la standardisation. Par exemple, dans l'activité de freinage dans le

ferroviaire, il y a plusieurs types ou (lignes) de produits : les garnitures de frein, les systèmes de frein pneumatiques et électriques, les tableaux de commandes de frein.

2. Identifier les composants ou systèmes devant faire l'objet de standards de conception parmi chacun de ces produits ou systèmes : par exemple, les compresseurs, les joints, les valves, les ressorts, les pièces en plastique, les cartes électroniques, les procédés spéciaux : vissage, peinture, soudure, collage, etc.
3. S'assurer que pour chaque produit/système l'expertise existe bien en interne ; c'est souvent le prérequis le plus difficile mais aussi le plus important car une standardisation robuste s'appuie sur une expertise robuste !

Planification des revues de conception

La planification des revues de conception est alignée sur le processus général de développement des projets. Toute gestion de projets comporte en effet différentes « phases » parmi lesquelles on distingue la phase de validation de la conception du produit et celle de validation de la conception du process. C'est lors de ces deux phases que les revues de conception sont logiquement les plus fréquentes et aussi les plus nécessaires. En effet, une fois que la conception du produit a été validée par des revues, on rentrera dans l'étape de validation des procédés de production ; or, si l'on est contraint de modifier plus tard la conception du mode de fabrication, les conséquences en termes de coûts et de timing seront catastrophiques !

C'est pour cette raison que les revues de conception sont la plupart du temps planifiées à l'année, ou au minimum sur six mois, avec un calage de leur planification sur le planning global du projet. Au-delà de la cohérence par rapport au processus de développement, le fait de figer à l'année ces revues apporte un avantage certain en termes d'organisation des déplacements et de disponibilité des participants.

Pour mener à bien cette planification, le responsable du programme de croissance de fiabilité doit concrètement récupérer la liste de tous les projets et confirmer avec les directeurs projets les dates de revues de conception, elles-mêmes calées sur le niveau de maturité des projets.

Il est utile de rappeler que même si une collaboration forte doit exister entre les équipes projets et l'équipe de croissance de fiabilité, il convient de ne pas faire de confusion entre des revues projets (focalisées sur le progrès du projet, les jalons majeurs, le planning et les coûts, etc.) et des revues de conception, qui sont avant tout focalisées sur la qualité de la conception et la validation technique.

Les participants

Les participants aux revues de conception sont :

- le responsable de la croissance de fiabilité ;
- l'équipe d'experts ;
- le chef du projet qui est examiné ;
- les responsables R&D, qualité et industriels intervenant dans le projet examiné ;
- les contributeurs ponctuels (achats, logistique, ou expertise spécifique).

La qualité de la revue dépend de la qualité des participants, et notamment des experts présents. Cependant, le critère minimal de validation est que les participants soient tous présents… D'où l'importance d'une planification au moins semestrielle et d'une gestion rigoureuse par le responsable du programme de croissance de fiabilité.

Le lieu des revues de conception

Fidèle aux principes *san gen shugi*, une revue de conception doit se dérouler sur le *genba*, ou lieu réel : cela signifie que les revues se déroulent à l'endroit où est développé le projet de façon à avoir accès aux équipes R&D et projet concernées, aux données, rapports d'essais et pièces ou prototypes issus des activités en cours. Il est également tout à fait possible de les effectuer sur le site de production, si le projet est dans la phase de validation des procédés ou encore si le centre de production est aussi centre de compétences.

Dans tous les cas, évitez des revues dans des salles où l'on ne trouvera ni documentation, sans pièces matérielles ou sans données !

Préparation des revues de conception

L'efficacité d'une revue de conception passe toujours par une excellente préparation, à la fois de la part de l'équipe d'experts et de l'équipe projet. Les deux parties procèdent aux actions suivantes avant la tenue des revues elles-mêmes :

1. L'équipe projet doit faire sa propre auto-évaluation en termes d'application des standards validés. Pour cela, elle s'appuie sur des questionnaires qui reprennent la liste des standards et règles de conception que l'équipe considère comme applicables pour le projet examiné.

2. L'équipe projet doit préparer l'ensemble de la documentation technique. Tout comme un audit qualité, cette documentation doit apporter les preuves d'une application réelle et stricte du standard de conception. Ces preuves d'application peuvent être des prototypes, des plans, des spécifications techniques, des dessins 3D, des résultats de tests…

3. De son côté, les experts concernés doivent recevoir cette auto-évaluation quelques jours avant la revue, et demander les documents (pas tous) qu'ils jugent nécessaire d'analyser avant la réunion de conception. Ces informations permettront un échange plus fructueux en se focalisant lors de la revue sur les points que l'expert jugera plus sensibles ou fragiles dans la conception.

Le déroulé d'une revue de conception

Une fois que la préparation a été faite, l'ordre du jour type d'une revue de conception comporte quatre points majeurs :

- la confirmation des standards et règles applicables ;
- la revue de conception ;
- l'évaluation du niveau d'application ;
- les conclusions et la définition des étapes suivantes.

Confirmation des standards et règles applicables. Lors de la toute première revue de conception, il est primordial de s'assurer avec l'équipe projet auditée que le référentiel de revue est bien partagé. Autrement dit, s'assurer que les experts et l'équipe projet utilisent bien les mêmes standards applicables et que ceux-ci sont adaptés à la nature des technologies, des produits et des composants faisant l'objet de la revue. De nouveau, ces standards sont non seulement relatifs à la conception produit mais aussi aux règles de manufacturabilité, ainsi qu'aux standards de validation et d'essais. Pour ces raisons, ce sont le représentant de la R&D et celui du process industriel qui définissent et font valider par les experts la liste des règles applicables.

Lors de la mise en place d'un programme de conception robuste, on est bien souvent confronté à une équipe, une direction, un site qui ont défini leurs propres règles de conception, héritées de l'histoire ou encore de démarches de standardisation locales. Ce sont souvent des règles issues de problématiques très spécifiques n'ayant jamais été partagées ou non facilement vérifiables.

Ces standards sont souvent peu formalisés et enregistrés sur le disque dur d'un ingénieur qui les fait copier le jour de son départ à la retraite… Or, comme on l'a vu en introduction, le partage de la connaissance est fondamental. À l'heure d'Internet, de l'intelligence artificielle et de Wikipédia, cela paraît évident, mais quand on intègre le monde professionnel, on se rend compte que ce partage de la connaissance (« *Knowledge Sharing* ») n'est pas suffisamment organisé, et que les savoirs restent souvent la propriété confidentielle de quelques individus clés. D'ailleurs, on va parfois plus facilement sur Wikipédia que sur le serveur R&D de son entreprise !

Il est obligatoire que le maximum de standards locaux passe par la moulinette du comité de standardisation : c'est la garantie d'une structuration et d'une application rigoureuses, dans le cadre d'un plan de standardisation. On évitera ainsi que les revues de conception se transforment en batailles d'experts, plus ou moins houleuses, en ayant d'un côté ceux qui considèrent que leurs standards locaux sont meilleurs que les standards « centraux » et de l'autre des experts trop zélés, forçant à l'application de standards inadaptés à des contextes techniques particuliers.

Grâce à une vision partagée des standards applicables, dès le départ, les revues de conception se passeront dans d'excellentes conditions et feront progresser l'ensemble des équipes et des projets.

Les standards applicables sont ensuite listés sur des « check-lists de conception » qui contiennent les exigences de conception à revoir. Ce sont ces listes que les experts utiliseront pour faciliter leur travail de passage en revue.

La check-list de conception est en effet l'outil exhaustif qui rassemble toutes les règles de conception.

La quantité de règles applicable varie selon les projets. Du début à la fin de la conception, plusieurs centaines de standards ou règles de conception peuvent avoir été appliquées, voire plus, selon la taille des projets. Elles doivent être définies par technologies et types de produits ou composants :

Les check-lists ont les caractéristiques suivantes :

- elles doivent inclure un périmètre élargi, c'est-à-dire tous les standards applicables pour chaque technologie et chaque composant ;
- elles doivent être identifiées par le titre du standard et un numéro de traçabilité, pour confirmer que les mises à jour sont faites et que c'est le bon standard qui est revu le jour de la revue de conception.

Au travers d'une revue de chaque exigence applicable, ces listes permettront :

- une évaluation exhaustive du niveau d'application des standards de conception ;
- l'identification de tous les risques techniques ;
- la définition des écarts et de plans d'actions correspondants.

> ### *Remarque*
> Le principe de base est que 100 % des règles de conception applicables doivent être utilisées sur 100 % des projets.

La revue de conception. La revue de conception est tout sauf un exercice visant à cocher des cases de type « oui » ou « non » ! Elle s'assimile par certains aspects à un audit qualité en termes d'organisation (préparation, standard, rapport, suivi). Toutefois, elle s'en différencie grandement en étant avant tout une revue technique entre experts et professionnels, lesquels doivent viser l'application des meilleurs standards de conception.

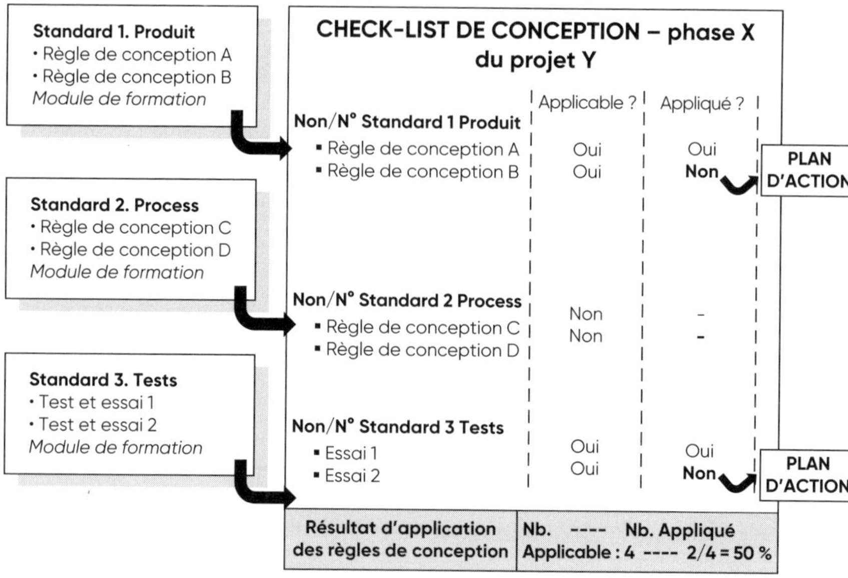

Figure 7.7 *– Support d'évaluation pour mesurer le niveau d'application des standards de conception*

La qualité de la revue provient donc de la compétence et de la capacité de l'expert à expliquer en quoi le standard validé apporte de la robustesse et de la fiabilité à la conception en cours. Il n'hésitera pas à faire référence aux divers documents, à présenter les données (*genjitsu*), des pièces bonnes et mauvaises (*genbutsu*) et à aller sur le terrain (*genba*). Plus l'approche sera scientifique et factuelle, moins il y a aura de risque de désaccords.

C'est parfois un moment de formation car des équipes projets découvrent à cette occasion l'existence ou l'applicabilité d'un standard. Cependant, ce n'est pas non plus une discussion de café du commerce… Dès que l'applicabilité a été confirmée par l'équipe projet ou par l'équipe d'experts (confirmation obtenue en général lors de la première revue de conception), l'application des règles doit être immédiate et effective.

Il est bon de préciser que les standards de conception officiels sont aussi appuyés par ce que l'expert aura considéré comme « l'état de l'art » ou les meilleures pratiques du moment, issues des évolutions technologiques ou techniques.

Durant la revue, chaque expert peut aussi identifier des écarts par rapport à des cartes d'apprentissage connues d'eux mais qui n'ont pas encore été « transformées » en standards de conception validés. Si les étapes précédentes ont été respectées, le site a eu normalement connaissance de la carte lors du comité de partage ; mais si cela a échoué, c'est une occasion de les rappeler avant de se lancer dans un design potentiellement faible. Ainsi, tout en permettant un vrai échange technique entre experts, les modalités structurantes de cette revue amènent l'équipe projet à s'approprier les meilleures règles et pratiques pour concevoir des produits ou des procédés fiables.

Évaluation du niveau d'application. L'examen détaillé entre l'exigence exprimée par le standard et l'application réelle dans le projet donné permet :

- de constater la connaissance et l'application stricte du standard, gage de conception robuste et de fiabilité ;
- de constater des écarts évidents de non-application des standards de conception. Dans ce cas, un plan d'action détaillé et partagé doit être établi pour que le site respecte strictement ce standard. Ce plan sera repris lors de la revue de conception suivante pour confirmer la remise en conformité ;
- de constater que l'applicabilité n'est pas encore démontrée ou que le risque technique est en cours d'étude. Cela concerne des spécificités ou des cas « limite » que la revue technique doit contribuer à faire basculer dans un sens ou dans l'autre, le jour de la revue ou à la session suivante.

Comment présenter le résultat des différentes évaluations ?

D'un point de vue formel, le résultat de ces différentes évaluations sera présenté grâce à un code couleur visuel et simple :

Statut vert :

- le standard est strictement appliqué dans le projet ;
- des commentaires à caractère mineur ou des recommandations permettent éventuellement une optimisation technique.

Statut rouge :

- le standard n'est pas appliqué ;
- des risques à caractère critique ou majeur ont été identifiés, affectant la qualité de la conception. Cette situation exige un plan d'action correctif immédiat qui sera mené dans le cadre de la réunion QRQC Projet ou dans les revues de projets habituelles.

Malgré la compétence et l'expertise, des équipes projet peuvent remettre en cause le jugement de l'équipe d'experts. Face à cette situation, en cas de désaccord majeur, il est possible d'envisager de faire remonter le problème au niveau de la direction générale.

De fait, contrairement au QRQC phase 1, où le process d'escalade fait partie de la démarche normale, le processus d'escalade dans la phase de standardisation est à éviter. D'une part le niveau hiérarchique plus haut ne sera pas plus expert que les experts eux-mêmes ; d'autre part, c'est un signe de manque de maturité dans le déploiement de la démarche. En revanche, un temps de formation/coaching est recommandé lors du lancement du programme de croissance de fiabilité.

Conclusions et définition des étapes suivantes. À la suite de l'échange et de l'évaluation des revues de conception, une réunion de clôture a lieu, suivant en cela les principes de tout bon audit qualité. Elle regroupe tous les participants qui ont été impliqués dans la revue. La présence du directeur général à la conclusion est exigée car c'est un signe d'implication et un message fort quant à l'importance de cette activité de standardisation.

À l'issue de cette conclusion (trente minutes maximum), le chef de projet doit s'engager à prendre en compte toutes les non-conformités soulevées et à les traiter au sein du QRQC Projet ou dans des revues de projet programmées. Dans les deux cas, un plan d'action clair et partagé avec l'équipe projet doit émerger de cette revue. En effet, seule une appropriation par les équipes projet des résultats de la revue entraînera une correction rapide et bénéfique.

En outre, un rapport formel est rédigé par l'équipe d'experts, idéalement en temps réel, en reprenant les points forts et les écarts identifiés lors de la revue de conception. Ces écarts seront repris par l'équipe de croissance de fiabilité à la revue suivante afin de confirmer la clôture des points ouverts.

Cette « vision extérieure » et technique est double : c'est celle d'un auditeur mais aussi celle d'un consultant spécialisé. À l'inverse d'une logique de type audit système ou ISO, l'expert est partie prenante techniquement. Ce fonctionnement donne à l'équipe projet les moyens de bénéficier de cette expertise et de l'ensemble des apports techniques pour rendre la conception plus fiable.

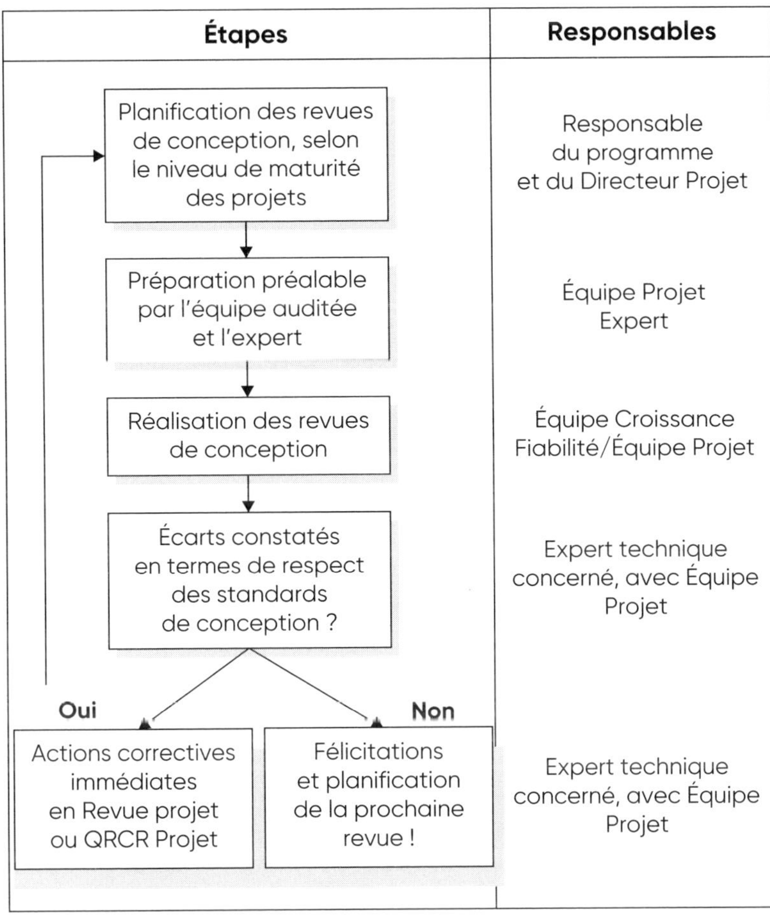

***Figure 7.8** – Principales étapes de gestion des revues de conception*

POINTS À METTRE EN PLACE	COMMENT CONFIRMER LA MISE EN PLACE ?
Identification des familles de produits et des technologies devant faire l'objet d'un programme de conception robuste.	Cette identification doit permettre de lister, par familles de produits, les technologies qui doivent être maîtrisées en termes de conception. Ces familles et ces technologies correspondent aux activités stratégiques de l'entreprise.
Définition d'une organisation et d'un responsable dédiés pour gérer les standards produit/process et règles de conception de toutes les technologies identifiées.	Des règles de fonctionnement sont définies Des bases informatiques contenant les standards existent Définition d'une équipe d'experts dédiés au programme de conception robuste.
Une équipe officielle d'experts existe, en charge de la capitalisation, de la standardisation, de la formation et des revues de conception.	L'équipe d'experts est indépendante des fonctions opérationnelles R&D et projets. Le statut d'expert est défini selon les règles de l'entreprise. Cette compétence couvre toutes les technologies clés de l'entreprise ainsi que des technologies transversales. Leur expertise est actualisée régulièrement par une veille sur les évolutions technologiques.
Un programme de formation aux standards produit/process est en place.	Les équipes R&D et projet font l'objet d'une formation prioritaire. Les formations sont réalisées par les experts qui valident formellement les personnes formées.
Des revues de conception sont planifiées au minimum une fois par semestre pour valider l'application des standards et règles de conception.	Les revues de conception sont réalisées par les experts. Elles sont planifiées à l'année, tous les deux mois, pour chaque projet.
Un système est en place pour suivre les non-conformités remontées dans les revues de conception.	Durant les revues de conception, la check-list de conception est utilisée par les experts. Tout écart constaté fait l'objet d'une action avec pilote et délai. À la fin de la revue, une synthèse formelle est réalisée à l'attention de l'équipe projet ainsi que de la direction générale. À la revue suivante, toutes les actions doivent avoir été soldées et les résultats d'actions confirmés.

POINTS À METTRE EN PLACE	COMMENT CONFIRMER LA MISE EN PLACE ?
Une revue de management hebdomadaire est menée par le responsable R&D du site pour s'assurer que les points bloquants sont corrigés.	La revue de direction inclut les directions générale, R&D, qualité et projets. L'objectif est de : revoir les résultats des revues de conception ; vérifier les points critiques pour le projet ; améliorer le programme de conception robuste lui-même. Toute dérogation à un standard est interdite, sauf autorisation exceptionnelle validée par la R&D, la qualité et le directeur général.

***Tableau 7.1** – Check-list des points à vérifier pour le programme de conception robuste*

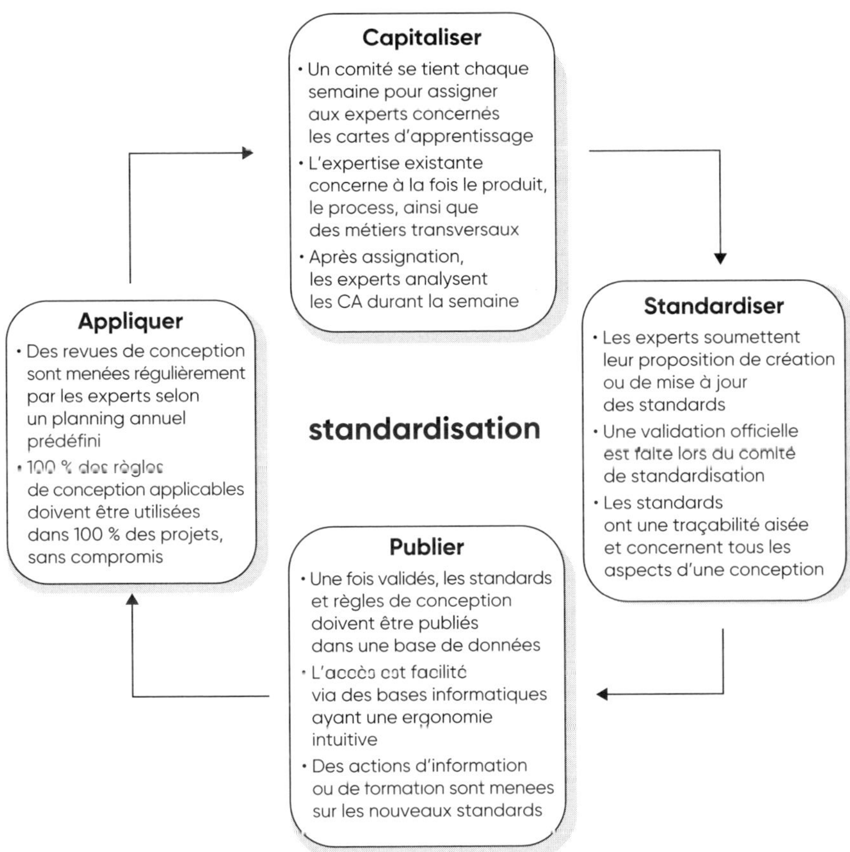

***Figure 7.9** – résumé de la phase de standardisation*

POINTS CLÉS

✚ Qui est impliqué dans cette activité ?

- ☐ La R&D, qui est l'acteur majeur du programme de conception robuste.
- ☐ La direction projet, qui est en charge d'appliquer les standards.
- ☐ Les membres des équipes projet, pour l'application des standards dans leur fonction respectives : achats, process, qualité…

✚ Quels sont les facteurs clés de succès ?

- ☐ Un responsable dédié à un programme de croissance de fiabilité.
- ☐ Une équipe d'experts dédiés et indépendants des opérationnels.
- ☐ Du temps réservé à la formation des équipes aux standards et règles de conception.
- ☐ Une prise en compte dans la conception des standards process et des plans de validation.
- ☐ Des standards facilement accessibles, quels que soient le lieu et la fonction.
- ☐ Une application stricte et sans compromis des standards.
- ☐ La définition d'un plan de standardisation qui doit viser à terme à une formalisation exhaustive de tous les standards de conception produits et process applicables.
- ☐ Une revue de 100 % des standards ou des règles de conception applicables.
- ☐ Une revue de 100 % des projets, quel que soit leur état d'avancement.
- ☐ Une revue au minimum planifiée tous les trimestres pour chaque projet, avec les experts de chaque domaine ou spécialité.
- ☐ Les revues de conception sont planifiées pour toute l'année et doivent obligatoirement avoir lieu, quel que soit l'état d'avancement du projet. Cela permet de gérer de façon plus efficace les ressources et la disponibilité des équipes d'experts.
- ☐ Les revues peuvent prendre entre quelques heures et plusieurs jours selon la phase, le niveau de maturité et la complexité du projet.

- ☐ Le nombre d'experts doit être adapté aux besoins, en quantité et compétences nécessaires. Le budget alloué dans ce domaine doit être protégé car c'est un investissement dans la matière grise de l'entreprise.
- ☐ Un suivi régulier des indicateurs clés afin de s'assurer que la démarche fonctionne sans accroc et donne les résultats escomptés.
- ☐ L'implication de la direction générale pour promouvoir le besoin de revues de conception produits et process.

✚ Quels sont bénéfices attendus ?

- ☐ Une conception robuste.
- ☐ Des risques qualité maîtrisés.
- ☐ Une réduction garantie des incidents et des retours liés au produit et au process.
- ☐ Un renforcement du savoir-faire de l'entreprise.
- ☐ Une fiabilité améliorée.

Flasher pour accéder au quiz sur la phase de standardisation.

http://dunod.link/qrqc05

CHAPITRE 8

QRQC phase 4 : le coaching

LES OBJECTIFS DU COACHING

Le coaching par les managers à la démarche du QRQC parfait (résolution, prévention et standardisation) facilite l'appropriation et le déploiement par toutes les équipes, tout en favorisant une amélioration permanente du processus QRQC lui-même. Comme la natation ou les langues, on ne sait faire qu'en pratiquant tous les jours ! Et chaque jour est une opportunité d'amélioration permanente.

Certaines entreprises ont parfois une compréhension superficielle de *san gen shugi*, et appliquent le QRQC de façon administrative ou réservent cette approche à quelques initiés, ce qui réduit les possibilités d'amélioration de l'ensemble des services, notamment de ceux non liés à la production (logistique, RH, informatique, etc.).

Or, l'une des raisons majeures de cette situation réside dans la difficulté des managers à faire un travail d'éducation pertinent et efficace. Dans cette activité de coaching, le manager a un rôle clé : il est d'abord l'élève avant d'être le leader par l'exemplarité de sa pratique et en même temps le professeur qui doit former aux bonnes méthodes. Le coaching concerne tous les employés, du PDG à l'opérateur, qui doivent chacun à leur niveau promouvoir la culture de l'amélioration permanente.

Dans leur article de la *Harvard Business Review*, Kent H. Bowen et Steven Spear confirment que « dans toutes les organisations que nous avons étudiées (...), il y a une conviction profonde que l'atout fondamental de l'entreprise est son personnel et que l'investissement dans ses connaissances et compétences est nécessaire pour être compétitif. C'est pourquoi dans ces organisations, les managers doivent être capables de former leurs collaborateurs à la résolution de problème selon une approche scientifique[1] ».

Dans la démarche QRQC, une dynamique positive doit être entretenue par le management. La dimension humaine est essentielle : il s'agit d'une part de former le personnel aux techniques mais surtout d'inculquer l'attitude adéquate, associée à ces techniques.

À ce titre, les actions concrètes du management en termes de QRQC sont :

- faire de la formation sur le terrain à *san gen shugi* et au QRQC ;
- challenger la réactivité et l'analyse du PDCA FTA ;
- pousser vers le renforcement d'une conception robuste ;
- reconnaître et récompenser les efforts réalisés par les équipes.

Le manager renoue ainsi, au travers de ce coaching, avec un de ses rôles majeurs qui est de former et « d'élever » ses équipes. Sans donner de leçons sur le bon ou mauvais management, la capacité à être un leader se marque également par une capacité à transmettre un savoir-faire ou un savoir-être à ses collaborateurs. Le coaching renforce non seulement la performance opérationnelle, et notamment lors du traitement des problèmes, mais surtout (voire avant tout) demeure un formidable facteur d'enrichissement personnel. Apporter de la rigueur, parler avec des pièces entre les mains, avoir un raisonnement logique, penser systématiquement au retour d'expérience ne sont pas toujours des attitudes innées mais ce sont des qualités qui s'apprennent toujours...

On distingue deux types de coaching qualité : le coaching individuel et le *On Job Training* (OJT).

Le coaching individuel. Il peut se conclure (sans obligation) par une certification des collaborateurs. L'objectif final étant de leur permettre de devenir des formateurs « officiels », ayant une compréhension parfaite du QRQC, capables d'appliquer de façon autonome et de former à leur tour les équipes.

1. Spear S. et Bowen H. K., « Decoding the DNA of Toyota Production system », *Harvard Business Review*, vol. 77, 1999.

C'est tout simplement une logique de formation en cascade. Ce coaching individuel sera détaillé dans les pages suivantes, avec les critères à atteindre pour être certifié, que l'on soit manager ou opérateur. Ce coaching s'appuie notamment sur « l'arrêt au premier non » et « l'arrêt au premier désaccord ». Avant d'arriver à une possible certification, il y a toute une série d'étapes préalables qui garantissent la qualité de celle-ci :

- formation alternée en salle et sur le terrain pour présenter et démontrer les principes fondamentaux de *san gen shugi* et QRQC. À l'issue de cette formation, le stagiaire a un premier niveau de connaissances ;
- suite à cette formation théorique et pratique, le stagiaire doit s'efforcer d'appliquer le QRQC de façon régulière et rigoureuse, afin de viser un second niveau, celui de compétence, qui est validé par un questionnaire dédié ;
- fort de cette compétence acquise, le stagiaire peut postuler au statut de « Formateur ». Pour l'obtenir, il doit réaliser de manière autonome une formation QRQC sous l'œil averti d'un professionnel certifié ;
- enfin, pour obtenir le niveau exemplaire, le stagiaire sera testé selon une grille d'évaluation spécifique. À l'issue de cet examen, la personne certifiée aura le droit non seulement de former mais également de certifier d'autres membres du personnel.

Le On Job Training (OJT) ou formation sur le tas. Il s'agit d'une formation informelle et quotidienne des équipes, dans chaque QRQC, aux postes de travail des collaborateurs. Le terme anglais traduit mieux les divers aspects de cette activité de coaching : une formation/action au poste de travail et spécifique au problème traité. Il s'agit d'un coaching adapté à l'étape de résolution dans laquelle se trouve le salarié : sécurisation, analyse avec FTA (*Factor Tree Analysis*), partage, intégration dans les projets…

Le coaching doit être organisé en suivant quelques règles simples pour assurer un support utile et efficace aux équipes :

- les visites dans les QRQC doivent être organisées par rapport à un planning défini à l'avance. Il est préférable que chaque manager visite différentes zones QRQC à des dates et heures fixes ;
- lors de cette visite, deux points forts et deux points d'amélioration seront mis en avant à l'intention du responsable de la zone QRQC. Ces points serviront à améliorer le processus QRQC lui-même et à aider l'équipe dans le traitement de leurs problèmes opérationnels ;

- un enregistrement des commentaires réalisés doit être gardé sur le tableau QRQC, de façon à les revoir lors de la visite suivante et pour confirmer les progrès.

Si un collaborateur a été certifié, son OJT au quotidien sera d'autant plus productif.

LES PRINCIPES FONDAMENTAUX DU COACHING

Lors de la première formation, les étapes de formation/action au QRQC sont les suivantes :

1. Expliquer les principes du *san gen shugi* et du QRQC.
2. Démontrer sur le *genba* la façon concrète d'appliquer ces principes.
3. Observer en laissant faire les personnes en formation.
4. Évaluer la performance réalisée et faire un feedback sur les points acquis/ à acquérir.

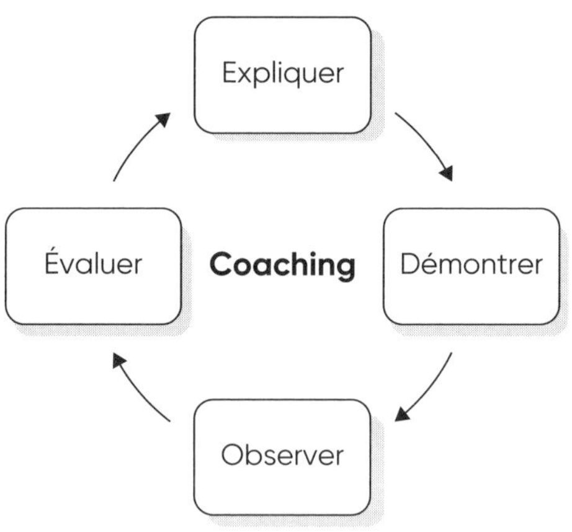

Figure 8.1 *– Les quatre étapes du coaching*

Encore une fois, ces étapes sont liées. On peut connaître et expliquer le QRQC de façon théorique, mais si l'on n'est pas soi-même capable d'en faire une démonstration pratique convaincante, cela limite grandement l'adhésion du reste de l'équipe.

Ensuite, un formateur chevronné ne sera satisfait que s'il répand les bonnes pratiques auprès de ses équipes et que celles-ci sont en mesure de les appliquer correctement. Seules une observation et une écoute attentives permettront au formateur de détecter les qualités et les faiblesses de la personne en formation.

> ***Remarque***
>
> Le terme « coaching » fait un peu marketing, mais il n'est ni plus ni moins qu'une forme d'éducation pratique, avec un accompagnement personnel, qui valorise les points forts tout en corrigeant les points faibles de chacun.

Reconnaissons enfin que cette activité prend du temps pour le management. Cependant, c'est tout sauf du temps perdu : la plupart des enquêtes de management révèlent que la première raison de démission est la mésentente avec son manager… Or, plus un manager sera capable de démontrer qu'il fait grandir les membres de ses équipes, après les avoir recrutés, plus le respect dont il/elle fera l'objet sera élevé. Et plus l'investissement du management dans le développement des compétences et des qualités du personnel sera important, plus l'entreprise en sortira globalement avantagée par rapport à ses concurrentes.

Étape 1 : expliquer les principes du *san gen shugi* et du QRQC

Expliquer correspond à la formation classique en salle ou online, avec une présentation des principes de base qui guident l'attitude *san gen shugi* et la démarche QRQC.

C'est une étape qui a vocation à présenter en profondeur le sens de chacun des termes et de chacune des activités. Il est fréquent de voir le QRQC appliqué de façon mécanique, sans comprendre la motivation de telle attitude ou de telle exigence. Or, comme évoqué dans les pages précédentes, chaque phase du QRQC obéit à une logique bien précise, avec un but recherché.

> ### *Remarque*
>
> Il est très important d'expliquer le « pourquoi » de chaque activité du QRQC avant le « comment ». Sans lui donner de sens, la compréhension restera superficielle. Par exemple, le fait d'avoir une pièce mauvaise et une pièce bonne ensemble permet de caractériser le problème et de clairement voir leurs différences.

Cette phase d'explication nécessite une expérience et une application préalables par les formateurs. Idéalement, ils doivent avoir au minimum le niveau 3 (« Formateur »). On ne peut fournir une explication claire, convaincante et profonde si l'on n'a pas soi-même pratiqué l'exercice en situation réelle. Lors de cette pratique, le formateur aura certainement expérimenté personnellement des erreurs et des contresens qu'il saura expliquer pour une application parfaite des principes et des méthodes.

La formation s'attachera à expliquer les concepts qui constituent l'attitude *san gen shugi*, les principes QRQC phase 1 et phase 2, en ayant également à cœur de bien répondre aux questions de chaque participant et de favoriser une interaction permanente. D'un point de vue formel, il est recommandé d'éviter de présenter une série interminable de slides et de privilégier plutôt des exercices simples, des vidéos si possible, afin de rendre le moment plaisant et animé. Ces techniques de formation, bien connues des meilleurs formateurs, doivent tout simplement permettre de faire passer ces principes de la « tête vers les pieds » ; autrement dit de les rendre opérationnels et de faire en sorte qu'ils soient appliqués...

Étape 2 : démontrer la démarche

Démontrer est la phase de formation la plus intéressante pour les apprenants car c'est l'étape qui transforme les principes théoriques en application pratique. Il est clair que la crédibilité de la formation repose sur cette étape : il s'agira pour le manager/formateur de démontrer sur le *genba* comment concrètement appliquer tout ce qui aura été « expliqué » en salle.

De façon opérationnelle, le moment de la démonstration répond à quatre différentes exigences de la démarche QRQC.

D'abord, démontrer comment adopter l'attitude *san gen shugi*, ce qui signifie concrètement :

- récupérer des pièces et des informations bonnes et mauvaises, de façon à les comparer au standard ;
- réagir en temps réel sur le *genba*, après observation des conditions d'occurrence et/ou de non-détection ;
- parler de façon factuelle avec des données.

Ensuite, démontrer comment animer une réunion QRQC, en étant à la fois le leader et le formateur de la session, ce qui signifie concrètement :

- assigner les tâches en décomposant les problèmes complexes en plusieurs éléments pour les traiter plus rapidement ;
- poser des questions ou demander des clarifications pour comprendre parfaitement une situation, avec des preuves et des données ;
- faire arrêter le « bla-bla » ou les discussions isolées ;
- manager le timing et l'ordre du jour de la réunion ;
- challenger les délais vingt-quatre heures/dixjours/trente jours pour clôturer rapidement les problèmes ;
- demander aux équipes ce qu'elles ont appris de la résolution du problème ;
- insister sur les points d'amélioration concernant les sujets présentés ou sur l'approche QRQC elle-même ;
- appliquer « l'arrêt au premier non » : arrêter dès que la revue QRQC ne répond plus à l'une des exigences du questionnaire QRQC.

Puis démontrer, sur la base d'un exemple traité, comment adopter une démarche logique d'analyse d'un problème, c'est-à-dire :

- être capable de faire soi-même une analyse PDCA FTA ;
- valider la logique FTA et celle des cinq pourquoi ;
- donner des conseils permettant d'atteindre la cause racine ;

- renforcer l'utilisation systématique des quatre questions pour tout type de problèmes (Quel est le problème ? Quelle est la cause racine ? Quelles sont les actions correctives et préventives ? Qu'a-t-on appris du problème ?) ;
- appliquer « l'arrêt au premier désaccord » (arrêter dès qu'une analyse est peu claire pour aider les équipes à améliorer la qualité du raisonnement).

Enfin, démontrer comment partager les leçons apprises et renforcer une conception robuste, c'est-à-dire :

- expliquer le contenu d'une carte d'apprentissage ;
- montrer comment partager une carte d'apprentissage ;
- expliquer ce que l'on attend d'un standard de conception ;
- être capable de mener des revues de conception intégrant les erreurs passées ;
- demander systématiquement si les standards robustes ont été appliqués dans les projets ;
- identifier les points forts et les points de blocage lors des comités de partage et de standardisation.

Cette étape de démonstration doit être préparée et organisée avec soin. Sans tomber dans un jeu artificiel, il faut confirmer que chaque intervention a été préparée avec les bons participants et selon l'ordre du jour convenu. Par exemple, si l'on veut démontrer l'utilité d'un partage de cartes d'apprentissage et qu'il n'y en a aucune le jour de votre intervention, l'impact sera réduit ! De même, si les participants habituels ou les horaires ne sont pas respectés, si le PDCA FTA n'est pas finalisé, etc.

En plus de la préparation matérielle et de l'organisation logistique, la démonstration sera d'autant plus pertinente et efficace qu'elle amènera à un résultat concret, visible par les personnes en formation.

Ainsi, une équipe logistique se plaignait de la médiocrité persistante du taux de service fournisseurs : chaque mois, dès que l'indicateur sortait, le responsable blâmait les fournisseurs sans comprendre les raisons de leur contre-performance et sans engager une action capable de redresser la tendance. Au travers d'une explication puis d'une démonstration pratique du QRQC Logistique, diverses actions ont été mises en place immédiatement : revue quotidienne (et non plus mensuelle) de l'indicateur taux de service, présence physique ou via vidéoconférence des fournisseurs les plus mauvais, assignation des tâches, analyse des trois sujets majeurs par PDCA-FTA... Tout cela a permis une amélioration spectaculaire du taux de service de 56 % en moyenne à plus de 93 %. Et quand des équipes convaincues en font elles-mêmes la promotion, la démonstration est encore plus évidente !

Étape 3 : observer les stagiaires

La phase de « démonstration » a mis en valeur le formateur, qui a démontré sur le terrain les principes QRQC et ses bienfaits opérationnels. La phase d'« observation » correspond à l'étape durant laquelle les stagiaires sont mis à leur tour à contribution, sous l'observation attentive du formateur. C'est un temps de mise en pratique concrète par les stagiaires, qui permet de confirmer ce qu'ils ont retenu à la fois lors de l'explication en salle et de la démonstration sur site par le formateur.

Durant cette étape, le formateur doit :

- se taire et écouter ;
- observer avec attention l'attitude *san gen shugi* démontrée par les stagiaires ;
- écouter la qualité de leurs commentaires réalisés lors de la réunion QRQC ou lors de la présentation logique d'un sujet ;
- observer comment les stagiaires procèdent au partage des cartes d'apprentissage ;
- observer comment les stagiaires coachent vers une conception robuste.

Lors de cette démarche, le formateur prend des notes précises sur chaque participant. Pour une efficacité maximale et pour rendre le coaching le plus personnalisé possible, il est préférable d'avoir un nombre de participants inférieur à cinq. Cette recommandation s'applique tout spécialement dans le cas où les stagiaires veulent rentrer dans une démarche de certification. Mais n'oubliez pas que le coaching au QRQC se fait tous les jours, à chaque réunion QRQC, sur lignes de production ou sur les lieux d'occurrence du problème. Dans ce cadre-là, le manager devra faire preuve d'un sens aigu d'observation et d'écoute pour aider ses équipes. C'est en guidant les équipes sur des problématiques rencontrées chaque jour que la formation sera perçue comme puissante. Vos collègues y puiseront une véritable aide dans leur travail de tous les jours pour être plus rapide, plus logique, plus préventif

Étape 4 : évaluer et certifier

Évaluer

Lors de cette évaluation, le participant est d'abord amené à faire part de ses propres observations suite au déroulement de la réunion QRQC.

Ensuite, le formateur fera un feedback individuel en mettant en relief les points positifs et les points d'amélioration. Ce retour s'appuie sur les notes prises et les faits observés, de façon à éviter une quelconque subjectivité dans le jugement.

Le feedback doit lui-même faire référence aux explications données ou à la démonstration, de façon à ce que chaque participant puisse comprendre son propre écart par rapport aux attendus.

Pour réaliser l'évaluation, un certain nombre de check-lists avec des critères sont disponibles pour définir les attendus de la part des opérateurs et des managers.

Le processus de coaching est progressif et passe par l'atteinte de différents niveaux successifs : débutant, compétent, formateur et expert. Pour chaque niveau, des critères sont définis avec les attentes à la fois pour les opérateurs et les managers.

Ces étapes doivent permettre à la personne participant au coaching/formation de passer d'un niveau à l'autre :

- *Niveau 1 :* débutant, avec une prise de conscience et une connaissance des principes fondamentaux du *san gen shugi*, QRQC, analyse logique, conception robuste et croissance de fiabilité ;
- *Niveau 2 :* compétent, pour une application quotidienne avec un support d'une personne certifiée formateur ou expert ;
- *Niveau 3 :* formateur, avec une application seul(e), sans aide d'un tiers, et avec des résultats visibles. Ce niveau d'application permet de former d'autres personnes ;
- Niveau 4 : expert, avec la capacité à former et certifier officiellement d'autres personnes de l'entreprise.

<table>
<tr><th>NIVEAUX > POINT VÉRIFIÉS</th><th>NIVEAU 1 : DÉBUTANT</th><th>NIVEAU 2 : COMPÉTENT</th><th>NIVEAU 3 : FORMATEUR</th><th>NIVEAU 4 : EXPERT</th></tr>
<tr><td>1. Attitude san gen shugi</td><td rowspan="5">Prise de connais-sance/ conscience</td><td rowspan="5">Peut appli-quer avec un support</td><td rowspan="5">Peut appli-quer sans support et former les autres</td><td rowspan="5">Peut former et certifier les autres</td></tr>
<tr><td>2. Activité QRQC</td></tr>
<tr><td>3. Réflexion logique</td></tr>
<tr><td>4. Partage</td></tr>
<tr><td>5. Conception robuste</td></tr>
<tr><td>Étapes de validation</td><td>Formation/ Action</td><td>Auto-évaluation</td><td>Certification formelle</td><td>Certification formelle</td></tr>
</table>

***Tableau 8.1** – Quatre niveaux de compétences*

Pour le niveau débutant. Il s'agit de la première formation visant à prendre connaissance de l'attitude *san gen shugi*, du process QRQC, de l'analyse logique, du partage d'expérience, de la conception robuste. Pour être efficace, la formation, visera à : expliquer, démontrer, observer puis évaluer. Ce premier niveau est automatiquement attribué après la réalisation de la formation, qui aura mêlé théorie et pratique.

Pour le niveau compétent. À ce stade, la personne formée est en mesure de pratiquer le QRQC/*san gen shugi*, mais avec une assistance. Pour obtenir le statut compétent, le stagiaire réalise une auto-évaluation en utilisant un questionnaire spécifique. Si toutes les exigences sont satisfaites, il s'attribue ce statut, qui reconnaît une aptitude mais qui donne aussi la possibilité d'évaluer des opérateurs.

Pour le niveau formateur. À ce stade, la personne formée est capable de pratiquer le QRQC/*san gen shugi* sans aucune aide d'une tierce personne. Pour officialiser ce niveau, il y a une démarche spécifique de certification, menée par une personne habilitée et en utilisant un questionnaire dédié. Une fois certifié, le stagiaire peut également former à son tour d'autres équipes.

Pour le niveau expert. À ce stade, la personne formée est capable d'enseigner l'attitude *san gen shugi*, l'activité QRQC, la réflexion logique, le partage d'expérience et le processus visant une conception robuste.

Une fois certifié pour ce niveau, avec un examen spécifique, le stagiaire peut non seulement former mais également certifier ses collègues.

L'évaluation des différents niveaux s'applique à la fois pour les opérateurs, les managers et les experts techniques. Afin de réaliser cette évaluation, un simple questionnaire permet de mesurer le degré de compréhension et d'application par rapport aux aptitudes requises pour chaque niveau.

Certifier

La démarche de certification a pour objectif de définir un programme permettant à l'ensemble des managers :

- de valider le niveau 3 « formateur » qui donne la possibilité de former d'autres membres du personnel du QRQC ;
- de valider le niveau 4 « expert » qui donne la possibilité de certifier les autres membres du personnel.

Ce dernier statut est bien sûr le plus difficile à atteindre : trois années d'expérience et de pratique régulière du QRQC sont nécessaires pour pouvoir certifier avec rigueur et confiance. Ce statut donne aux collaborateurs qui rentrent dans ce cycle de certification un rôle important de référent dans l'organisation, à des fins pédagogiques, tout en pouvant apporter un support opérationnel sur des sujets majeurs ou complexes.

Sans être obligatoire, il s'agit d'une reconnaissance officielle au sein de l'entreprise des aptitudes des managers. Les personnes certifiées deviennent alors des formateurs de référence que l'on peut également consulter pour avis et conseil.

POINTS VÉRIFIÉS	ATTENDUS	NIVEAU 1 : DÉBUTANT	NIVEAU 2 : COMPÉTENT	NIVEAU 3 : FORMATEUR	NIVEAU 4 : EXPERT
Attitude *san gen shugi*	Sait comment : - disposer de pièces bonnes et mauvaises afin d'être capable de comprendre dans quelles conditions la mauvaise pièce a été produite ; - réagir immédiatement selon les standards.	Sait comment faire	Assisté, est capable de faire	Est capable de faire seul et de former	Est capable d'enseigner comment faire et de certifier
Activité QRQC	Sait comment : - détecter les défauts en appliquant les critères prédéfinis ; - arrêter la ligne au premier défaut pour réagir et analyser les pièces bonnes et les pièces mauvaises ; - remonter les problèmes lorsqu'un support devient nécessaire.	Sait comment faire	Assisté, est capable de faire	Est capable de faire seul et de former	Est capable d'enseigner comment faire et de certifier
Réflexion logique	Sait comment écrire les actions de sécurisation et les actions correctives sur le tableau QRQC.	Sait comment faire	Assisté, est capable de faire	Est capable de faire seul et de former	Est capable d'enseigner comment faire et de certifier

POINTS VÉRIFIÉS	ATTENDUS	NIVEAU 1 : DÉBUTANT	NIVEAU 2 : COMPÉTENT	NIVEAU 3 : FORMATEUR	NIVEAU 4 : EXPERT
Partage d'expertise	Sait comment : - utiliser une CA ; - respecter le contenu d'une CA ; - former ses collègues à partir d'une CA.	Sait comment faire	Assisté, est capable de faire	Est capable de faire seul et de former	Est capable d'enseigner comment faire et de certifier
Conception robuste	Sait comment : - respecter le standard process ; - former ses collègues au respect du standard.	Sait comment faire	Assisté, est capable de faire	Est capable de faire seul et de former	Est capable d'enseigner comment faire et de certifier
Étapes de validation		Formation – Action	Auto-évaluation	Certification formelle	Certification formelle

***Tableau 8.2** – Support d'évaluation des opérateurs*

POINTS VÉRIFIÉS	ATTENDUS	NIVEAU 1 : DÉBUTANT	NIVEAU 2 : COMPÉTENT	NIVEAU 3 : FORMATEUR	NIVEAU 4 : EXPERT
Attitude *san gen shugi*	Sait comment : - recueillir l'information des pièces bonnes/mauvaises et la comparer au standard ; - réagir immédiatement en recueillant les données du terrain ; - parler avec des faits et des données.	Sait comment faire	Assisté, est capable de faire	Est capable de faire seul et de former	Est capable d'enseigner comment faire et de certifier
Activité QRQC	Sait comment : - conduire une réunion QRQC ; - attribuer des tâches découper un problème complexe en petits problèmes pouvant être traités en 24 heures ; - arrêter au premier non pour améliorer le processus QRQC	Sait comment faire	Assisté, est capable de faire	Est capable de faire seul et de former	Est capable d'enseigner comment faire et de certifier
Réflexion logique	Sait comment : - réaliser une analyse PDCA FTA ; - valider la logique d'une analyse PDCA FTA, LLC ; - arrêter au premier désaccord et corriger la logique d'analyse.	Sait comment faire	Assisté, est capable de faire	Est capable de faire seul et de former	Est capable d'enseigner comment faire et de certifier
Étapes de validation		Formation – Action	Auto-évaluation	Certification formelle	Certification formelle

***Tableau 8.3** – Support d'évaluation des managers*

POINTS VÉRIFIÉS	ATTENDUS	NIVEAU 1 : DÉBUTANT	NIVEAU 2 : COMPÉTENT	NIVEAU 3 : FORMATEUR	NIVEAU 4 : EXPERT
Partage d'expertise	Sait comment : - valider une carte d'apprentissage (CA) ; - partager les CA en comité de partage ; - réaliser l'audit de stabilité ; - utiliser les CA dans les Amdec.	Sait comment faire	Assisté, est capable de faire	Est capable de faire seul et de former	Est capable d'enseigner comment faire et de certifier
Conception robuste	Sait comment : - faire le lien avec le QRQC phases 1 et 2 ; - fonctionne le comité de standardisation ; - établir des standards de conception produit/process ; - faire des revues de conception ; - mener des formations aux standards techniques.	Sait comment faire	Assisté, est capable de faire	Est capable de faire seul et de former	Est capable d'enseigner comment faire et de certifier
Étapes de validation		Formation – Action	Auto-évaluation	Certification formelle	Certification formelle

Tableau 8.4 *– Support d'évaluation des experts*

NIVEAUX > POINT VÉRIFIÉS	NIVEAU 1 : DÉBUTANT	NIVEAU 2 : COMPÉTENT	NIVEAU 3 : FORMATEUR	NIVEAU 4 : EXPERT
1. Attitude *san gen shugi* **2. Activité QRQC** **3. Réflexion logique** **4. Partage** **5. Conception robuste**	Prise de connaissance/ conscience	Peut appliquer avec support	**Peut appliquer sans support et former les autres équipes**	**Peut former et certifier les autres**
Étapes de validation	Formation/ Action	Auto-évaluation	**Certification formelle**	**Certification formelle**

Tableau 8.5 – *Les deux niveaux de certification*

Pour réaliser cette certification, des compétences précises sont évaluées sur chacun des cinq thèmes que sont : *san gen shugi*, QRQC, la réflexion logique, le partage d'expérience, la conception robuste.

Pour mener à bien cette certification, l'évaluateur utilise une série de questions (présentée ci-après) connue à l'avance par les prétendants à la certification. Pour chaque question, il s'agira de donner une réponse positive ou négative, au regard :

- de l'attitude *san gen shugi* démontrée ;
- de la maîtrise de la démarche QRQC dans son ensemble ;
- de la pertinence du coaching réalisé.

Cette évaluation est faite en traitant deux cas réels en QRQC phase 1 et un cas réel en QRQC phase 2.

SAN GEN SHUGI	**OUI**	**NON**
Est-ce que la réunion est animée avec une attitude *san gen shugi* ? - Pas de blabla permis. Les preuves et les données doivent être demandées. - Il n'y a pas d'hésitation à aller sur le *genba* en temps réel si cela s'avère nécessaire. - La réunion est focalisée sur une comparaison pertinente : situation bonne *vs* situation mauvaise ; « vraies » pièces bonnes *vs* pièces mauvaises et *vs* le standard.		
Est-ce que des visites sont réalisées sur le *genba* pour comprendre le problème, vérifier la mise en place effective des actions et leur efficacité ? Suivi sur le *genba* d'un sujet traité durant la réunion QRQC.		

QRQC	**OUI**	**NON**
Est-ce que la ponctualité est respectée ? - Les réunions démarrent et se terminent à l'heure. Tous les participants sont présents et à l'heure. - Les trente minutes de réunion sont strictement respectées par l'animateur.		
L'ordre du jour est-il respecté ? L'ordre du jour respecte un standard : au minimum, doivent être revus les sujets sécurité, les nouveaux sujets, la revue des trois problèmes majeurs, la revue des tâches assignées, la revue des sujets du jour selon le planning, la visite sur le *genba*.		
Est-ce que les actions sont assignées en tâches plus petites avec des délais et des pilotes désignés ?		
Est-ce que « l'arrêt au premier non » est appliqué ? Après « l'arrêt au premier non » de la check-list, des tâches sont assignées pour : a) corriger tout de suite la non-conformité constatée ; b) analyser les causes de non-respect ; La personne formée doit comprendre les attendus et les moyens d'améliorer l'application du QRQC.		

QRQC	OUI	NON
Est-ce que le coaching est réalisé de manière constructive ? Tout problème identifié dans l'application du QRQC doit amener à une explication sur les raisons de son apparition et les moyens d'améliorer la situation.		

RÉFLEXION LOGIQUE	OUI	NON
Est-ce que « l'arrêt au premier désaccord » est appliqué ? Après « l'arrêt au premier désaccord », des tâches sont assignées pour : a) revoir tout de suite la non-conformité constatée dans la logique ; b) analyser les causes du manque de logique. La personne formée doit comprendre les attendus et les moyens d'améliorer l'application et la qualité du PDCA FTA.		
Est-ce que la cohérence de l'analyse est challengée ? Poser des questions qui mettent en avant les éléments non cohérents de la présentation. Les questions doivent être posées de la façon suivante : - Merci pour votre présentation, j'ai particulièrement apprécié le point... (mentionner l'élément précis du PDCA FTA), parce que... - J'ai une question sur... (le QQOQCCP, le tri, etc.). - Pouvez-vous me démontrer avec des preuves et des données que cela... ? - Cette question est destinée à vous permettre de...		

PARTAGE ET UTILISATION DES CARTES D'APPRENTISSAGE (CA)	OUI	NON
Les CA sont-elles revues dans le comité pour transversalisation potentielle ? Le statut de la transversalisation est-il également mis à jour ? Les CA sont revues à la fois pour une transversalisation interne (lignes de production, projets, etc.) et externe (fournisseurs, autres sites, etc.) Y a-t-il un suivi formel de la mise en place des CA ?		
Est-ce que les CA approuvées sont utilisées pour la mise à jour des Amdec ? Revue des Amdec design, process, logistique, fournisseurs pour intégration. Est-ce que le suivi de cette mise à jour est réalisé ?		

PARTAGE ET UTILISATION DES CARTES D'APPRENTISSAGE (CA)	OUI	NON
Le comité de Partage suit-il un ordre du jour standard ? Après l'arrêt au premier non, des tâches sont-elles assignées pour : a) corriger tout de suite la non-conformité constatée ? b) analyser les causes de non-respect ? La personne formée comprend-elle les attendus et les moyens d'améliorer la qualité des cartes d'apprentissage ?		

PARTAGE ET UTILISATION DES CARTES D'APPRENTISSAGE (CA)	OUI	NON
Est-ce que les cartes d'apprentissage sont assignées aux experts lors d'un comité dédié ? Les cartes d'apprentissage sont-elles revues ?		
Les standards sont-ils validés officiellement dans le cadre du comité de standardisation ? Les standards concernent-ils à la fois le produit et le process ? Les standards sont-ils publiés et accessibles facilement ?		
Les revues de conception sont-elles planifiées et réalisées selon le planning ? Les revues de conception utilisent-elles une check-list exhaustive avec les règles de conception applicables aux projets ? Tous les projets font-ils l'objet de revues de conception ? Les actions correctives sont-elles menées en cas d'écart constaté ?		

***Tableau 8.6** – Support de certification des managers aux niveaux 3 (formateur) et 4 (expert)*

Étapes	Responsables
Pratique du QRQC en tant que leader ou participant	Tout membre de l'entreprise
↓ Participation à une formation organisée par un formateur certifié « Expert » ou « Formateur » : 1 journée	Formateur certifié Formateur ou Expert
↓ Certification automatique des formés au niveau « Débutant » suite à la formation	Formateur certifié Formateur ou Expert
↓ **Pratique du QRQC** Auto-évaluation sur base de la check-list au niveau « Compétent »	Tout membre de l'entreprise
↓ **Demande de certification** Certification de la personne demandeuse au niveau « Compétent » sur la base d'un QRQC réel	Postulant Formateur certifié Formateur ou Expert
↓ **Demande de certification** Conduite par le demandeur d'une formation sous l'observation d'un formateur certifié > Certification au niveau « Formateur »	Postulant Formateur certifié Formateur ou Expert
↓ **Demande de certification** Certification du postulant au niveau « Expert », sur la base de cas réels en QRQC Step 1 et Step 2	Postulant Formateur certifié Formateur ou Expert

Figure 8.2 *– Étapes de la certification*

LES PRINCIPES DE L'*ON JOB TRAINING* (OJT)

L'arrêt au premier non

Dans les chapitres précédents, les questionnaires qui ont été présentés étaient destinés à faciliter la mise en œuvre du processus QRQC. Ces questions sont avant tout des aide-mémoires, utiles pour éviter toute confusion et assurer une application la plus parfaite possible. Elles représentent aussi une référence pour le coaching, pour viser une amélioration permanente de la démarche.

Chaque questionnaire a des attendus précis, auxquels il convient de satisfaire. Toutefois, dès que cela n'est pas le cas, le coach doit « arrêter » afin de :

- demander une action corrective immédiate à des pilotes désignés, dans la logique de *Quick Response*. Cette demande doit s'accompagner d'une aide car le coach doit conseiller la meilleure façon de satisfaire l'exigence et ne pas rester sur un simple mode « auditeur » ;
- demander à l'équipe de comprendre pourquoi cet attendu n'a pas été satisfait. En effet, même si l'exigence est comprise, elle n'est pas systématiquement appliquée : les diverses contraintes du quotidien peuvent amener à des dérives, que l'équipe doit analyser, y compris sous l'angle managérial (problème de formation, de communication, équipe particulière, ressources, priorités, etc.).

De même, l'analyse de la cause racine doit être faite, dans une logique FTA, en comparant les bonnes et les mauvaises situations en termes d'application : des écarts existent-ils entre les équipes ? entre les produits ? entre les journées ?

Remarque

Si cette analyse n'est pas faite, le risque est grand de voir soit de mauvaises pratiques appliquées, soit des dérives. N'oubliez pas que la grande force de la démarche QRQC est de viser une amélioration permanente chaque jour.

Une fois l'exigence corrigée et l'analyse réalisée sur la non-application du standard, on établit alors un système robuste destiné à assurer une application parfaite et quotidienne. On passe ensuite à l'exigence suivante de la check-list, et ainsi de suite jusqu'à obtenir un respect parfait de tous les attendus !

La grille d'évaluation comprend cinq critères avec des affirmations. Chaque critère est évalué l'un après l'autre. Dès que deux conditions consécutives d'un critère ne sont pas remplies, on s'arrête !

CRITÈRE	ATTENTES	ARRÊT AU PREMIER NON
1. Détection	Les indicateurs listés dans la boîte rouge doivent être affichés avec des objectifs en amélioration continue et un historique sur six mois. Chaque membre de l'équipe doit remonter les problèmes détectés depuis la dernière réunion QRQC.	Si les attentes sont satisfaites, mettre oui et passer au critère suivant. Si deux affirmations ne sont satisfaites, mettre non et s'arrêter.
2. Communication	Au minimum, les trois principaux problèmes détectés depuis la dernière réunion QRQC sont présentés pendant la réunion avec un QQOQCCP et les actions de sécurisation définies. Des petites tâches sont assignées et sont revues dans les 24 heures idéalement ou 48 heures maximum. Confirmation de la sécurisation. L'escalade des problèmes est démontrée (le propriétaire du QRQC décide quels problèmes devront être escaladés).	Si le critère précédent a été satisfait, on vérifie que les affirmations du deuxième critère sont positives et ainsi de suite…
3. Analyse	Les vraies bonnes pièces, bonnes situations et bonnes conditions sont identifiées pour être comparées avec les vraies mauvaises pièces, mauvaises situations et mauvaises conditions, et aussi par rapport au standard. Les participants ont toujours les pièces bonnes/mauvaises dans les mains.	

CRITÈRE	ATTENTES	ARRÊT AU PREMIER NON
3. Analyse	Le PDCA FTA est toujours utilisé pendant la réunion QRQC sur tous les problèmes. La grille de « raisonnement logique » est utilisée pour challenger le PDCA FTA par le responsable de la réunion QRQC. Démonstration que les personnes impliquées dans le problème (opérateurs, techniciens, ingénieurs, etc.) ont été intégrées dans l'analyse. Revue des tâches assignées la veille et en assigner une nouvelle à revoir dans les 48 heures.	
4. Vérification	Sur le terrain, vérifier que : - les actions sont mises en place et sont efficaces ; - le nouveau standard ou « savoir-faire » issu de la carte d'apprentissage est connu des utilisateurs.	
5. On Job Training	Le responsable du QRQC, les directeurs généraux et les directeurs d'activités/divisions ont fait une formation/action (*On Job Training*) en utilisant les check-lists QRQC, et en appliquant l'arrêt au premier non et/ou l'arrêt au premier désaccord.	
	TOTAL/5	/5

***Tableau 8.7** – Grille d'évaluation de l'arrêt au premier nom*

Quelques précisions pratiques pour réaliser un arrêt au premier non efficace :

- chaque manager peut faire cette activité, du superviseur au PDG, de façon régulière (idéalement au moins une fois par semaine sur une zone) lors des réunions QRQC ;
- les non-conformités constatées peuvent être notées sur le tableau de la zone QRQC visitée (ligne, département, atelier, usine, etc.), ainsi que les assignations. Et le manager doit revenir ensuite constater la correction ou l'amélioration.

L'arrêt au premier désaccord

La démarche de « l'arrêt au premier désaccord » a pour objectif d'améliorer la résolution logique. On utilise une simple grille d'évaluation avec des attendus, destinés à améliorer la qualité de l'analyse. Toutefois, dès que cela n'est pas le cas, le coach doit « s'arrêter » au premier critère de cette liste afin de :

- demander à la personne présentant une analyse de revoir immédiatement le point qui manque de logique ;
- demander à l'équipe de comprendre pourquoi la logique a été insuffisante : par exemple, pourquoi la comparaison pièces bonnes/mauvaises n'a pas été faite ? Est-ce que l'on a bien compris ce qui a changé entre le jour J du défaut et le jour J-1 ? Est-ce que le facteur jugé influent a été reproduit ?

Tout comme l'arrêt au premier non, la grille d'évaluation comprend cinq critères contenant chacun différentes affirmations. Les critères sont évalués l'un après l'autre. Dès que deux affirmations consécutives ne sont pas satisfaites, le formateur ou le manager s'arrête pour challenger la qualité de l'analyse.

CRITÈRE	ATTENTES	ARRÊT AU PREMIER DÉSACCORD
1. QQOQCCP	Je comprends quel était le problème et sa criticité, quelles étaient les conditions quand le problème est survenu (problème client, interne, fournisseur, rejets ou enregistrement de données passées). Je comprends la différence entre pièce bonne et pièce mauvaise.	Si les attentes sont satisfaites, mettre oui et passer au critère suivant. Si deux affirmations ne sont satisfaites, mettre non et s'arrêter.
2. Tri et collecte d'informations	Je suis convaincu que le client a été protégé et que les critères de tri ont été correctement définis. Je comprends les informations que l'équipe a apprises des activités de tri et comment elles vont soutenir l'analyse des facteurs influents (comparaison entre pièces bonnes et pièces mauvaises, vérification des cartes d'apprentissage, analyse des tableaux QRQC et des événements enregistrés, changements, chronologie des événements, enregistrement d'activités de maintenance sur les moyens, vérification du plan de contrôle et des caractéristiques critiques.	Si le critère précédent a été satisfait, on vérifie que les affirmations du deuxième critère sont positives et ainsi de suite...

CRITÈRE	ATTENTES	ARRÊT AU PREMIER DÉSACCORD
3. Comparaison	L'équipe démontre sur la base de faits établis et de données les facteurs qui ont généré la différence entre pièce bonne et pièce mauvaise and utilisant la méthode FTA pour la non-détection et l'occurrence.	
4. Reproduction	J'ai la preuve que le défaut a été reproduit de la même façon que quand il est survenu (ni avant, ni après), où il est survenu et pourquoi dans cette quantité (ni plus ni moins). La reproduction du défaut doit être réalisée à partir des causes racines identifiées dans l'analyse FTA et des cinq pourquoi ?	
5. Pourquoi	Chaque facteur retenu est le point de départ d'une analyse cinq pourquoi. Je comprends que l'équipe a vérifié que chaque pourquoi était justifié et démontré par des preuves factuelles. Le dernier pourquoi doit adresser les cause racines système ou de management pour améliorer l'efficacité de l'organisation.	

***Tableau 8.8** – Grille d'évaluation de l'arrêt au premier désaccord*

La façon de challenger l'analyse

Pour éviter une réaction négative de la part de membres qui ont passé du temps à effectuer l'analyse, certaines précautions sont à prendre pour rendre l'exercice positif. Pour cela, l'arrêt au premier désaccord suit un standard de présentation particulier.

Il faut d'abord remercier pour le travail d'analyse déjà réalisé. N'oubliez pas, en effet, qu'une analyse a mobilisé des équipes, du temps et qu'un commentaire désobligeant en public peut avoir un effet démotivant !

Exemple

Il est recommandé de faire le commentaire suivant : « Merci pour votre présentation, j'ai particulièrement apprécié le point... [mentionner l'élément précis du PDCA FTA], parce que… ». Il s'agit d'un feedback positif sur un aspect de l'analyse qui a été particulièrement bien fait.

Ensuite, il faut indiquer le point précis sur lequel l'arrêt a été réalisé, à la fois pour donner la possibilité au présentateur de s'expliquer factuellement et en même temps de lui signifier en quoi la question posée lui permettra de renforcer la qualité de son raisonnement logique.

Exemple

Il est recommandé de faire le commentaire suivant : « J'ai une question sur… [le QQOQCCP, le tri…] », « Pouvez-vous me démontrer avec des preuves et des données que cela… », « Cette question est destinée à vous permettre de… ».

L'activité d'arrêt au premier désaccord ne doit pas frustrer ou démoraliser les équipes. Elle a d'abord pour but principal d'amener les présentateurs à une prise de conscience personnelle sur les points incohérents de leur propre analyse ! Et donc d'améliorer la qualité du raisonnement logique.

Reconnaître

La reconnaissance consiste à passer chaque jour des messages positifs aux équipes quand un problème a été résolu. En effet, derrière l'activité QRQC, il y a des femmes et des hommes qui travaillent ensemble pour traiter des sujets parfois difficiles. Le travail d'équipe est une des autres valeurs qui sous-tendent tout le travail de résolution. Une reconnaissance verbale ou formelle a donc une grande valeur. Elle sert à :

- remercier et faire des retours positifs suite aux efforts individuels et collectifs réalisés pour trouver des solutions ;
- découvrir ou connaître le potentiel de certains collaborateurs ou collaboratrices, à l'occasion de leur implication dans la résolution d'un problème (qualités d'analyse, de communication, compétences, expertise, etc.) ;
- prouver que chaque jour des améliorations sont possibles partout, dans tous les services, dans l'intérêt de l'entreprise et du personnel.

Remarque

À la fin de chaque réunion QRQC, il est recommandé de mettre à l'ordre du jour une amélioration particulière, et d'applaudir la personne ou le groupe de personnes impliqué dans cette amélioration.

LES FORMATIONS TECHNIQUES

Les formations et le coaching au QRQC permettent d'apporter de meilleurs résultats et de l'efficacité dans la manière de traiter, prévenir, et standardiser, mais il est bien évident que le savoir purement technique de l'entreprise doit faire lui-même l'objet d'un processus de formation tout aussi efficace, afin de permettre aux salariés de réussir le travail pour lequel ils ont été recrutés. À leur formation, savoir et expérience de base, s'ajoutent en effet des formations techniques qui viennent parfaire les connaissances des employés en fonction des évolutions techniques et technologiques du marché.

Le processus de formation est en général assez commun à de nombreuses entreprises, avec :

- le recueil des besoins de formation en fin d'année, souvent conjugué à l'entretien annuel d'évaluation ;
- la sélection des formations en fonction du budget et des priorités de l'entreprise, du département et des souhaits de l'employé ;
- la sélection des organismes de formation, ou la reconduction de formations existantes (internes ou externes) ;
- la planification des formations ;
- la réalisation des formations en interne ou en externe ;
- le suivi de l'efficacité, quand cela est possible.

Dans le cadre du QRQC Parfait, et notamment sa partie standardisation, la mise en place de formations techniques est fondamentale. D'abord, on ne peut pas demander à des équipes d'appliquer des standards de conception s'ils ne les connaissent pas ; ensuite, les connaissances techniques évoluent au fil des problèmes rencontrés et traités dans le cadre du QRQC. Les experts-propriétaires sont les acteurs majeurs pour la formation aux standards robustes, même s'ils ne sont pas les seuls. Comme on l'a vu précédemment, les experts réalisent ces formations dans un cadre formel (organismes de formation technique internes ou externes) ou informel lors des revues de conception. Cette expertise technique est la richesse de l'entreprise. Ce savoir technique doit être protégé et nourri par les erreurs du passé, mais surtout transmis aux générations futures de salariés. Les règles de conception et le savoir-faire sont un véritable trésor !

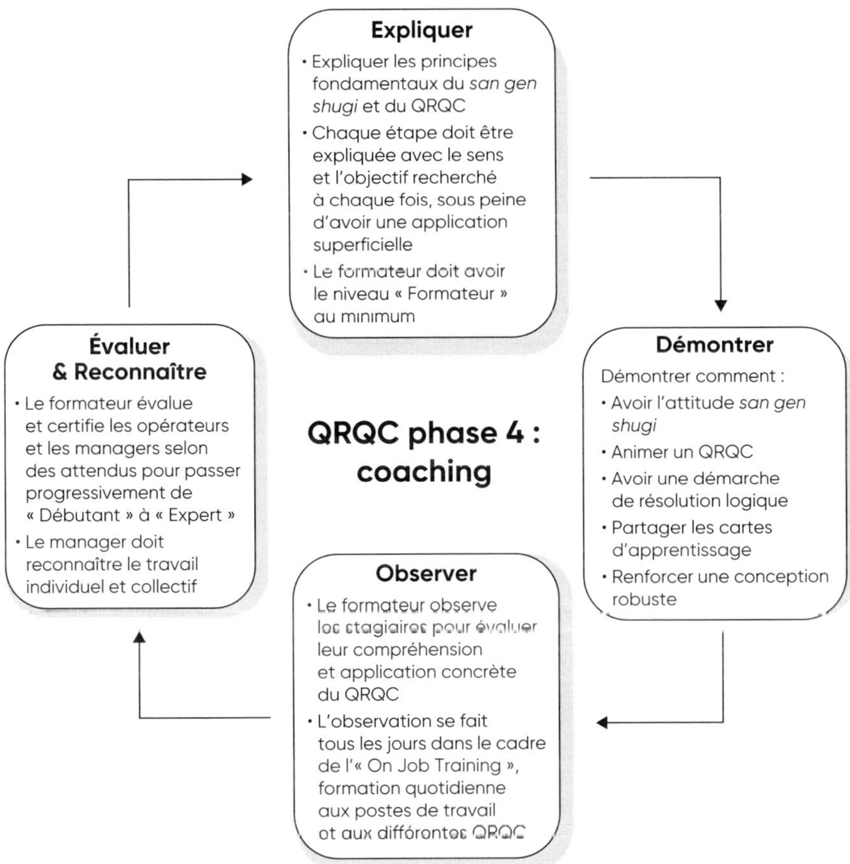

***Figure 8.3** – Résumé de la phase de coaching*

POINTS CLÉS

✚ Qui est impliqué dans cette activité ?

☐ Tous les managers en priorité, quel que soit leur niveau. D'autres fonctions ont un rôle spécifique.

✚ La fonction qualité pour :

☐ être certifié en priorité ;

☐ former les managers ;

☐ évaluer sur le *genba* la performance des managers.

✚ Le réseau ressources humaines pour :

☐ coordonner, faciliter et contrôler la tenue des formations ;

☐ conserver les enregistrements des formations et des évaluations ;

☐ promouvoir les formations QRQC.

✚ Quels sont les facteurs clés de succès ?

☐ Démontrer l'exemplarité et l'implication du management.

☐ Aider et former les équipes pour une application en profondeur.

☐ Détecter les points faibles dans la compréhension et l'application.

☐ Avoir un déploiement à tous les niveaux.

✚ Quels sont bénéfices attendus ?

☐ Ne pas demander aux équipes de « faire » sans en expliquer la raison.

☐ Ne pas se limiter à quelques experts en QRQC, sur lesquels tout repose. Le principe du QRQC est que tout le monde a un rôle de formateur à jouer, de l'opérateur au PDG !

Flasher le qr-code pour accéder au quiz sur la conception robuste.

http://dunod.link/qrqc06

Flasher le qr-code pour accéder au quiz sur la phase de coaching.

http://dunod.link/qrqc07

CHAPITRE 9

Le déploiement du QRQC

Quand une société a décidé de lancer un programme de déploiement du QRQC comme processus standardisé de résolution de ses problèmes, il est parfois utile de démarrer par un cas pilote, après avoir formé préalablement l'ensemble du comité de direction et des équipes opérationnelles, notamment les superviseurs et les chefs d'équipe.

Ensuite, selon sa maturité, un accompagnement opérationnel peut être apporté pour l'application pratique du QRQC pour la résolution de problèmes. Cela peut se traduire par la mise à disposition de ressources humaines externes ou internes pendant quelques mois, afin d'accompagner, via des experts certifiés *role model*, la mise en œuvre opérationnelle du QRQC et viser ainsi la réduction des incidents de toute nature.

UNE VRAIE GESTION DE PROJET

Le déploiement du QRQC doit être pris comme un véritable projet, avec des étapes à respecter. Cela est particulièrement sensible pour les entreprises devant le déployer à travers plusieurs services ou plusieurs entités du même groupe, et dans divers pays.

En revanche, à l'échelle d'un site, il ne faut pas de chef de projet ! Le QRQC est l'affaire de l'équipe de direction, qui est elle-même l'équipe projet.

La responsabilité doit d'abord incomber au directeur général qui doit communiquer très largement sa volonté de déployer et montrer son implication opérationnelle et pratique sur le sujet. Sinon, c'est l'échec garanti...

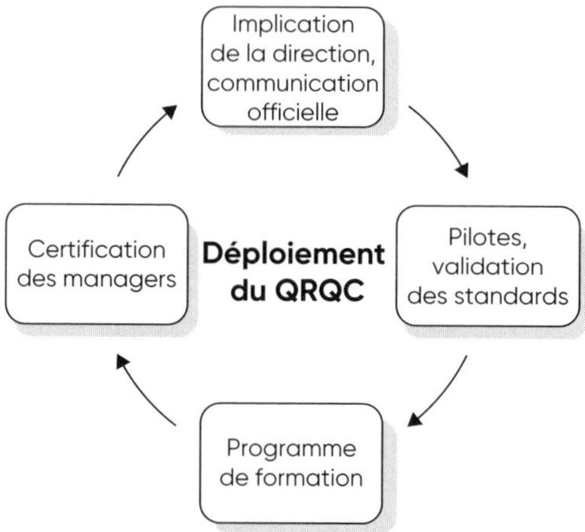

***Figure 9.1** – Les quatre phases de déploiement du QRQC*

PHASES	OUTPUTS	RESPONSABLE
Implication de la direction/ communication officielle	Il s'agit d'obtenir un Go/No Go de la direction du site ou du groupe. Un kit de communication est disponible pour communiquer sur les bénéfices attendus du QRQC, sur le plan opérationnel et financier.	Direction générale site ou groupe.
Pilotes/ validation des standards	- Il s'agit de définir des zones ou des sites pilotes selon les priorités opérationnelles, ainsi que les leaders de ces pilotes. - Ensuite, un retour d'expérience de ces pilotes permettra de définir un guide ou procédure de mise en œuvre opérationnelle, y compris en termes de formulaires, de management visuel et de modules de formation.	Ligne de production, une unité autonome de production, un site ou une région.
Programme de formation	Les managers et les opérationnels sont formés, ainsi que les services qualité	Managers sites, régions ou groupe, experts certifiés.

PHASES	OUTPUTS	RESPONSABLE
Mise en œuvre opérationnelle	QRQC Ligne/UAP/Usine mis en œuvre avec le management visuel adapté	Managers sites, régions ou groupe, experts certifiés.
Certification des managers	Démarche de certification.	Managers sites, régions ou groupe, experts certifiés.

***Tableau 9.1** – Responsabilité des différentes entités*

Il faut toujours avoir en tête qu'un déploiement n'est jamais le même d'une entreprise à une autre. En effet, selon l'organisation, la culture ou le type de produits et les volumes (de masse ou en quantités faibles mais coûteuses), une adaptation sera toujours nécessaire. L'essentiel est que chaque entité se sente complètement à l'aise avec la démarche et que cela ne soit pas perçu comme une importation artificielle de démarches extérieures et imposées. Une adaptation et une prise en compte de chaque particularité est nécessaire.

Le QRQC existe depuis plus de trente ans ; il a fait ses preuves partout où le déploiement a été réalisé correctement. Un déploiement mal conçu, mal préparé et organisé, peut générer un rejet et surtout passer à côté de ses immenses bénéfices !

DES RESSOURCES HUMAINES EXPERTES ET OPÉRATIONNELLES

Lors du déploiement, la disponibilité de ressources expertes est clé. Ces ressources peuvent être internes, certifiées selon la démarche décrite dans le chapitre précédent. Ces ressources peuvent être aussi sollicitées à l'extérieur, si elles sont inexistantes ou indisponibles en interne.

Le rôle de ces supports opérationnels sera de :

- former et certifier les équipes dirigeantes et opérationnelles ;
- coacher les opérationnels pour caractériser suivant le QQOQCCP, les anomalies rencontrées en production ou chez les clients, fournisseurs ;
- piloter la résolution de problème au sein de l'unité de production, en assurant le suivi des QRQC vers les clients et fournisseurs ;

- soutenir les équipes de managers dans le process de la résolution de problème et s'assurer du traitement des problèmes au bon niveau (escalade) ;
- être le garant du respect des principes du QRQC ;
- participer à l'élaboration des indicateurs qualité (nombre de QRQC ouverts + statuts).

Compétences requises

Ces travaux requièrent un niveau d'expert, avec des compétences fortes en termes de :

- capacités pédagogiques ;
- qualités de communication et de conviction ;
- maîtrise du QRQC : l'attitude *san gen shugi* et le process lui-même ;
- une excellente maîtrise de la résolution de problème suivant la logique FTA (comme vu précédemment, c'est souvent le FTA qui le point le plus faible !) ;
- maîtrise des outils QQOQCCP et capacité à challenger les équipes ;
- outils bureautiques et informatiques.

Revues d'avancement

Chaque intervention sur le terrain des équipes d'experts permettra de :

- coacher les équipes sur le terrain ;
- reformer si nécessaire ;
- améliorer ou renforcer le management visuel ;
- procéder par échantillonnage à des analyses d'incidents ;
- rectifier la mise en œuvre ;
- donner des conseils.

L'objectif sera d'atteindre une application idéale pour voir des premiers résultats opérationnels.

Les facteurs clés de succès d’un déploiement

Le succès d’un déploiement QRQC dépend de huit facteurs :

- la décision, implication et vision du top management groupe, activité et *business unit* ;
- le choix des bons sites pilotes et les bons leaders pour ces pilotes ;
- la présence de ressources nécessaires en temps et en budget ;
- la coopération et implication des fonctions support, notamment de l’ingénierie et des projets ;
- l’attitude *san gen shugi ;*
- une volonté partagée de progresser en changeant les pratiques actuelles : c’est un changement de culture !
- la communication et promotion régulière de la méthodologie QRQC ;
- l’aide par un coach interne certifié ou par un regard externe expérimenté.

LE QRQC : LE MANAGEMENT VISUEL DIGITALISÉ

Comme évoqué dans les précédents chapitres, le management visuel est une des composantes majeures de la démarche QRQC. Le tableau QRQC est la matérialisation concrète de la démarche QRQC dans l’usine. Polyvalent, il peut être utilisé pour les QRQC ligne, UAP et Usine ou pour les différentes fonctions support.

L’idéal est d’utiliser une station QRQC modulable, avec des roues lui permettant de le positionner dans divers endroits et selon les besoins ; ajustable, il est flexible et peut être disponibles avec de nombreuses options : avec ou sans écran tactile, bacs, formulaires, caméra…

Le poste QRQC sera le poste indispensable pour la mise en place du QRQC de façon immédiate. La plupart du temps, les caractéristiques sont les suivantes :

- structure aluminium ajustable avec des possibilités d'ajouts de supports ;
- solide base avec des roues pour plus de mobilité dans l'atelier ou l'usine ;
- bacs contenant les pièces bonnes, mauvaises et standard ! ;
- interaction immédiate, avec connexion réseau/wifi ;
- possibilité d'ajouts d'autres accessoires : caméra, support téléphone selon organisation locale ;
- possibilité d'intégrer un logiciel de gestion e-QRQC.

On parle aujourd'hui de « e-QRQC », car les entreprises tendent désormais à bannir le papier dans les usines. Cela vaut aussi pour le QRQC. Concrètement, on parle d'outils digitaux, sur écrans PC tactiles ou tablettes, afin d'enregistrer les incidents et les traiter en temps réel[1].

Des connexions Wifi, des caméras intégrées, des intelligences artificielles et des liaisons automatiques aves les outils de gestion de l'entreprise, peuvent permettre une gestion synchronisée et en temps réel des activités opérationnelles de l'entreprise (conception, production, livraison, service…) mais aussi de résolution de problèmes. Car, soyez en sûr(e)s, il y en aura toujours ! Encore faut-il avoir la bonne attitude, le bon process et les outils les plus modernes pour y faire face !

1. Le chapitre sur la gestion informatique du QRQC l'aborde largement avec des logiciels QRQC dédiés.

QRQC

CHAPITRE 10

La digitalisation du QRQC

À l'ère de l'industrie 4.0, il est évident que la démarche QRQC ne peut échapper au besoin d'utiliser tous les outils digitaux désormais disponibles pour simplifier, automatiser et augmenter encore sa valeur ajoutée.

Toutefois, rappelons-nous toujours les fondations sur QRQC : c'est le réel avant tout ! Le virtuel ne doit servir qu'à aider pour réduire voire supprimer certaines tâches administratives du QRQC.

C'est dans cette optique qu'il est désormais recommandé d'utiliser des applications et des logiciels qui peuvent véritablement vous aider dans la mise en œuvre opérationnelle. En effet, dans une logique de rapidité et d'efficacité du QRQC, certaines tâches manuelles peuvent être automatisées afin :

- d'éviter la gestion papier, lourde, qui ne permet pas aisément l'archivage et la recherche de l'historique. Sans compter l'impact écologique lié à l'utilisation intensive du papier ;
- d'avoir un système de gestion des incidents qui communiquer avec ses différents environnements internes ou externes (fournisseurs par exemple) ;
- de récupérer des données de façon intégrée et en temps réel pour une analyse et prise de décision en temps réel ;
- d'augmenter en productivité et réduire au maximum les temps de saisie : un grand nombre d'informations peuvent être chargées à partir des ERP ou de bases dédiées, grâce à une architecture définie en ce sens ;

- de lier la gestion des incidents avec les systèmes d'information et ERP existants, afin de récupérer les informations à caractère financier ou administratif (coûts de non qualité, gestion des stocks, mouvements de pièces, etc.) ;
- de faciliter et accélérer par voie informatique le partage d'expérience entre différents services ou différents sites de production d'un même groupe ;
- d'avoir accès à distance aux problèmes rencontrés à l'autre bout via des outils de réalité virtuelle.

Dans ce cadre, nous recommandons particulièrement la mise en place d'un système e-QRQC, qui est de nature à intégrer la vraie logique QRQC dans sa conception et dans son process originel. Conçue par des opérationnels de la fonction qualité et sécurité, le e-QRQC répond aux besoins exprimés par les utilisateurs, en termes de gestion de traitement des non-conformités, via ses nombreux modules QRQC. C'est toujours dans un esprit « pratique » et opérationnel, que nous vous proposons, dans ce qui suit, une structuration pour la mise en place de votre système « e-QRQC ».

LA GESTION DES INCIDENTS QUALITÉ CLIENTS

Le premier module, le « module client » d'un système e-QRQC vous permet d'appliquer la logique QRQC, en ayant la possibilité de :

- décrire un problème selon le questionnement QQOQCCP ;
- lister les actions de sécurisation ;
- lancer une démarche d'analyse simple ou approfondie ;
- assigner des responsables (en interne ou externe) et suivre les actions de correction et de prévention ;
- joindre des documents ou photos utiles pour l'analyse ;
- lancer des cartes d'apprentissage ;
- formaliser un rapport client type 8D.

Les modules seront développés avec une architecture standard et conviviale, pour faciliter le parcours de l'utilisateur. L'entrée dans e-QRQC amène à une première interface de recherche contenant :

- près de vingt critères de recherche, permettant la recherche d'un ou plusieurs évènements ou incidents. Ces filtres sont nombreux : client, produit, catégories de défauts, usine, mot clé, responsable, etc. ;
- un résultat de cette recherche affiché juste en dessous des critères, selon un affichage de colonnes modulable ;
- un bouton d'export de cette recherche sous différents format : Excel, Powerpoint, CSV ;
- un bouton de création d'un incident/évènement en suivant des étapes standard, en ligne avec la logique 8D/QRQ ;
- trois boutons de suppression, consultation (lecture) ou modification des événements ;
- un bouton reporting/BI qui permet de générer et d'avoir accès à tous les indicateurs concernés par le module.

Après avoir cliqué sur le bouton rouge de création d'un nouvel événement, on passe à l'étape une d'identification, qui permet de respecter les grandes étapes de la démarche QRQC.

Identification

La première étape d'identification permet de lister l'ensemble des informations à caractère général concernant l'incident en question : client, désignation produit, référence, usine, team leader (l'équipe peut être invitée et ajoutée aisément).

À noter qu'un grand nombre d'informations est censé être automatiquement chargé de l'ERP ou de bases existantes (fichiers produits, clients, référence, usines, directory, etc.).

À cette étape, il est possible de joindre des fichiers de tout format (jpeg, png, word, ppt…) afin de servir de preuves à la mise en place des actions. Cela peut être des rapports, e-mails ou tout document de nature à soutenir cette étape d'identification.

QQOQCCP

Après avoir renseigné l'ensemble des informations à caractère général, on passe à l'étape 2 de QQOQCCP, qui permet de décrire l'incident selon une approche structurée et de faciliter l'analyse.

- Quel est le problème ?
- Pourquoi est-ce un problème ?
- Quand le problème a-t-il été détecté ?
- Qui l'a détecté ?
- Où a-t-il été détecté ?
- Comment a-t-il été détecté ?
- Combien de pièces sont non conformes ?

Pour une caractérisation optimale, les deux descriptions du problème sont demandées : la vue de votre client du problème, tel qu'il est compris et perçu, et la vue interne des experts, avec une description plus technique et enrichie d'informations supplémentaires, de nature à accélérer la compréhension de l'incident.

Après avoir décrit le problème, des photos et des documents sont ajoutés pour rendre le problème plus clair et plus visuel. Cela est particulièrement important pour les clients basés à l'étranger, pour lesquelles la barrière linguistique peut faire perdre du temps lors de la description de l'incident.

Lors d'un incident client ou interne, une fonction dite *cascading* existe, permettant d'informer le fournisseur interne ou externe de l'existence d'un écart avec une description du problème.

Si le fournisseur est un fournisseur interne ou externe de rang 1, il reçoit alors une notification via un lien internet qui lui indique la survenance d'un écart et une demande de plans d'actions. Le fournisseur est alors amené vers un module « Qualité Fournisseurs », dans lequel le fournisseur assigné reçoit la description de l'écart et doit réaliser l'analyse selon la démarche 8D, suivre et valider les étapes, avant d'envoyer son rapport à son client.

À cette étape, il est possible de joindre également des fichiers de tout format (jpeg, png, word, ppt…) afin de servir de preuves à la mise en place des actions. Cela peut être des rapports, e-mails ou tout document de nature à soutenir cette étape de caractérisation.

Réponse rapide

Après avoir caractérisé le problème, on passe à l'étape de « Réponse rapide », qui permet de lister les actions correctrices immédiates, de tri notamment, destinées à contenir l'impact du problème et en réduire les conséquences dans l'ensemble de la chaîne de production, livraison, installation, etc.

Les résultats de ces actions de sécurisation sont mentionnés avec la date de remise en conformité et les éléments de traçabilité.

Une liste des actions supplémentaires d'actions est remplie avec les informations clé : action, responsable, date prévue, date réelle.

Analyse

Après avoir sécurisé, on passe à l'étape d'analyse, qui permet de trouver les causes racines du problème. Une « assignation » est réalisée pour planifier la résolution du problème et affecter aux personnes concernées des actions dans le cadre de l'analyse. Cela peut être un fournisseur de rang 1, ou un fournisseur d'un autre range ou encore un service interne :

- si le fournisseur est un fournisseur externe de rang 2 ou plus, il reçoit un email avec la description du problème dans l'email, et il lui est demandé également de se prononcer sur cet écart via une approche 8D ;
- si un service interne (par exemple, le bureau d'études) est sollicité pour avis ou confirmation d'un écart, il reçoit un email qui l'emmène vers l'incident avec une demande de se prononcer et d'analyser l'écart directement dans l'outil.

En termes d'analyse, un 8D-FTA permet d'analyser les sujets escaladés en QRQC UAP ou Usine.

Bien sûr, le process d'analyse inclue un questionnement sur les deux aspects de cause : l'occurrence du problème et la non-détection du problème.

À cela s'ajoute un cinq pourquoi qui s'affiche automatiquement dès que la cause potentielle est identifiée, avant d'ajouter une fonction de « reproduction du défaut », qui permettra de confirmer la cause racine.

À cette étape, il est possible de :

- joindre des fichiers de tout format (jpeg, png, word, ppt, etc.) afin de servir de preuves à la mise en place des actions. Cela peut être des rapports, e-mails ou tout document de nature à soutenir cette étape d'actions correctrices/immédiates ;
- rendre visible ou pas pour le client tout ou partie de l'analyse dans le rapport 8D.

Plan d'action

Après avoir analysé, on passe à l'étape plan d'action qui permet de lister les actions correctives et préventives. Chaque action contient un responsable, une date prévue et réelle. Un champ existe sur l'évaluation de l'efficacité des actions menées avec une check-list de validation des actions sur le terrain. Cette check-list est modifiable et on peut y associer à ce stade un lien avec un nouveau standard, qui sera la nouvelle norme de travail ou d'inspection pour les productions à venir.

Clôture

Après avoir défini le plan d'action, on passe à l'étape de clôture, qui permet définir le retour d'expérience, issu de la résolution du problème. Ce retour d'expérience se présente sous la forme d'une carte d'apprentissage (LLC ou *Lesson Learned Card*) d'une seule page synthétique, qui reprend l'ensemble des éléments nouveaux appris. Cet apprentissage peut amener à revoir ou à mettre à jour l'IPR des Amdec, avec lesquels un lien documentaire est possible.

8D Export

Le rapport 8D est automatiquement édité. En effet, il ne s'agit plus de ressaisir des informations dans des champs Excel ou Word. Toutes les informations saisies préalablement, à chaque étape, sont remises dans l'ordre logique d'une approche 8D :

- D0 : Planifier la résolution ;
- D1 : Constituer une équipe ;
- D2 : Définir et décrire le problème ;
- D3 : Définir et appliquer les actions de sécurisation ;
- D4 : Déterminer et identifier les causes racines, avec le FTA ;
- D5 : Sélectionner les actions ;
- D6 : Mettre en place les plans d'actions correctives et préventives ;
- D7 : Définir le retour d'expérience et transversaliser ;
- D8 : Féliciter l'équipe.

Ce rapport est ensuite envoyé au client pour résumer l'ensemble du travail d'investigation et les plans d'actions. Selon les besoins exprimés, il peut être accompagné de fichiers et documents supplémentaires, également disponibles dans la base de données.

Reporting et statistiques

Un module reporting de e-QRQC vous donne la possibilité de :

- récupérer les informations déjà préremplies, évitant aucune ressaisie de données ! ;
- mesurer la performance qualité et sécurité (nombre d'incidents ouverts, clos, en cours de traitement, etc.) ;
- mesurer la réactivité dans la clôture des incidents ;

- avoir des éléments d'analyse sur les incidents (par clients, fournisseurs, projets, catégories de défauts, etc.) ;
- obtenir des graphes et informations visuelles sur les données clés de la qualité, sécurité.

Cette fonction vous permet de sortir en temps réel des données qualité, et de saisir toutes les informations utiles à la prise de décision. Son objectif principal est d'aider à créer les rapports et des documents prêts à être utilisés ou imprimés de manière simple et flexible. Il permet la représentation de données sous forme textuelle, mais aussi la génération de graphiques divers (sous forme de barres, courbe, nuages de points, etc.).

Cette partie reporting offre une grande flexibilité et de nombreuses autres fonctionnalités plus poussées encore :

- établissement de standards Pareto (par usine, client, fournisseur, groupe, etc.) ;
- établissement d'indicateurs ponctuels ou à la demande ;
- possibilité de présenter les données de manière très variée (textuel, graphiques), à partir de différentes sources et paramètres ;
- export dans une grande variété de formats.

Recherche de mots clé/autres critères

Une fonction de recherche vous permettra d'avoir différents moyens de trouver des informations sur des événements qualité ou sécurité :

- première page d'accueil avec vingt critères de recherche ;
- possibilité d'ajouter ou de supprimer des critères de recherche pour ne retenir que les plus utilisés ;
- recherche par mots clés ;
- recherche par description du problème, telle que mentionnée dans le QQOQCCP.

Logique incident « parent/enfant »

Afin d'éviter une nouvelle saisie de 8D pour un même type d'incidents, chaque incident peut être rattaché à un numéro d'incident maître ou dit « parent ». Celui-ci correspond à la première analyse 8D, avec une référence identifiée. Quand les autres incidents surviennent, ils sont rattachés à cet incident parent, ce qui évite la ressaisie du 8D.

LA GESTION DES INCIDENTS SÉCURITÉ

Un module HSE de e-QRQC suit la même logique que celle de la partie qualité client et permet de :

- décrire un problème selon le questionnement QQOQCCP ;
- lister les actions de sécurisation ;
- lancer une démarche d'analyse simple ou approfondie ;
- assigner et suivre les actions de correction et de prévention ;
- joindre des documents ou photos utiles pour l'analyse ;
- lancer des cartes d'apprentissage ;
- éditer des reportings correspondant à la fonction HSE ;
- formaliser un rapport.

Ce module traite spécifiquement de la matière HSE, avec une adaptation particulière liée à la nature humaine des incidents ou accidents. Il permet un gain de temps et une efficacité dans l'enregistrement et le traitement des incidents ou accidents de travail.

La création d'un incident HSE nécessite la saisie d'un ensemble d'informations (champs) classées par grandes étapes de résolution : identification/description, *Quick Response*, analyse, plan d'action, clôture/attachements.

Identification/description

Dans ce premier onglet, il faut saisir les informations qui identifient l'incident :

- numéro d'identification de l'incident et date effective qui vont être affectés à l'incident à la fin de la création et sauvegardés dans la base ;
- choisir le lieu principal dans la liste des lieux possibles d'occurrence de l'incident.

À chaque étape, il est également possible de joindre des fichiers de tout format (jpeg, png, word, ppt…) afin de servir de preuves (photos, vidéos, rapports, e-mails, etc.) ou tout document de nature à soutenir cette étape de description.

Il est possible de joindre les fichiers de preuves sur la même ligne de que l'action définie dans le plan d'action (en sécurisation ou en plan d'action définitives). Si des victimes sont déplorées, davantage de champs s'affichent pour renseigner les informations sur les personnes concernées.

S'il y a des témoins qui ont assisté à l'accident, on renseigne leurs coordonnées, dans une logique *genba*.

Quick Response (QR)

Cet onglet présente les actions immédiates menées et la fiche d'alerte sécurité qui en résulte. Celle-ci peut être partagée avec la Direction ou les équipes concernées. Il s'agira alors de renseigner la cause principale de l'alerte et choisir les destinataires adéquats de l'alerte sécurité.

En général, en cas d'accident, des règles d'escalade sont définies, afin de remonter l'information, pratiquement en temps réel, à la hiérarchie.

Les actions immédiates sont menées puis enregistrées avec deux possibilités :

- un bouton pour télécharger une alerte sécurité ;
- un bouton pour envoyer par mail la fiche aux personnes concernées. La liste des personnes devant recevoir l'alerte est habituellement prédéfinie dans la base de données.

La fiche reprend les informations qui concernent la victime et les photos représentant la zone de blessure. Bien évidemment, selon les pays ou les zones, on veillera toujours à respecter la loi, la dignité des personnes, ainsi que toutes les informations à caractère confidentiel.

Analyse

Quand la typologie de l'accident est un accident avec arrêt, qui, par définition nécessite une analyse très professionnelle des causes racines, avec bien sûr un FTA. Celui-ci sera complété par un cinq pourquoi pour éviter que de terribles incidents ou accidents graves ne surviennent à nouveau.

Plan d'action

Après avoir analysé la situation et les causes de l'incident, on va décrire le plan d'action qui va être mené au regard de chaque cause identifiée, avec à chaque fois la personne responsable de l'action, la date prévue et la date réelle de mise en place, et l'étude de l'impact. Si la typologie de l'incident génère un nombre de jours perdus, il est nécessaire de renseigner les conséquences humaines et financières.

Si on a généré l'alerte sécurité, elle sera affichée dans les annexes, avec tout document supportant le plan d'actions, avec les preuves de mise en œuvre.

Clôture

Dans cette partie, il s'agira de clôturer l'incident HSE via la création automatique d'une LLC (carte d'apprentissage) à partir de ce module.

Ces apprentissages feront partie des inputs qui seront alors introduits dans le process de partage et de standardisation pour éviter les mêmes erreurs et introduire de nouveaux standards plus robustes en termes d'hygiène, sécurité, environnement.

Comment rechercher un incident ?

L'utilisateur peut chercher des incidents de la base en filtrant les données par les critères suivants : le numéro ou l'ID de l'incident, la date ou la période d'occurrence, la division, le site, la typologie, la nature (hygiène, sécurité, environnement), l'équipe, etc.
Les résultats s'affichent dans un tableau avec les informations associées. Elles peuvent être exportées aisément dans tout format souhaité.

LA GESTION DES INCIDENTS DE PRODUCTION

Il convient de noter que e-QRQC permet aux opérateurs d'appliquer le QRQC Ligne. Il s'agit alors de suivre les écarts ou non conformités durant spécifiquement le process de fabrication, installation ou maintenance. Ils peuvent alors réagir en temps réel et garder une trace de l'écart et de leurs actions de sécurisation ou de correction.

Ce module vous permet d'appliquer la logique QRQC Ligne, en ayant la possibilité de :

- décrire un problème selon le questionnement QQOQCCP ;
- lister les actions de sécurisation (ou correctrices) ;
- lancer une démarche d'analyse simple ;
- assigner des responsables (en interne ou externe) et suivre les actions de correction et de prévention ;
- escalader une action si nécessaire pour support ou pour analyse ;
- joindre des documents ou photos utiles pour la correction ou l'analyse.

Le module est développé avec une architecture standard et conviviale, pour inciter les opérateurs à un enregistrement clair et précis.

Les mêmes boutons fonctionnels sont également présents :

- un bouton d'export de cette recherche sous différents format ;
- un bouton de création d'un incident en suivant des étapes standards ;

- trois boutons de suppression, consultation (lecture) ou modification des événements ;
- un bouton reporting qui permet de générer tous les indicateurs concernés par le module.

Ensuite, la gestion informatique de ce module permet de respecter les grandes étapes de mise en œuvre du QRQC Ligne, à savoir : caractérisation, réponse rapide, action rapide, validation/management.

Caractérisation

Après avoir cliqué sur le bouton rouge de création d'un nouvel incident, on passe à **l'étape 1 de « caractérisation »,** qui permet de lister l'ensemble des informations à caractère général concernant l'incident en question et de décrire le problème selon le questionnement QQOQCCP ; en incluant une photo de la pièce bonne/mauvaise.

À noter qu'un grand nombre d'informations est censé être automatiquement chargé de l'ERP ou de bases existantes (fichiers produits, référence, désignation produit, etc.).

À cette étape, il est possible de joindre des fichiers de tout format (jpeg, png, word, ppt...) afin de servir de preuves à la caractérisation. Cela peut être des photos ou tout document de nature à soutenir cette étape de description.

Réponse rapide

Après avoir caractérisé le problème, on passe à **l'étape 2 de « réponse rapide »,** qui permet de lister les actions correctrices immédiates, de tri notamment, destinées à contenir l'impact du problème et en réduire les conséquences dans l'ensemble de la chaîne de production. Les résultats de ces actions de sécurisation sont mentionnés avec la date de remise en conformité et les éléments de traçabilité.

Une analyse rapide est également réalisée sur le terrain, en termes de non-détection et d'occurrence. Cette analyse pourra être supportée par des preuves et évidences récupérées sur le terrain et jointes comme annexes.

Action rapide

Après avoir réagi et analysé rapidement, on passe à l'**étape 3 d'« action rapide** », qui permet de lister les actions correctives immédiates.

Chaque action contient un responsable et un délai. Si nécessaire, il est possible de prévenir une personne d'un service support en lui envoyant un e-mail automatique. Cette personne reçoit un lien vers la non-conformité.

À cette étape, il est de nouveau possible de joindre tout document de nature à soutenir cette étape d'actions correctrices/immédiates.

Validation/management

Après avoir défini le plan d'action, on passe à l'étape de validation qui permet de :

- confirmer la généralisation des actions sur d'autres lignes (éventuellement) ;
- confirmer la généralisation des actions sur d'autres équipes (éventuellement) ;
- escalader le sujet pour un support par un niveau supérieur de QRQC ;
- confirmer la clôture ou non de l'incident ;
- procéder à la signature et la validation par le management.

LA GESTION DES CARTES D'APPRENTISSAGE

Un module e-QRQC peut vous aider à appliquer la phase 2 du QRQC en ayant la possibilité de :

- formaliser des cartes d'apprentissages automatiquement suite à la résolution d'un problème ;
- partager cet apprentissage au sein de vos organisations au niveau national ou international ;

- utiliser ces cartes d'apprentissage lors de la conception de nouveaux produits ou procédés.

Associé à la phase 2 de prévention, ce module vous permet d'organiser un retour d'expérience à la suite de la résolution de vos problèmes internes (production, sécurité) ou externes (clients, fournisseurs).

Il vous garantit sur le long terme une meilleure fiabilité et fidélité de vos clients, tout en réduisant les coûts de non-qualité. Le module est développé avec une architecture standard et conviviale pour faciliter le parcours des équipes.

Impact de l'intelligence artificielle

Bien évidemment l'irruption massive de l'intelligence artificielle amène aussi à revoir la notion d'apprentissage. Les techniques actuelles permettent sans conteste une remise en cause des outils, plus rapides, capables de récupérer un grand nombre de données et d'informations sur tout sujet. Cela à une échelle de vitesse et une étendue presque infinies. Cette technologie va changer radicalement un grand nombre de secteurs. Il est possible désormais de saisir une problématique sur un système d'intelligence artificielle et d'avoir toutes les réponses et solutions disponibles.
L'intelligence artificielle permet un apprentissage rapide via :

- un entraînement, en lui soumettant des informations à absorber, par exemple le statut des pièces bonnes et mauvaises ;
- un apprentissage profond de cartes d'apprentissage, de règles de conception, de standards, etc.

À partir de cette information récupérée, structurée, l'IA peut aussi automatiquement détecter les défauts si on lui associe des systèmes élaborés de caméras intelligentes sur les lignes de production. Le mouvement est déjà lancé dans de nombreuses sociétés.
Avec cette masse d'informations, il est déjà possible de trouver beaucoup plus rapidement des causes et des solutions à pratiquement tout type de problème connu et déjà enregistré !
Toutefois, Il faut bien organiser et partager cette gestion de connaissances, non seulement en termes de quantité mais aussi de qualité de données. Ensuite, il faut la communiquer aux bonnes personnes, au bon moment. Sinon, chacun(e) sera tout simplement noyée sur une information certes disponible mais inapplicable en l'état. Et même si ChatGPT est capable d'une avancée significative en termes qualitatifs, cette information doit

être juste, qualifiée et adressée dans un contexte de problème particulier, pour un besoin particulier.
Il faut bien alimenter cette intelligence artificielle. Donc, le travail en amont de détection, analyse, puis de capitalisation doit être correctement fait. Si la matière première est mauvaise, l'output le sera tout autant !

Conclusion

Dans ces périodes de crises cycliques et récurrentes que traversent la plupart des pays industrialisés, il est encore temps de se dire que des méthodes, des outils, des processus peuvent permettre d'être audacieux, efficaces et compétitifs, sans tout sacrifier : les emplois, la nature, la qualité de vie, la sécurité, la santé et les énergies de tous ordres.

C'est possible simplement en travaillant mieux, en résolvant plus rapidement nos problèmes, en partageant les solutions dans un esprit de solidarité, en utilisant ces apprentissages pour en faire la base d'une conception plus robuste et d'une fiabilité accrue.

Les consommateurs attendent des industriels des produits sobres, répondant à un usage plus ou moins simple, mais surtout des produits fonctionnels et durables dans le temps. Pour répondre à cette attente, il faut des produits et services adaptés et pour atteindre cet objectif, ce sont tous les maillons de la chaîne de distribution, de production, d'approvisionnement et finalement de conception qui doivent agir de concert. Cette action solidaire réduira les coûts de non-qualité (qui sont inévitablement payés par quelqu'un) et surtout les dégâts humains et psychologiques que génère la répétition régulière de problèmes et d'incidents plus ou moins graves et coûteux.

Dans les entreprises où la démarche QRQC a été lancée, des résultats immédiats et spectaculaires ont été atteints :

- réduction de 72 % des liés aux incidents détectés par les clients constructeurs sur leurs chaînes de montage ;
- réduction de 50 % des réclamations garanties.

En plus de la réduction des incidents eux-mêmes, cette méthode a entraîné une réduction sensible de tous les coûts associés à ces réclamations : coûts de tri, de déplacements, des reprises, des contrôles supplémentaires, des coûts de main-d'œuvre additionnels, des transports exceptionnels, etc.

Mais le vrai résultat est avant tout la capacité à créer une rupture dans la manière d'appréhender les problèmes qualité, via :

- l'attitude *san gen shugi ;*
- une réactivité dans le traitement des incidents ;
- une responsabilisation des équipes en charge de traiter les problèmes ;
- une logique d'analyse renforcée.

La démarche QRQC a permis un remarquable bond en avant en matière de performance opérationnelle.

À l'heure où un certain nombre d'industriels connaissent des problèmes qualité majeurs, il est temps de rappeler que le retour à du bon sens et à quelques fondamentaux est le garant d'un niveau de qualité excellent. Ces fondamentaux ont été présentés dans ce livre et sont les éléments « basiques » et obligatoires pour une implémentation parfaite du QRQC.

En effet, le QRQC n'est qu'un retour à du bon sens ; il incite à une résolution logique et concrète des divers problèmes que la vie professionnelle nous fait rencontrer.

En allant à l'endroit et au moment où un incident survient, en comparant des situations bonnes et mauvaises, en récupérant des données et des faits objectifs, la plupart des problèmes peuvent être réglés efficacement et rapidement. Cette attitude *san gen shugi* est un réflexe, un comportement quotidien, qui doit animer chaque membre d'une organisation, de l'opérateur au PDG.

Bibliographie

ANCONA D., BRESMAN H., *X Teams : How to Build Teams That Lead, Innovate, and Succeed*, Harvard Business Review Press, 2010.

LIKER J., *Le modèle Toyota*, Pearson, 2009.

MILLER J., "Genchi Gembutsu at the Starbucks Coffee Company", *Gemba panta rei.com*, 2007.

SERVAN-SCHREIBER J.-L, *Trop vite,* Albin Michel, 2010.

SPEAR S. et BOWEN H. K., « Decoding the DNA of Toyota Production System », *Harvard Business Review*, 1999.

TAIICHI O., *Toyota Production System, Beyond Large Scale Production*, Productivity Press, 1988.

Table des matières

À lire aussi

La collection business n°1 des ventes
LA BOÎTE À OUTILS
DE LA
QUALITÉ
Florence Gillet-Goinard
Bernard Seno
+ de 30 000 exemplaires vendus
68 outils clés en main
+ 3 vidéos d'approfondissement
+ 2 compléments Excel en ligne
5e édition
DUNOD